熊本県の賃金

再　訪
(Revisited)

荒井　勝彦　著

熊本創元社出版

はじめに

なぜ再訪なのか　本書は，賃金の制度とその実態，とくに平成期における熊本県の賃金実態を全国との比較を通して考察・分析したものです。

なぜ，平成期における熊本県の賃金実態を取り上げるのか。その一つの理由は，荒井・高田『熊本県の賃金』（昭和57年　熊本県労働基準協会）は，昭和40年代から50年代における熊本県の賃金実態に焦点をおいて分析した最初の賃金専門書でしたが，出版からすでに30数年経っているのです。この間，熊本県の賃金構造も大きく変化し，新たな視点からの分析やアプローチが必要になったのです。ところで，熊本県労働雇用課（現労働雇用創生課）は，平成8年から25年までの18年間，毎年，賃金や雇用，労働時間など労働の各分野を横断的に取りまとめた『熊本県労働白書　くまもとの労働』を刊行してきました。私自身も白書の監修に協力し，特別寄稿に携わってきました。このこともあって，今後も労働問題を広範に解説・分析してほしいという要望を耳にする一方で，賃金実態をこれまで以上に詳細に分析する要請も高まっており，これらの課題に応えなければならないと決意したのがもう一つの理由なのです。

平成元年は，日本においては「新しい時代の始まり」であり，世界においても東欧民主化革命にはじまった東西冷戦後の新時代をいいます。平成も，はや四半世紀がすぎました。振り返りますと，3年，バブル経済が崩壊し，その後，日本経済は「失われた10年」という長い景気低迷を続けました。9年7月にはアジア通貨危機が，19年9月にはサブプライム・ローンが引き金となり世界同時不況が起こりました。これに拍車を掛けたのが20年9月にアメリカの投資銀行であるリーマン・ブラザーズの破綻に端を発した世界金融危機でした。リーマン・ショックの勃発です。

国内に目を転じますと，3年6月に雲仙普賢岳で大規模な火砕流が，7年1月に阪神淡路大震災が，23年3月には東日本大震災が，そして28年4月には熊本大地震が起こり，それぞれの地域社会に，また日本社会に未曾有の被害をもたらしました。加えて，税制上の大きな改革が昭和の終わりに起こりました。昭和63年12月に消費税法が竹下内閣の下で成立し，平成元年4月から税率3％の消費税が実施されました。その後，消費税の税率が9年4月に3％から5％に，さらに26年4月に8％に引き上げられ，現在に至っています。

本書の構成　本書は，全体で5章から構成されています。　第1章は，賃金の概念をはじめ，法律上における保護規定，賃金体系，諸手当など賃金制度を賃金管理の立場から説明します。第2章から第4章は，熊本県の賃金実態を時系列および構造的に分析しています。第2章は，バブル経済以後の賃金水準の推移を分析するとともに，熊本県賃金の対全国格差を観察し，賃金が低い原因がどこにあるのかを究明します。また名目賃金と実質賃金を取り上げ，デフレ不況の中で両者がどのように推移していったかを考察します。第3章は，労働者個人の立場から年齢間，男女間，職種間，さらに正規・非正規労働者間の賃金構造を観察します。男女間の賃金格差については年齢階級別に，そして賃金支払の類型別に分析し，女性の賃金がなぜ低いかを明らかにします。第4章は，企業，産業，地域からみた賃金構造，いわゆる企業間賃金構造を考察し，あわせて賃金格差発生の要因を説明します。

　第5章では，まず賃金決定の制度的機構を取り上げます。これを踏まえて，新規学卒者の初任給，最低賃金制度，そして春季賃上げの状況を分析します。あわせて最近，賃金問題の一つとして話題になっています賃金不払残業の実情を説明します。

　最後に，本書を仕上げる段階になって，2度にわたる大地震に見舞われ，原稿が2か月以上も遅れ，7月はじめにやっと脱稿することができました。1年近くにわたって数多くの図表作成に大変お世話になった宮﨑一実さん（熊本学園大学卒業）に心から感謝申し上げます。また本書の出版にあたり，原稿・図表の校正等でご迷惑をおかけしながらも，短期間に刊行できましたのは創元社の恵良聡一郎氏のご尽力によるものです。ここにお礼申し上げます。

　　　　　　　平成28年10月

　　　　　　　　　　　　　　　　　　　　　　　　　　　荒 井 勝 彦

熊本県の賃金——再訪（Revisited）

はじめに
  なぜ再訪なのか
  本書の構成

第1章　賃金の概念と賃金制度
  1．賃金の概念と法律上の保護
    （1）賃金とはなにか ………………………………………… 1
    （2）労働法制にみる保護規定 ……………………………… 2
    （3）民事法上の保護規定 …………………………………… 4
    （4）倒産法上の保護規定 …………………………………… 4
  2．賃金の機能と賃金制度
    （1）賃金の4つの機能 ……………………………………… 6
    （2）賃金制度 ………………………………………………… 8
    （3）諸手当 …………………………………………………… 19
    （4）退職金制度 ……………………………………………… 22
    （5）労働費用 ………………………………………………… 27
  ［付論－1］人事制度とその変遷 …………………………… 31
  ［付論－2］社員格付制度 …………………………………… 33

第2章　熊本県の賃金水準
  1．賃金水準の推移
    （1）現金給与総額の推移 …………………………………… 37
    （2）対全国格差とその原因 ………………………………… 40
  2．名目賃金と実質賃金
    （1）年次データからみた実質賃金の推移 ………………… 44
    （2）月次データからみた実質賃金の動き ………………… 48

第3章　個人間にみる賃金構造

1. 年齢階級間賃金格差
    - （1）賃金構造とはなにか ………………………… 53
    - （2）年齢階級別にみた賃金格差 ………………… 54
2. 男女間賃金格差
    - （1）男女間賃金格差の推移 ……………………… 57
    - （2）賃金支払別にみた男女間賃金格差 ………… 59
3. 正社員・非正社員別にみた賃金格差
    - （1）年齢階級別にみた賃金格差 ………………… 61
    - （2）一般労働者・パートタイム労働者別にみた賃金格差… 65
4. 職種・職階間賃金格差
    - （1）職種別にみた賃金格差 ……………………… 69
    - （2）役職（職階）からみた賃金格差 …………… 78

第4章　企業・産業・地域からみた賃金構造

1. 企業規模間・産業間賃金格差
    - （1）企業規模別にみた賃金格差 ………………… 83
    - （2）企業規模別・年齢階級別にみた賃金格差 ……… 85
    - （3）産業別・年齢階級別にみた賃金格差 …………… 90
2. 地域間賃金格差
    - （1）都道府県からみた熊本県の賃金 …………… 96
    - （2）九州における熊本県の賃金 ………………… 98
3. 賃金格差の発生要因 ………………………………… 101

第5章　賃金決定の制度的機構

1. 賃金決定の制度的機構の類型 …………………… 105
2. 初任給の学歴別格差
    - （1）初任給の学歴別・男女別位相性 …………… 106
    - （2）初任給の対全国格差 ………………………… 108

３．最低賃金制度と熊本県の最低賃金
　　（１）最低賃金制度の沿革　………………………………　109
　　（２）政府の取り組み　……………………………………　112
　　（３）熊本県の最低賃金　…………………………………　117
４．春季賃上げ・一時金
　　（１）春季賃上げの妥結状況　……………………………　121
　　（２）夏季・年末一時金の推移　…………………………　126
５．賃金不払残業と是正支払
　　（１）賃金不払残業の背景　………………………………　129
　　（２）賃金不払残業の現況　………………………………　134
　　［付論－３］同一労働同一賃金の実現に向けての取り組み　…　138

まとめ：30年間の軌跡・変化　……………………………………　143
主要な賃金統計一覧表　……………………………………………　150
付属統計表

本書掲載の図表一覧

第1章

図表1-1　賃金の4つの機能
図表1-2　賃金体系の種類別企業割合(平成21年)
図表1-3　基本給の決定要素別企業割合(平成24年)
図表1-4　賃金形態別採用企業割合(平成26年)
図表1-5　賃金制度の改定の有無・改定項目別企業割合(平成26年)
図表1-6　賃金表の有無別企業割合(平成21年)
図表1-7　賃金改定の方法
図表1-8　定昇とベア
図表1-9　昇給・昇格と賃金カーブ
図表1-10　定期昇給制度の有無・実施状況別企業割合
図表1-11　定期昇給制度とベア等の実施状況別企業割合(定昇制度がある企業)
図表1-12　手当の種類別・制度有企業割合(平成22年調査)
図表1-13　手当の種類別支給した労働者1人平均支給額(平成22年調査)
図表1-14　常用労働者1人平均所定内賃金と手当種類別構成比(平成22年調査)
図表1-15　退職給付制度の有無・形態別企業割合
図表1-16　退職年金制度の支払準備形態別企業割合
図表1-17　労働費用の分類
図表1-18　労働者1人1か月平均労働費用の構成(平成23年)

第2章

図表2-1　賃金水準の推移(産業計・企業規模計・男女計・月間)
図表2-2　賃金(年間)の対前年上昇率の推移(熊本県・全国)
図表2-3　労働生産性・1人あたり所得の推移と生産性の産業間格差
図表2-4　労働生産性と対全国格差の推移
図表2-5　産業別総生産からみた特化係数の推移

図表2－6　名目賃金指数と実質賃金指数の推移(年平均・事業所規模30人以上・全国)

図表2－7　名目賃金と実質賃金の対前年増減率(年平均・事業所規模30人以上・全国)

図表2－8　名目賃金指数と実質賃金指数の推移(年平均・事業所規模30人以上・熊本県)

図表2－9　名目賃金と実質賃金の対前年増減率(年平均・事業所規模30人以上・熊本県)

図表2－10　名目賃金と実質賃金の対前年同月比の推移(事業所規模5人以上・全国)

図表2－11　名目賃金と実質賃金の対前年同月比の推移(事業所規模30人以上・全国)

第3章

図表3－1　年齢階級別にみた所定内給与(産業計・企業規模計・男性・平成26年)

図表3－2　年齢階級別にみた所定内給与(産業計・企業規模計・女性・平成26年)

図表3－3　現金給与総額からみた男女間賃金格差の推移(産業計・企業規模計)

図表3－4　年齢階級別・賃金支払別にみた男女間賃金格差の推移(熊本県・平成26年)

図表3－5　正規雇用者と非正規雇用者の推移

図表3－6　正規社員と非正規社員の賃金格差(男性・全国・平成26年)

図表3－7　正規社員と非正規社員の賃金格差(女性・全国・平成26年)

図表3－8　1時間あたりでみた賃金の比較(男性)

図表3－9　1時間あたりでみた賃金の比較(女性)

図表3－10　一般労働者とパートタイム労働者の賃金格差の推移(産業計・企業規模計・男女計・全国)

図表3－11　職種別にみた平均年齢および平均勤続年数(熊本県)
図表3－12　職種構造の変化(熊本県)
図表3－13　職種別にみた年齢と給与の関係(男性・熊本県)
図表3－14　職種別にみた年齢と給与の関係(女性・熊本県)
図表3－15　職種別にみた勤続年数と給与の関係(男性・熊本県)
図表3－16　職種別にみた勤続年数と給与の関係(女性・熊本県)
図表3－17　役職別・企業規模別にみたきまって支給する給与(産業計・学歴計・男女計・平成26年)
図表3－18　役職別にみたきまって支給する給与の推移(産業計・企業規模計・学歴計・男女計)
図表3－19　年齢階級別・役職別にみたきまって支給する給与(企業規模計・学歴計・男性・平成26年)

第4章
図表4－1　企業規模別にみた賃金格差の推移(産業計・年齢計・男性・熊本県)
図表4－2　企業規模別にみた賃金格差の推移(産業計・年齢計・女性・熊本県)
図表4－3　企業規模別・年齢階級別にみた所定内給与(産業計・男性・平成26年・熊本県)
図表4－4　企業規模別・年齢階級別にみた所定内給与(産業計・女性・平成26年・熊本県)
図表4－5　企業規模別・年齢階級別にみた所定内給与(産業計・男性・平成26年・全国)
図表4－6　企業規模別・年齢階級別にみた所定内給与(産業計・女性・平成26年・全国)
図表4－7　産業別・男女別にみた所定内給与(企業規模計・年齢計・平成26年・熊本県)

図表4－8　産業別・男女別にみた所定内給与(企業規模計・年齢計・平成26年・全国)
図表4－9　産業別・年齢階級別にみた所定内給与(企業規模計・学歴計・男性・平成25年・熊本県)
図表4－10　全国平均の賃金以上の都府県と労働者の割合
図表4－11　都道府県別にみた熊本県の賃金(平成26年)
図表4－12　九州各県における所定内給与(産業計・企業規模計・男性)
図表4－13　九州各県における所定内給与(産業計・企業規模計・女性)

第5章
図表5－1　学歴別にみた初任給の推移(全国)
図表5－2　学歴別にみた初任給の推移(熊本県)
図表5－3　熊本県最低賃金と全国加重平均の推移
図表5－4　ランク別最低賃金改定の目安額の推移(時間額)
図表5－5　最低賃金決定の流れ
図表5－6　Dランク目安額と県最賃引き上げ額の関係
図表5－7　春季賃上げの妥結状況(熊本県・全国)
図表5－8　賃上げ率・昇給率・ベースアップ率の推移
図表5－9　夏季一時金の妥結状況(熊本県・全国)
図表5－10　年末一時金の妥結状況(熊本県・全国)
図表5－11　年間労働時間の推移(熊本県・全国)
図表5－12　不払残業時間の推計(全国)
図表5－13　賃金不払残業に係る是正支払の状況
図表5－14　賃金不払残業に係る是正支払の状況(1事業場平均額・1企業平均額)

第 1 章
賃金の概念と賃金制度

1．賃金の概念と法律上の保護

（1）賃金とはなにか

賃金（wage）は，労働者にとっては生活の原資であり，企業にとってはコストであり，労働時間と並んで労働条件の中核を形成しています。

はじめに，賃金は，法律上どのように規定されているのかを説明し，次に，賃金の役割・機能を経済学の視点から考察します[1]。いろいろな法律が賃金を定義している中で，最も代表的な法律は労働基準法（昭和22年）です。同法第11条は，「この法律で，賃金とは，賃金，給料，手当，賞与その他名称の如何を問わず，労働の対償として使用者が労働者に支払うすべてのものをいう」と定義しています。

このほかに，雇用保険法（第4条4項，昭和49年），健康保険法（第3条5・6項，大正11年），厚生年金保険法（第3条3・4項，昭和29年），労働保険の保険料の徴収等に関する法律（労働保険徴収法）（第2条2項，昭和44年）などの法律においても，賃金を定義しています[2]。

このように，賃金はいろいろな法律によって定義されていますが，いずれの定義もほぼ同じような表現となっています。これら法律に規定されている賃金の要件とされるものをまとめますと，次のようになるでしょう。

　a．使用者が労働者に支払うもの。
　b．労働の対償であること。
　c．名称の如何を問わないこと。

これらの要件は抽象的な表現で具体性に乏しく，賃金の態様が多種多様であるため，実際，なにが賃金であるかの判断を困難にしている場合が少なくないのです[3]。

（2）労働法制にみる保護規定

労働者の生活の原資である賃金は、さまざまな法律で保護されています。次に、いくつかの法律によって保護規定をみてみましょう。

A．労働基準法第24条は、「賃金は、通貨で、直接労働者に、その全額を支払わなければならない」（同条1項）、また「賃金は、毎月1回以上、一定の期日を定めて支払わなければならない」（同条2項）と規定しています。賃金の支払いについて「通貨で」「直接」「全額を」「毎月1回以上」「一定の期日を定めて」支払わなければならないと定め、罰則をもって、その履行を強制しています。これを「賃金支払の五原則」といいます。同条1項の本旨は現物給与を禁止し、同条2項は代理人等への支払いを禁止しています。たとえ、未成年者であっても保護者に対して支払うことは許されず、本人に直接支払わなければならないのです。また、「賃金の口座振込」については、労働者の同意がある場合には認められています（労働基準法施行規則第7条の2）。

B．労働基準法は、第24条で「賃金支払の五原則」を定め、第25条で「非常時払」、第26条で「休業手当」、第27条で「出来高払いの保障給」を規定しています。

労働時間は、賃金とともに最も重要な労働条件の一つです。同法第32条は、「週40時間」「1日8時間」を超えて労働させてはならないと規定しています。この基準を超えて労働させた場合、法律違反となり、罰則規定が適用されます（第119条）。たとえ、労使が1日9時間働くと合意したとしても、超過した1時間は無効となります。

また、同法は、「使用者は、労働時間が6時間を超える場合においては少なくとも45分、8時間を超える場合においては少なくとも1時間の休憩時間を労働時間の途中で与えなければならない」（第34条）と休憩時間を規定しています。なお、休憩時間は労働時間には含まれないのです。

しかし、同法第36条において労使の書面による協定と行政官庁への届出によって、「週40時間」「1日8時間」の法定労働時間を超える時間外労働が認められています。この協定を「三六（サブロク）協定」といいます。法定労働

時間を超える労働時間については，通常の賃金の2割5分以上の割増賃金を支払わなければなりません（第37条1項）。平成22年4月に改正労働基準法が施行され，1か月に60時間を超える時間外労働については5割以上の割増賃金を支払わなければならないのです（第37条）。なお，時間外労働の限度については，同法第36条1項の協定で定める労働時間の延長の限度等に関する基準を定めています[4]。

しかも，午後10時から午前5時までの深夜労働に対しては，その時間の労働について，さらに2割5分以上の割増賃金を上乗せしなければならないのです（第37条4項）。

C．賃金の低廉な労働者の生活を保護する最低賃金制度とは，一般に国が法的強制力をもって賃金の最低額を定め，それ以上の賃金を労働者に支払わなければならないとする制度です。最低賃金制度を法制化したのが最低賃金法（昭和34年）です。最低賃金は，都道府県ごとに定める「地域別最低賃金」と，特定の産業で働く労働者に適用される「特定最低賃金」の2つがあります。

使用者は，最低賃金額以上の賃金を支払わなければなりません（第4条1項）。労働契約で最低賃金額を下回る賃金を定めたとしても，その部分については無効となり，無効となった部分は最低賃金と同額の定めをしたものとみなされます（第4条2項）。最低賃金額以上の賃金を支払わない者は50万円以下の罰金に処されます（第40条）。

D．賃金支払確保法（賃確法　賃金の支払いの確保等に関する法律　昭和51年）は，景気の変動，産業構造の変化その他の事情により企業経営が安定を欠くに至った場合，また労働者が事業を退職する場合における賃金の支払等の適正化を図るため，貯蓄金の保全措置や事業活動に著しい支障を生じたことにより，賃金の支払を受けることが困難となった労働者に対する保護措置その他賃金の支払の確保に関する措置を講じ，もって労働者の生活の安定に資することを目的として制定された法律です。

具体的には，次のような保全措置を行っています。① 貯蓄金の保全措置（第

3条)、②退職手当の保全措置（第5条）、③退職労働者の未払賃金に係る遅延利息の支払い（第6条）、④労災保険適用事業の退職労働者に係る未払賃金の立替払い（第7条）です。

（3）民事法上の保護規定

民法は、先取特権を規定しています[5]。「雇用関係の先取特権」、すなわち賃金に対する先取特権を定め（「雇用関係の先取特権は、給料その他の債務者と使用人との間の雇用関係に基づいて生じた債権について存在する」（改正民法第308条））、共益債権に次いで債権者の総財産の上に先取特権が認められています[6]。

改正前の民法は、労働債権を担保する先取特権として、第306条、第308条において「債務者の雇人が受くべき最後の6ヶ月間の給料」を被担保債権とする一般先取特権を認めていました。これに対して、改正後の民法（平成15年7月改正）は、「最後の6ヶ月間」「給料」という被担保債権の種類と範囲についての限定を削除しました。また、被担保債権の主体についても「雇人」から「使用人」に変更しました。このように、労働債権に関して先取特権を拡大したのです。

旧商法第295条では「会社ト使用人トノ間ノ雇傭関係ニ基キ生ジタル債権ヲ有スル者ハ会社ノ総財産ノ上ニ先取特権ヲ有スル」と規定していました。従前、労働債権に関する先取特権については、民法と商法では規定が異なり、旧商法第295条では、旧民法よりはるかに広く先取特権を認めていました。

平成15年に民法と商法の一部が改正されました。これにともない、旧商法第295条が削除され、民法第308条が改正され、旧商法第295条と同じ文言になったのです。

（4）倒産法上の保護規定

倒産法について規定した法律には破産法、会社更生法、民事再生法、会社法にもとづく特別精算、更生特例法、特定調停法などがあります。倒産処理は、処理の内容によって再建型と精算型にわかれ、倒産手続も再建型の手続と精算

型の手続にわかれています。再建型の法律には会社更生法と民事再生法があり，精算型には破産法と会社法にもとづく特別精算があります。

　したがって，使用者が倒産した場合，賃金債権の取扱いは倒産手続の種類によって異なります。

① 再建を目的とする会社更生法（平成 14 年）においては，手続開始の決定前 6 か月以内および手続開始後に生じた賃金は共益債権となり，更生債権や更正担保権に先立ち，いつでも弁済を受けることができます（第 130 条 1 項，第 132 条）。

② 新たな再建型の倒産手続である民事再生法（11 年）においては，民法第 308 条の雇用関係にもとづき生じた債権として優先的な取扱いを受ける債権であれば，一般優先債権としていつでも弁済を受けることができます。再建手続開始後に生じた賃金債権も，共益債権としていつでも弁済されます（第 122 条，第 119 条 2 号）。

③ これに対して，破産法（16 年）における精算を目的とする破産の場合，手続開始前 3 か月間の賃金債権および退職前の 3 か月の賃金額に相当する額の退職金債権が 財団債権となり，配当手続を待つまでもなく，いつでも弁済を受けることができます（第 149 条）。

④ これら倒産手続とは別に，賃金支払確保法の下で政府が未払賃金の立替払いを行う場合があります。事業主が倒産した場合や中小企業につき事業活動が停止して再開の見込みがなく，また支払能力がないことが認定された場合には，一定の要件を満たす労働者の請求により，政府が未払賃金の一定部分を立替払いするものとされています（第 7 条）。

[注]
1) 荒井勝彦・高田英 [1982]『熊本県の賃金』83〜97 頁を参照。
2) また，ILO 条約の中で「賃金保護に関する条約」（1949 年条約第 95 号 未批准），「同一価値の労働について男女労働者に対する同一報酬に関する条約」（1951 年条約 100 号 1967 年に批准）において，ともに第 1 条で賃金を定義しています。
3) 労働の対償であるか否かに関する詳しい説明は，荒井勝彦・高田英 [1982]『熊

本県の賃金』85〜89頁を参照。
4) 労働基準法の下では，使用者は労働者に1日8時間，1週40時間を超えて労働させてはならないと規定しています（法第32条）。これを超えて労働させるには，時間外労働に関する三六協定を締結することが必要です（法第36条）。それでは，三六協定を締結すれば，労働者を無制限に労働させることができるのでしょうか。無制限に労働させることはできません。一定の制限が課せられています。労働基準法第36条第1項の協定で定める労働時間の延長の限度等に関する基準（限度時間基準）については，厚生労働大臣は限度時間基準を定めています。これが「時間外労働の限度に関する基準（限度基準）」（平成10年厚生労働省告示第154号）です。三六協定で定める延長時間は，1週間15時間，1か月45時間，1年間360時間などとなっています。

　臨時的に限度時間を超えて時間外労働を行わなければならない特別の事情が予想される場合には，「特別条項付き三六協定」を結べば，限度時間を超える時間を延長時間とすることができます。しかし，平成22年4月1日の改正労働基準法の施行にともない，「労働基準法第36条第1項の協定で定める労働時間の延長の限度等に関する基準の一部を改正する告示（改正告示）」を行いました（平成21年厚生労働省告示第316号）。限度時間を超える時間外労働に係る割増賃金率の引き上げなど，限度時間を超える時間外労働の抑制を目的とする改正・告示が行われたのです。
5) 先取特権とは，債務者の財産については，他の債権者に先立って自己の債権の弁済を受ける権利をいいます。先取特権には，一般の先取特権（改正民法第306条），動産の先取特権（同第311条），不動産の先取特権（同第325条）があり，賃金に対する先取特権は総財産に対する一般の先取特権です。
6) 民法の担保物権に関しては，民事執行とともに平成15年7月に改正されました。労働債権に関しては，先取特権を拡大しました（改正民法第306条，同第308条）。

2．賃金の機能と賃金制度

（1）賃金の4つの機能

賃金は，労働者や企業においてさまざまな働きや役割を担っています。そこで次に，賃金のもっている多様な機能について簡単に説明します。図表1－1は，労働者，企業，そして労働市場との関係をもとに，賃金のもっている4つの機能を図示したものです。

2. 賃金の機能と賃金制度

a. 価格としての賃金

賃金水準は，基本的には労働サービスに対する需要とその供給が等しくなる点で決定されます。ある賃金水準において，労働の需要と供給が等しくないのであれば，賃金の変動を妨げる要因がないかぎり，需給の差である労働の超過需要（または超過供給）を解消するように，賃金は労働の需給が一致する点まで上昇（または低下）するでしょう。このように，価格としての賃金は，労働の需給を調整する機能をもっています。また，地域間や産業間に賃金格差が存在していると，労働者の移動を妨げる要因がないかぎり，労働者は，賃金の低い地域や産業から賃金の高い地域や産業へと移動するでしょう。

b. 所得としての賃金

労働者は，企業に労働サービスを提供し，その対償として賃金を受け取り，これを原資に日常の生活に必要な財やサービスを購入するのです。このように，労働者にとっては，受け取る賃金所得は主要な収入源となっています。この賃金所得は財・サービスの購入などの消費に支出され，消費されなかった所得は貯蓄といわれます。もう一つの見方は，経済全体としての賃金所得の大きさに注目するものです。労働者に支給される賃金が引き上げられると，それは経済全体の消費支出の増加をもたらし，有効需要を増大させるでしょう。こうした考えは，不況期の高賃金を正当化する根拠となっています。

図表1－1　賃金の4つの機能

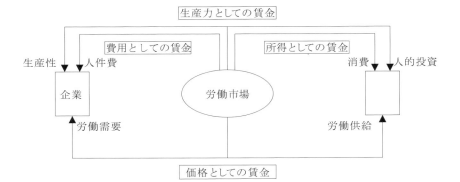

c. 費用（コスト）としての賃金

企業からみますと，労働者に支払われる賃金（諸手当を含めて）は，コストとして生産費の一部を構成しています。現金給与のほかに，退職金，福利厚生費，教育訓練費，募集費，その他の労働費用を含めて，一般に人件費とよんでいます。企業は，利潤の増大を求めて売上高の増加を図る一方で，絶えず生産費の引き下げに努めているのです。賃金が労働生産性の上昇を上回って引き上げられるならば，賃金の引き上げは利潤を圧迫し，財やサービスの価格に転嫁されるでしょう。企業は，賃金支払能力の高さを測る重要な指標の一つとして賃金と生産性の関係を重視しているのです。

d. 生産力としての賃金

賃金水準が上昇すると，労働者やその家族は，食べ物や財・サービスの購入をとおして，これまで以上に高い生活水準を享受することができるとともに，栄養価やカロリーの高い食事を摂取することができるでしょう。これによって，労働者の健康は増進し，病気に罹り職場を欠勤する頻度も下がり，仕事へのインセンティブも高まるでしょう。インセンティブの向上は生産性を高めるはずです。これが高賃金経済における生産力効果にほかならないのです。また，高い賃金を受け取ることによって，労働者自身，また彼らの子弟が人的投資を増やし高い教育を受けることができるならば，より高い生産力を発揮することができるとともに，高い賃金も獲得できるでしょう。このように，高賃金の生産力効果は人的投資の増加によって発揮されるのです。

（2）賃金制度

賃金体系　わが国の賃金制度は，年功賃金体系を特徴としており，終身雇用制とともに日本的経営を支える柱の一つとなっています。賃金制度とは，一般に個々の労働者に支給する賃金に関する諸々の制度をいい，賃金体系，賃金構成および賃金形態を総称したものです。賃金体系とは，個々の労働者に支給する賃金，とくに基本給をどのような決定要素によって決めるのか，すなわち個々の労働者の賃金決定に関する決め方をいいます。賃金構成とは，基本給や諸手当などがいくらの金額であるのか，賃金の内訳がどのような構成比となってい

るのかを示したものです。賃金形態はまた賃金支払形態ともいい，基本給をどのような計算単位で支給するのか，賃金支払の計算方法をさしています。

賃金の範囲は広く，一般に次のように分類されています。賃金は，まず現金給与と現金給与以外のものに大別されます。現金給与は，労働者に支払われるすべての給与をいい，現金給与は，さらに定期給与（きまって支給する給与）と特別給与（特別に支払われた給与）に区分されます。定期給与は，基本給と時間外手当を含む諸手当からなり，特別給与は，夏冬の賞与，期末手当等の一時金，ベースアップの差額追給分などをいいます。

定期給与はまた，所定内給与と所定外給与に区別されます。所定内給与は，所定内労働時間に対して支給される給与をいいます。所定外給与は，所定内労働時間を超える労働に対して支給される給与や休日労働，深夜労働に対して支給される給与をいい，時間外手当，早朝出勤手当，休日出勤手当，深夜手当，宿日直手当などがあります。

所定内給与は，基本給と諸手当からなっていますが，基本給とは，賃金の中で最も根本的な部分を占め，年齢，学歴，勤続，経験，能力，資格，職階，職務，業績など労働者本人の属性または労働者の従事する職務内容によって計算される賃金をいい，本給とか本人給とよばれています。

基本給が賃金体系の中心であるというのは，第1に，それが諸手当，賞与，退職金などを算定する基礎になっているからです。第2に，労働者の生計を支える最大の賃金項目です。第3に，基本給の高さは企業における労働者の地位や序列を表しています。第4に，基本給は昇給・昇進とともに上昇するからです。

基本給を決定する諸要素の組み合わせによって，基本給は，仕事給（職務給，職能給，業績給など），属人給（年齢給，勤続給など）および総合給の3つのタイプに分類されます。仕事給とは，職務内容や職務遂行能力など仕事的要素に対応して決定される賃金をいい，属人給とは，年齢・勤続年数・学歴など属人的要素に対応して決定される賃金をいいます。総合給とは，仕事の要素と属人的要素を総合勘案して決定される賃金です。一般に，基本給体系は，1つの賃金項目で構成されている単一型体系と，2つ以上の賃金項目からなる併存型体

系に区分されます。

賃金形態　賃金形態は，賃金支払形態ともいい，個々の労働者に支給される基本給がどのような計算単位（労働時間単位や生産量単位など）で定められているのかといった賃金支払の方法をいいます。

　賃金形態は，定額賃金制（時間賃金制）と出来高賃金制の2つに大別されます。定額賃金制は，一定の労働時間を単位に賃金を支給する最も一般的な賃金形態で，時給制，日給制，週給制，日給月給制，完全月給制，年俸制などがあります。日給月給制とは，遅刻・早退・欠勤などによる就業しなかった日数（時間数）分だけ日割り計算して月給から減額されるもので，いわゆるノーワーク・ノーペイの考えにもとづくものです。完全月給制とは，欠勤・遅刻しても差し引きを行わずに支給される月給制をいい，年俸制とは，賃金を1年単位で決定するもので労働者の能力や業績に対する評価で決定する支払形態をいいます。近年，大企業の管理職を中心に導入する企業が増えていますが，その狙いは，従来の年功賃金体系を成果重視の賃金体系へと移行していくという点にあります。

　出来高賃金制とは，労働能率を高める目的で行われる賃金支払の原初的形態で，個々の労働者または労働者の集団によって行われた生産量や作業量など出来高に直接対応させて賃金を支給する形態です。一般に出来高支払制，請負制，能率制，業績給制，歩合制などの名称でよばれています。

統計調査からみた賃金制度の実態　次に，統計調査から賃金制度の実態を観察します。

（1）賃金体系を種類別にみますと（図表1-2），「単一型体系」を採用する企業の割合は管理職が70.5％，管理職以外が68.1％，また「併存型体系」の割合は管理職が27.9％，管理職以外が30.4％と，いずれの体系も職階の違いがほとんど観察されないのです。

　「単一型体系」の内訳をみますと，管理職では「仕事給型」が40.6％，「総合給型」が24.2％，「属人給型」が5.1％であるのに対して，管理職以外では

図表1－2　賃金体系の種類別企業割合（平成21年）

(単位：％)

企業規模	全企業	単一型体系				並存型体系					不明
		計	仕事給型	属人給型	総合給型	計	仕事給・属人給型	仕事給・総合給型	属人給・総合給型	仕事給・属人給・総合給型	
管理職											
計	100.0	70.5	40.6	5.1	24.2	27.9	11.7	13.2	2.1	0.9	1.6
1000人以上	100.0	75.9	64.2	1.2	10.4	23.5	11.0	10.6	0.9	1.0	0.6
100〜999人	100.0	69.0	43.1	4.4	21.4	30.3	14.6	12.6	2.3	0.8	0.7
30〜99人	100.0	70.9	39.0	5.4	26.5	27.1	10.6	13.5	2.0	1.0	2.0
管理職以外											
計	100.0	68.1	32.9	6.5	28.6	30.4	14.2	12.3	3.1	0.8	1.5
1000人以上	100.0	58.6	39.2	1.8	17.4	40.9	23.4	12.9	3.4	1.2	0.5
100〜999人	100.0	62.2	31.4	5.9	24.9	37.0	19.3	12.2	4.1	1.4	0.8
30〜99人	100.0	70.5	33.3	6.9	30.3	27.6	12.0	12.3	2.7	0.6	1.8

（資料）厚生労働省「就労条件総合調査」

それぞれ32.9％，28.6％，6.5％となっています。「仕事給型」は管理職に，「総合給型」は管理職以外でやや多いことがわかります。また，いずれの職階においても企業規模が大きくなるほど，「仕事給型」の割合は高く，逆に「総合給型」，「属人給型」の割合は低くなっています。「併存型体系」については，2つの職階とも「仕事給・属人給型」や「仕事給・総合給型」の組み合わせを採用する企業が10％強となっています。

(2) 次に，基本給がどのような要素を重視して決定しているのかをみますと（図表1－3），管理職においては「職務・職種など仕事の内容」を決定要素とする割合が72.5％，「職務遂行能力」が70.7％と，仕事的要素をもとに基本給を決定する割合は相当に高いのです。企業規模が大きくなるほど，いずれの職階とも「職務遂行能力」や「業績・成果」の決定要素を重視する企業の割合は高くなっています。

これに対して，「学歴・年齢・勤続年数など」の属人的要素を重視する割合は48.6％となっています。管理職以外になりますと，仕事的要素を重視する割合は管理職に比べて2〜4ポイントほど低下していますが，属人的要素の割

図表1－3　基本給の決定要素別企業割合（平成24年）

(単位：%)

企業規模	全企業	基本給の決定要素（複数回答）					
		職務・職種など仕事の内容	職務遂行能力	業績・成果	学歴・年齢勤続年数など	学歴	年齢・勤続年数など
管理職							
計	100.0	72.5	70.7	42.2	48.6	14.7	47.0
1000人以上	100.0	67.7	74.0	60.4	33.1	11.9	31.3
100～999人	100.0	71.5	76.7	51.3	48.7	18.8	46.6
30～99人	100.0	73.0	68.5	39.3	49.1	13.3	47.5
管理職以外							
計	100.0	68.2	68.7	40.5	61.3	20.9	58.5
1000人以上	100.0	62.0	77.4	59.0	56.9	25.8	52.0
100～999人	100.0	66.4	73.7	49.3	66.9	29.0	61.9
30～99人	100.0	69.0	66.6	36.8	59.5	17.9	57.4

（資料）厚生労働省「就労条件総合調査」

合は逆に61.3％と15ポイントほど高くなり，管理職以外では基本給を決めるにあたって，依然として属人的・年功的要素が重視されているのです。

　(3)　賃金の支払形態をみますと（図表1－4），99.2％の企業が「定額制」を採用し，「出来高制」は4.6％にすぎないのです。「定額制」の中でも「月給」の割合は94.0％と最も高く，「時間給」が21.7％，「日給」が16.2％と続きますが，「年俸制」は9.5％と比較的少ないのです。「月給」を採用する企業の割合は企業規模に関係なく90数％と圧倒的に高いのに対して，「時間給」，「日給」は規模が小さくなるほど高くなっています。一因として，中小企業では非正規労働者の割合が高いことが考えられます。「年俸制」は1000人以上の企業では高く26.4％となっています。

　(4)　企業が過去3年間に賃金制度を改定したか否か，また改定した制度の内容はなにかをみますと（図表1－5），「改定を行った」と回答した企業は28.6％，「改定を行わなかった」企業は71.4％でした。改定した内容は多岐にわたっていますが，「職務・職種など仕事内容の部分を拡大」が15.0％と最も高く，

図表1－4　賃金形態別採用企業割合（平成26年）

（複数回答 単位：%）

企業規模	全企業	定額制					出来高払い制			その他
		計	時間給	日給	月給	年俸制	計	定額制＋出来高制	出来高制	
計	100.0	99.2	21.7	16.2	94.0	9.5	4.6	3.1	1.8	0.4
1000人以上	100.0	99.6	11.9	9.6	96.9	26.4	2.1	1.8	0.5	0.3
100～999人	100.0	99.4	19.0	13.8	95.5	14.2	3.6	2.6	1.0	0.6
30～99人	100.0	99.1	22.9	17.3	93.3	21.2	5.1	3.3	2.1	0.3

（資料）厚生労働省「就労条件総合調査」
（注）1）各賃金形態には当該形態の労働者（期間を定めずに雇われている労働者で、パートタイム労働者を除く）が1人でもいる企業を計上しています。
　　　2）賃金の一部が出来高制の労働者の場合、定額部分が50％以上であれば、「定額制」の該当する賃金形態、定額部分が50％未満であれば、「出来高払い制」の「定額制＋出来高制」としています。

図表1－5　賃金制度の改定の有無・改定項目別企業割合（平成26年）

（単位：%）

企業規模	全企業	改定を行った企業	改定項目（複数回答）										改定を行わなかった企業
			仕事内容の部分を拡大	職務遂行能力の部分を拡大	業績・成果の部分を拡大	手当を縮減、基本給への組入れ	退職給付を縮減、基本給への組入れ	基本給を抑制、賞与を拡大	賃金表の導入	職能資格制度の改定・導入	年俸制の改定・導入	定期昇給の停止	
計	100.0	28.6	15.0	14.1	13.1	4.5	0.2	1.1	3.9	6.2	0.9	1.6	71.4
1000人以上	100.0	30.3	14.1	11.2	11.2	5.6	0.1	1.3	3.9	9.8	3.3	1.0	69.7
100～999人	100.0	26.8	13.0	12.6	11.9	4.5	0.2	1.1	3.9	7.5	1.5	1.0	73.2
30～99人	100.0	29.2	15.8	14.7	13.5	4.4	0.2	1.1	3.9	5.6	0.6	1.8	70.8

（資料）厚生労働省「就労条件総合調査」

「職務遂行能力の部分を拡大」が14.1％，「業績・成果の部分を拡大」が13.1％と続いています。これは，企業が基本給のうち仕事給へのウエイトを高めた結果と考えられます。このほかに「職能資格制度の改定・導入」が6.2％，「手当を縮減し基本給への組入れ」が4.5％，「賃金表の導入」が3.9％となっています。

(5) 最後に，企業が賃金の等級・号数を表わした賃金表を有しているのか否かをみますと（図表1－6），職階に関係なく7割の企業が「賃金表がある」と

図表1－6　賃金表の有無別企業割合（平成21年）

(単位：％)

企業規模	全企業	賃金表がある	基本給のすべてに賃金表ある	基本給の一部に賃金表ある	賃金表がない	不明
管理職						
計	100.0	68.4	62.2	6.2	30.0	1.6
1000人以上	100.0	88.9	80.5	8.4	10.5	0.6
100～999人	100.0	78.5	69.9	8.6	20.8	0.7
30～99人	100.0	64.1	58.9	5.2	34.0	1.9
管理職以外						
計	100.0	69.9	64.0	5.9	28.6	1.5
1000人以上	100.0	91.9	83.7	8.2	7.6	0.5
100～999人	100.0	80.7	71.6	9.1	18.5	0.8
30～99人	100.0	65.3	60.6	4.7	32.9	1.8

（資料）厚生労働省「就労条件総合調査」

回答し，そのうち「基本給のすべてに賃金表がある」と回答した企業は6割を上回っています。企業規模が大きくなるほど，賃金表の整備が進み，1000人以上の企業では9割と，ほぼすべての企業に整備されています。「賃金表がない」の割合は企業規模が小さくなるほど高く，30～99人の企業では3割を超えています。賃金管理を適正に運営していくには，賃金表の整備が不可欠でありますが，中小企業ではまだまだ遅れています。

　定昇とベア　毎年4月など一定の時期に労働者の賃金を引き上げる定期昇給制度とは，年齢や勤続年数など年功にともなって，または人事評価による査定によって，定期的に基本給を増額していく制度をいいます。賃金水準そのものを底上げするベースアップ（ベア）とともに，定期昇給はわが国賃金制度の根幹をなしていますが，バブル経済の崩壊後，制度の廃止や見直したりする企業が増えました。

　このように，賃金を改定する方法には昇給とベースアップの2つの方法があります（図表1－7）。昇給は定期昇給と臨時昇給からなり，定期昇給は定昇といわれ，これは自動昇給と査定昇給にわかれます[7]。

図表1-7　賃金改定の方法

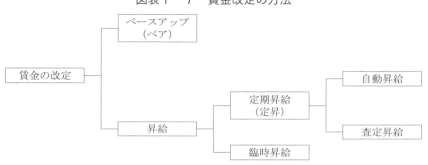

　定期昇給とは，賃金表に沿って号数を定期的に引き上げることをいいます。これに対して，ベースアップとは，団体交渉や生計費の上昇，生産性の伸び，世間相場の上昇などを理由に賃金表を書き換える，すなわち賃金カーブそのものを引き上げることをいいます。

　図表1-8によりますと，定期昇給は，賃金水準が点Aら点Cに昇給することを意味し，定昇による昇給額はBCの大きさで示されます。これに対して，ベースアップは，賃金カーブそのものの底上げですから，賃金水準を点Cから点Dに引き上げることをいい，ベアによる引き上げ額はCDで示されます。

図表1-8　定昇とベア

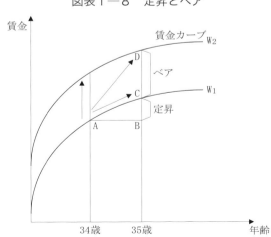

表現を変えていえば，賃金カーブ W_1 上を昇給するのが定昇であり，賃金カーブそのものを W_1 から W_2 に引き上げるのがベアであります。定昇とベアは必ずしも同時に行われるとはかぎらないのですが，春季賃上げ交渉などでは定昇込みベアという形で妥結されることが多いのです。図表1－8でいえば，定昇込みベアとは，賃金水準の点Aから点Dへの移行で表現されます。

　定昇込みベアという場合には，しばしば何パーセントが定昇分，何パーセントがベア分であるといわれます。賃上げ交渉においては，賃金引き上げ額が妥結した後に，引き続き配分交渉が行われ，定昇分とベア分に振り分けられるのです。これは定期昇給制度が整備されていないためにしばしば起こることなのです。定期昇給制度を有することは賃金表にもとづいて賃金を昇給・昇格していくことを意味し，賃金管理を適切に運営していく上で重要な制度です。

　昇給と賃金カーブ　ところで，労働者個々の賃金が昇給していく過程においては，定期昇給制度と等級制度の果たす役割は実に大きいのです。等級制度とは，能力や職務，役割などによって労働者を等級に貼り付けて序列化する制度で，定期昇給制度とともに人事・賃金管理の支柱になっています。

　次に，大学を卒業して22歳で企業に入社した新入社員を取り上げ，等級Ⅰの最も低い号数aの初任給に貼り付けられた，この社員の昇給プロセスを追跡します（図表1－9）。社員は，毎年，等級Ⅰの号数表にそって定期昇給していくのですが，いま，25歳で号数a′に達し，等級Ⅱの直近bの号数に昇格したとします。その後の昇給を追いかけますと，等級Ⅱの号数表にそって昇給し，30歳で号数b′に達します。そこで，社員は等級Ⅲの直近cの号数に昇格し，同時に職階も主任に昇進したとします。その後も，等級Ⅲの号数表にそって昇給し，35歳で号数c′に達したとき，社員は等級Ⅳの直近dの号数に昇格し，職階も係長に昇進したとします。以下同様に，社員は昇給，そして昇格を繰り返し，併せて昇進も行い，賃金はa→a′→b→b′→c→c′→d→d′→e→……と軌跡を描きながら上昇していくのです。このプロセスは標準的に昇給・昇進する社員の賃金上昇の軌跡であって，賃金カーブはａｂｃｄｅ…のように昇給ピッチの大きい右上がりの曲線となります。

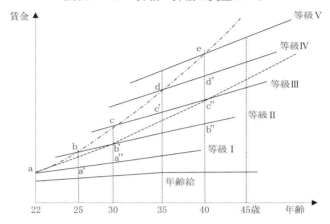

図表1―9　昇給・昇格と賃金カーブ

　仕事があまり芳しくない社員の賃金上昇の軌跡をみますと、毎年、昇給するものの、等級Ⅰから等級Ⅱへの昇格には相当な年数がかかり、30歳でやっと等級Ⅰの号数a″から等級Ⅱの号数b′に昇格したとします。その後も、昇格・昇進に時間がかかり、40歳で等級Ⅱの号数b″から等級Ⅲの号数c″に昇格します。その結果、昇格・昇進の遅い社員の賃金上昇の軌跡はa→a″→b′→b″→c″→……となり、賃金カーブはa b′c″……のように昇給が遅くピッチの低い賃金カーブを描くのです。

　定昇とベアの実施状況　定期昇給制度・ベア等の実施状況に関する調査はきわめて少なく、厚生労働省「賃金引上げ等の実態に関する調査」によって、定期昇給制度の有無をみますと（図表1―10）、バブル崩壊後、定昇制度を廃止または凍結する企業は増えましたが、近年、賃金管理のあり方が見直され、「定昇制度あり」が徐々に復活しています。平成26年において、管理職では73.0％の企業が、一般職では実に80.0％の企業が「制度あり」となっています。次に、定昇の実施状況を尋ねますと、「制度あり」と回答した企業のうち管理職で66.1％の企業が、一般職で74.3％が定昇を「行った・行う」と答えています。

18　第1章　賃金の概念と賃金制度

図表1-10　定期昇給制度の有無・実施状況別企業割合

(単位：%)

年次	計[1]	管理職					一般職				
		定昇制度あり	定昇の実施状況		定昇制度なし	不明	定昇制度あり	定昇の実施状況		定昇制度なし	不明
			行った・行う	行わなかった・行わない[2]				行った・行う	行わなかった・行わない[2]		
平成16年	100.0	53.4	43.4	10.0	46.1	0.4	66.6	54.5	9.1	33.0	0.4
17	100.0	55.6	45.6	10.0	44.4	0.0	68.2	58.6	9.6	31.8	0.0
18	100.0	59.6	52.0	7.6	40.4	0.0	72.7	64.6	8.1	27.3	0.0
19	100.0	61.3	54.4	7.0	36.8	1.9	72.2	65.3	6.9	25.9	1.9
20	100.0	67.4	55.7	11.6	32.6	0.0	75.6	65.8	9.9	24.4	0.0
21	100.0	67.5	47.3	20.1	32.5	0.0	77.2	56.7	20.6	22.8	0.0
22	100.0	66.3	51.6	14.6	32.2	1.5	75.7	63.1	12.6	22.7	1.6
23	100.0	68.6	52.4	16.2	30.5	0.9	77.2	62.9	14.4	21.8	1.0
24	100.0	68.6	56.7	11.9	29.6	1.8	75.3	64.7	10.5	22.9	1.9
25	100.0	68.9	59.4	9.4	29.4	1.7	77.9	70.3	7.8	20.4	1.8
26—計	100.0	73.0	66.1	6.9	26.4	0.6	80.0	74.3	5.8	19.2	0.8
5000人以上	100.0	65.0	61.2	3.8	34.3	0.8	87.0	85.7	1.3	12.7	0.4
1000～4999人	100.0	78.9	73.1	5.7	20.5	0.6	90.7	86.6	4.1	8.7	0.6
300～999人	100.0	73.6	69.1	4.3	25.9	0.5	84.8	81.6	3.1	14.9	0.3
100～299人	100.0	72.5	64.7	7.8	26.9	0.6	77.5	70.8	6.7	21.5	1.0

(資 料)　厚生労働省「賃金引上げ等の実態に関する調査」
(注)1)　計（企業計）は賃金の改定を実施した企業、または予定している企業および賃金の改定を実施しない企業の計です。
　　2)　定昇を延期した企業を含んでいます。

図表1-11　定期昇給制度とベア等の実施状況別企業割合（定期昇給制度がある企業）

(単位：%)

年次	計[1]	管理職				一般職			
		定昇とベアの区別あり	ベア等の実施状況		定昇とベアの区別なし[3]	定昇とベアの区別あり	ベア等の実施状況		定昇とベアの区別なし[3]
			行った・行う	行わなかった・行わない[2]			行った・行う	行わなかった・行わない[2]	
平成16年	100.0	51.0	10.1	41.0	49.0	56.1	10.3	45.7	43.9
17	100.0	48.2	12.5	35.7	51.8	53.6	14.3	39.2	46.4
18	100.0	50.5	11.8	38.8	49.5	53.7	15.8	37.9	46.3
19	100.0	50.3	18.6	31.8	49.7	55.6	23.5	32.1	44.4
20	100.0	52.4	19.8	32.6	47.6	56.7	21.4	35.4	43.3
21	100.0	61.7	12.7	49.0	38.3	63.6	12.6	51.0	36.4
22	100.0	58.7	9.4	49.2	41.3	59.8	9.6	50.3	40.2
23	100.0	54.6	11.7	43.0	45.4	57.9	13.4	44.5	42.1
24	100.0	57.0	9.8	47.3	43.0	60.0	12.1	47.9	40.1
25	100.0	56.6	11.5	45.7	43.4	60.2	13.9	46.4	39.8
26—計	100.0	62.1	18.6	43.5	37.9	66.8	24.8	41.9	33.3
5000人以上	100.0	77.7	23.0	54.7	22.3	84.3	45.0	39.3	15.7
1000～4999人	100.0	75.9	23.4	52.5	24.1	78.6	33.1	45.5	21.4
300～999人	100.0	67.0	20.5	46.4	33.0	71.3	30.0	41.3	28.7
100～299人	100.0	59.0	17.5	41.0	41.0	63.7	21.9	41.8	36.3

(資 料)　厚生労働省「賃金引上げ等の実態に関する調査」
(注)1)　計（企業計）は賃金の改定を実施した企業、または予定している企業および賃金の改定を実施しない企業の計です。
　　2)　ベースダウンを行った・行う企業を含んでいます。
　　3)　区別が不明の企業を含んでいます。

また26年調査によりますと（図表1−11），定期昇給制度がある企業のうち，「定昇とベアの区別あり」は管理職では62.1％，一般職では66.8％となっています。「区別あり」と回答した企業のうち，管理職ではベアを「行った・行う」企業は18.6％，一般職では24.8％でありますが，企業規模が大きくなるほど，ベアを実施する割合は高くなっています。

(3) 諸手当

手当の類型　企業は，基本給のほかに実にさまざまな手当を設けています。基本給に加えて支給される賃金を総称して諸手当といい，一般に次のような性格をもっています。第1に，諸手当は基本給を補完するものです。第2に，諸手当は原則として支給条件に該当した労働者に支給されます。第3に，一つの手当は一つの要素（労働者の属性，職種，仕事の内容など）に対応して支給されます。第4に，諸手当は原則として賞与・退職金などを計算する算定基礎にはならないのです。

厚生労働省「就労条件総合調査」によりますと，諸手当は次の7つに分類されています。

① 生活手当　労働者の生計費を補助する目的で，生活状態，家族構成などを考慮して支給される手当
② 業績手当　作業量，作業時間または遂行された業績といった労働の量的成果に対して支給される手当
③ 精皆勤手当　労働者の勤労意欲に刺激を与える目的で，出勤日数を基準に支給される手当
④ 通勤手当　通勤交通費の全額または一部として支給される手当
⑤ 勤務手当　各職務を遂行する上で要求される資格，技能，作業，勤務状態，責任などを考慮して支給される手当
⑥ 調整手当　企業合併その他の事由によって生じた不均衡を調整するために支給される手当
⑦ その他の手当　上記のいずれにも分類されない手当

図表1－12　手当の種類別・制度有企業割合（平成22年調査）

（複数回答　単位：%）

企業規模	全企業	業績手当など	勤務手当計	役付手当など	特殊作業手当など	特殊勤務手当など	技能手当など	精皆勤手当など	通勤手当など
計	100.0	15.5	84.4	77.6	10.4	19.7	44.8	32.7	86.3
1000人以上	100.0	15.7	86.7	72.9	23.5	44.0	43.3	13.6	91.0
100～999人	100.0	15.5	86.7	78.5	14.0	29.3	45.4	25.9	88.8
30～99人	100.0	15.5	83.5	77.3	8.8	15.5	44.6	35.7	85.3

企業規模	生活手当計	家族手当など	地域手当など	住宅手当など	単身赴任手当など	他の生活手当など	調整手当など	いずれにも該当しない・不明
計	72.9	12.5	12.5	39.4	17.5	14.8	29.4	12.9
1000人以上	89.7	35.5	35.5	55.7	70.9	31.3	48.8	16.6
100～999人	83.7	21.0	21.0	48.6	35.4	20.7	38.4	15.2
30～99人	68.5	8.7	8.7	35.6	9.4	12.2	25.5	12.1

（資料）厚生労働省「就労条件総合調査」
（注）調査結果は平成21年11月分の結果です。

統計調査からみた手当の実態　(1) 企業はどのような手当を設けているのかをみますと（図表1－12），「通勤手当」がある企業の割合は86.3%と最も高く，次いで役付手当，技能手当，殊勤務手当，特殊作業手当などの「勤務手当」が84.4%，続いて家族手当，住宅手当，単身赴任手当，地域手当などの「生活手当」が72.9%，「精皆勤手当」が32.7%，「調整手当」が29.4%，「業績手当」が15.5%となっています。「通勤手当」や「勤務手当」は企業規模に関係なくほとんどの企業で制度化されています。「生活手当」や「調整手当」がある割合は企業規模が大きくなるほど高くなっていますが，逆に「精皆勤手当」の割合は低くなり，中小企業においては，精皆勤手当の支給が社員の欠勤を抑え出勤を刺激する手段の一つとして利用されているのではないかと考えられます。

(2) 次に，労働者一人に支払われる手当はどの程度の金額であるかをみますと（図表1－13），「業績手当」が6万2,690円で最も多く，次いで「単身赴任手当」4万1,001円，「役付手当」4万0,227円が続き，「調整手当」2万6,248円，「特殊勤務手当」2万4,942円，「技能手当」2万0,960円となっています。このほかに，「地域手当」1万8,252円，「家族手当」1万7,835円，「住宅手当」1万6,890円，「特殊作業手当」1万5,294円，「通勤手当」1万1,795円，「精

図表1−13 手当の種類別支給した労働者1人平均支給額(平成22年調査)

(単位:円)

企業規模	業績手当など	勤務手当				精皆勤手当など	通勤手当など
		役付手当など	特殊作業手当など	特殊勤務手当など	技能手当など		
計	62,690	40,227	15,294	24,942	20,960	11,467	11,795
1000人以上	68,070	45,334	7,362	26,413	19,738	7,354	12,861
100〜999人	47,060	37,139	14,024	22,901	17,212	11,169	11,709
30〜99人	80,163	40,347	26,302	26,080	25,228	12,458	10,714

企業規模	生活手当					調整手当など	いずれにも該当しない・不明
	家族手当など	地域手当など	住宅手当など	単身赴任手当など	他の生活手当など		
計	17,835	18,252	16,890	41,001	9,400	26,248	34,821
1000人以上	23,557	17,235	18,976	42,761	7,401	19,272	38,653
100〜999人	16,296	17,769	16,534	34,466	8,706	23,931	27,654
30〜99人	12,413	26,149	15,083	34,298	13,056	35,603	44,866

(資料)厚生労働省「就労条件総合調査」
(注)調査結果は平成21年11月分の結果です。

皆勤手当」1万1,467円となっています。

(3)最後に,労働者に支給される各種の手当が「所定内賃金」に占める割合を,「所定内賃金」を100%としてみますと(図表1−14),各手当を合わせた

図表1−14 常用労働者1人平均所定内賃金と手当種類別構成比(平成22年調査)

(単位:円,%)

企業規模	計(所定内賃金)	基本給	諸手当(計)	業績手当など	勤務手当など	精皆勤手当など
計	100.0 (322,054)	85.4	14.6	1.6	4.7	0.5
1000人以上	100.0 (385,387)	88.0	12.0	1.3	3.5	0.1
100〜999人	100.0 (296,364)	84.8	15.2	1.4	4.8	0.6
30〜99人	100.0 (281,588)	82.1	17.9	2.4	6.4	1.2

企業規模	通勤手当など	生活手当など	調整手当など	いずれにも該当しない・不明
計	2.7	3.7	0.7	0.7
1000人以上	2.4	4.0	0.3	0.5
100〜999人	3.0	3.9	0.8	0.7
30〜99人	2.7	2.9	1.2	1.3

(資料)厚生労働省「就労条件総合調査」
(注)調査結果は平成21年11月分の結果です。

手当全体の割合は14.6％となり，企業規模が小さくなるほど，その割合は高くなり，10～99人規模になると17.9％となっています。

次に，各手当を個別にみますと，役付手当，技能手当，特殊勤務手当，特殊作業手当など「勤務手当」が4.7％と最も高く，次いで家族手当，住宅手当，単身赴任手当，地域手当など「生活手当」が3.7％，「通勤手当」が2.7％，「業績手当」が1.6％，「調整手当」が0.7％，「精皆勤手当」が0.5％となっています。企業規模が大きくなるほど，「業績手当」，「勤務手当」，「精皆勤手当」の割合は低くなり，逆に「生活手当」の割合は高くなっています。

（4）退職金制度

法制化の流れ　退職金は，本質的には賃金の後払い的な性格をもっており，日本的雇用慣行の下では，長期勤続を促す意味もあって大企業を中心に広く普及しています。退職金制度は，江戸時代の「のれん分け」がその始まりといわれています[8]。退職金制度が企業に取り入れられたのは明治期でありますが，第2次世界大戦前に普及した主な理由は，昭和11年に制定された「退職積立金及退職手当法」にあります。19年に「労働者年金保険法」を「厚生年金保険法」に名称変更したことにともない，退職積立金及退職手当法は廃止されました[9]。また27年の法人税法改正により，退職金給付財源を社内準備するため，同年「退職給与引当金」が認められ，退職金給付財源は非課税となったのです。

ほとんどの大企業には退職金制度が整備されていますが，中小企業においては制度化がむずかしいため，34年に「中小企業退職金共済制度」が設置されました。同制度は，同年に制定された「中小企業退職金共済法」にもとづいて設置された中小企業のための退職金制度であります。また所得税法施行令第73条に定める「特定退職金共済制度」は，国（税務署）承認の下に，個人事業主または法人が特定退職金共済団体（商工会議所，商工会，商工会連合会等）と退職金共済契約を締結し，加入事業主に代わって特定退職金共済団体から被共済者（社員）に直接退職金等の給付を行う制度であります。

企業年金への移行　平成14年7月施行の法人税法等の一部改正により，同年度以降，企業年金制度は大幅に再編されることになりました。再編以前は「適格退職年金制度」と「厚生年金基金制度」が代表的な年金制度でありました。昭和37年に法人税法および所得税法にもとづいて「適格退職年金制度」が発足しましたが，新規の設立は平成14年4月1日より認められず，また既存の契約については24年3月31日をもって廃止が決まりました。昭和40年には厚生年金保険法にもとづいて「厚生年金基金制度」が創設されました[10]。

企業年金制度の再編により，「適格退職年金制度」における既存の契約は平成24年3月31日までの10年以内に他の年金制度——厚生年金基金制度，確定給付企業年金制度，確定拠出年金制度，中小企業退職金共済制度に移行することが必要となったのです。13年10月に「確定拠出年金法」が施行され，同法にもとづいて設置されたのが「確定拠出年金」であり，14年1月に「確定給付企業年金法」が施行され，同法にもとづいて創設されたのが「確定給付企業年金」であります[11]。

昭和27年の法人税法改正により，「退職給与引当金」が認められ，退職金給付財源は非課税となりましたが，平成10年度の法人税法改正により，退職給与引当金の累積限度額が10年度から5年間の経過措置を設けた上で，期末要支給額の40％から20％に引き下げられることになりました。また14年7月に公布された法人税法等の一部改正により，「退職給与引当金制度」が廃止されました[12]。

退職金制度の法的規定　① 退職金制度は，法律上，義務化されていません。退職金制度を設けるか否かは企業の裁量によりますが，就業規則に退職金の規程を設けた場合，退職金は労働基準法第11条の「賃金」の一部とみなされます（企業が倒産した場合，退職金は未払賃金の立替払事業の対象になります）。就業規則に退職金の規程を設ける場合，適用される労働者の範囲，退職手当の決定，計算および支払の方法，並びに退職手当の支払の時期に関する事項を定めなければなりません（労働基準法第89条第3号の2）。

② 退職金制度の適用対象を雇用形態によって区別することができます。就

業規則を雇用形態別にわけている場合，正規社員のみに退職金を支給し，パートなど非正規社員には支給しないように，退職金制度を別々に定めることができます。

　③ 正規社員に退職金を適用する場合にも，退職事由によって受給要件を定め支給対象者を限定し，支給する退職金も減額することができます。たとえば，勤続年数の短い社員が退職する場合や懲戒解雇の場合は退職金を支給されません。自己都合の場合は少なく，会社都合や定年退職は多くなります。企業による退職勧奨の場合，一般に退職金は増額されます。

　退職金の算定方式　退職金（退職一時金）を算定する方式を大別しますと，基本給に連動する方式と基本給に連動しない方式（別表方式）があります。基本給に連動しない方式として，定額方式，ポイント方式（点数方式），別テーブル方式などがあります。

① 基本給連動方式―― 退職時の基本給に勤続年数に応じた支給係数を乗じて，退職金を算定する方式です。この方式はわかりやすいので最も多く利用されていますが，定年時退職時の基本給が必ずしも明確でないため，総額の想定がむずかしいのです。

② 定額方式―― 年齢・勤続年数などにより退職金額表を作り，これに資格等級や退職事由による係数を乗じて退職金を算定する方式です。この方式は基本給とは連動していないので退職時の退職金を事前に知ることができます。しかし，在職時における企業貢献度が反映されないという欠点があります。

③ ポイント方式（点数方式）―― 役職別に毎年ポイントを付与し，その累計点数にポイント単価を乗じて退職金を算定する方式です。この方式は毎年の貢献度を退職金に反映させることができる長所がありますが，ポイントや累積点数の管理・記録など事務負担が大きくなります。

④ 別テーブル方式―― 資格・等級等をもとに退職金額を決めるための表を作成し，これから算定基礎額を決め，勤続年数別や退職事由別の係数をかけて退職金を算定する方式です。

2．賃金の機能と賃金制度

退職給付制度の実態　退職給付（一時金・年金）制度に関する統計調査は，行政機関やいくつかの民間団体で実施されていますが，その中でも厚生労働省が実施する「就労条件総合調査」は退職給付制度の実態をいろいろな角度から明らかにするものとして最も代表的な調査です[13]）。

同調査によって，「退職給付（一時金・年金）制度がある企業」の割合をみますと（図表1-15），高度成長期においては，ほとんどの企業は退職給付制度を有していましたが，バブル経済の崩壊後，多くの企業で制度の廃止や見直しが行われました。そのため制度が「ある企業」の割合は平成25年75.5％で，23年に比べて8ポイント強も減少しており，過去最低の割合となっています。企業規模が大きくなるにしたがって，「ある企業」の割合は高くなっています。退職給付制度を形態別にみますと，「退職一時金制度のみ」の割合が65.8％，

図表1-15　退職給付制度の有無・形態別企業割合

(単位：%)

年次	企業規模	全企業	退職給付（一時金・年金）制度がある企業[1]	退職一時金制度のみ a	退職年金制度のみ b	両制度併用 c	退職給付（一時金・年金）制度がない企業	(再掲)[2] 退職一時金制度がある a+c	退職年金制度がある b+c
平成25年	産業計	100.0	75.5 [100.0]	[65.8]	[11.6]	[22.6]	24.5	[88.4]	[34.2]
	1000人以上	100.0	93.6 [100.0]	[23.0]	[28.9]	[48.1]	6.4	[71.1]	[77.0]
	100～999人	100.0	83.8 [100.0]	[49.9]	[17.3]	[32.8]	16.2	[82.7]	[50.1]
	30～99人	100.0	72.0 [100.0]	[74.1]	[8.8]	[17.3]	28.0	[91.4]	[25.9]
20年	産業計	100.0	83.9 [100.0]	[55.3]	[12.8]	[31.9]	16.1	[87.2]	[44.7]
	1000人以上	100.0	95.2 [100.0]	[19.3]	[24.0]	[56.7]	4.8	[76.0]	[80.7]
	100～999人	100.0	89.0 [100.0]	[38.5]	[19.2]	[42.3]	11.0	[80.8]	[61.5]
	30～99人	100.0	81.7 [100.0]	[63.0]	[17.7]	[27.1]	18.3	[90.1]	[37.0]

年次	企業規模	退職一時金制度がある企業		退職一時金制度の支払準備形態（複数回答）			
			社内準備	中小企業退職金共済制度	特定退職金共済制度	その他	
平成25年	産業計	[88.4]	100.0	64.5	46.5	7.5	3.9
	1000人以上	[71.1]	100.0	96.6	—	3.4	2.8
	100～999人	[82.7]	100.0	76.3	32.2	4.6	3.8
	30～99人	[91.4]	100.0	59.1	53.2	8.7	4.0
20年	産業計	[87.2]	100.0	64.2	39.0	8.8	4.9
	1000人以上	[76.0]	100.0	95.9	—	2.0	3.7
	100～999人	[80.8]	100.0	80.8	21.0	5.4	4.0
	30～99人	[90.1]	100.0	57.5	46.3	10.2	5.2

（資料）　厚生労働省「就労条件総合調査」
（注）1）　[　]の数値は退職金（一時金・年金）制度がある企業に対する割合です。
　　　2）　いずれの制度においても「両制度併用」を含んでいます。

「退職年金制度のみ」が11.6％、「両制度併用」が22.6％となっています。

次に、「退職一時金制度がある企業」の支払準備形態をみますと、「社内準備」による企業の割合が高く64.5％、「中小企業退職金共済制度」が46.5％と続きますが、「特定退職金共済制度」による割合は7.5％と少ないのです。企業規模が大きいほど、「社内準備」による企業の割合は高くなっています。30～99人規模の小企業では、「中小企業退職金共済制度」が53.2％、「特定退職金共済制度」が8.7％と高く、小企業では2社に1社が社内準備のほかに退職共済制度をも活用しているのです。

これに対して、「退職年金制度がある企業」の支払準備形態をみますと（図表1－16）、「厚生年金基金」による企業の割合が44.8％と高いのですが、「確定給付企業年金」と「確定拠出年金」は35.8％、35.9％とほぼ同じ割合となっています。「厚生年金基金）」の割合は企業規模が小さくなるほど高くなっているのに対して、「確定給付企業年金」と「確定拠出年金」の割合は企業規模が大きくなるほど高くなっています。

図表1－16　退職年金制度の支払準備形態別企業割合

(単位：％)

年次	企業規模	退職年金制度がある企業[1), 2)]		退職年金制度の支払準備形態（複数回答）				
				厚生年金基金（上乗せ給付）	確定給付企業年金（CBPを含む）	確定拠出年金（企業型）	企業独自の年金	適格退職年金[3)]
平成25年	産業計	[34.2]	100.0	44.8	35.8	35.9	2.8	
	1000人以上	[77.0]	100.0	11.0	69.4	48.7	4.5	
	100～999人	[50.1]	100.0	32.0	49.1	40.8	2.4	
	30～99人	[25.9]	100.0	58.9	20.9	30.4	2.9	
20年	産業計	[44.7]	100.0	35.9	11.7	15.9	2.1	49.5
	1000人以上	[80.7]	100.0	12.7	45.2	35.0	4.5	34.1
	100～999人	[61.5]	100.0	30.5	15.0	18.4	1.5	57.1
	30～99人	[37.0]	100.0	41.1	7.4	13.0	2.4	45.7

（資料）　厚生労働省「就労条件総合調査」
（注）1)　[　]の数値は退職給付（一時金・年金）制度がある企業のうち、退職年金制度がある企業割合です。
　　　2)　「退職年金制度がある企業」には「両制度併用」を含んでいます。
　　　3)　「適格退職年金」は平成24年3月31日をもって廃止となりました。

（5）労働費用

労働費用の分類　企業が労働者を雇うことによって発生する諸々の費用，すなわち直接・間接を問わずに支払われるすべての費用を，労働費用または人件費とよんでいます（図表1－17）。

厚生労働省「就労条件総合調査」によりますと，労働費用は，現金給与と現金給与以外の労働費用に大別されます。現金給与についてはすでに説明しましたから省略します。現金給与以外の労働費用は，福利厚生費のほかに現物給与の費用，退職給付等の費用，教育訓練費，その他の労働費用からなっています。福利厚生費は，労働者に直接支給される賃金ではないのですが，労働者からみれば，賃金と同様に労働条件を左右するものであり，また企業からみれば，賃金とともに労働費用を構成する重要な一つとなっています。

福利厚生費は，法律にもとづき支出が義務づけられている法定福利費と，労働者の福祉増進のために任意に支出される法定外福利費に区分されます。法定福利費は，健康保険，厚生年金保険，雇用保険，労働者災害補償保険などの保険料のうち事業主負担分や児童手当拠出金，法定補償費などをいいます。法定外福利費は，事業主独自の施策にもとづく負担分で，住居，食事，医療保健，文化・体育・娯楽，慶弔見舞，理美容，販売店などに関する費用や私的保険制度への拠出金，労災付加給付の費用などをいいます。

図表1－17　労働費用の分類

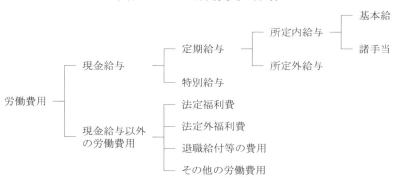

退職給付等の費用は、退職一時金と退職年金からなっています。すでに説明しましたように、退職一時金は、雇用関係が終了したときに労働協約または就業規則にもとづいて企業から労働者に支払われる一時金をいい、普通、退職金とよばれています。退職年金は、労働者が退職したときに終身または一定の期間にわたって、本人および家族の生活保障のために給付される企業年金をいいます。

労働費用の構成 次に、労働者一人にかかる1か月平均の労働費用（人件費）の構成を観察します（図表1−18）。費用項目すべてを網羅した統計資料は存在していませんから、厚生労働省の「平成23年就労条件総合調査」[14]と「毎月勤労統計調査：全国調査（平成23年報）」を利用して費用構成を明らかにします[15]。「就労条件総合調査」によりますと、23年の労働費用総額は41万4,428円、これは、現金給与総額33万7,849円（総額を100.0％としますと、81.5％）と現金給与以外の労働費用7万6,579円（18.5％）からなっています。

「就労条件総合調査」は定期給与や特別給与を調査していませんから、これには「毎月勤労統計調査」を利用します[16]。毎勤統計において、23年の現金給与総額は36万2,296円、この内訳をみますと、定期給与29万1,783円、現金給与総額に対する割合80.5％、特別給与7万0,513円、19.5％となります。これを就労調査の現金給与総額33万7,849円にあてはめて換算しますと、定期給与は27万2,104円、特別給与は6万5,745円、労働費用総額に対する現金給与総額の割合81.5％に対する各構成比は65.6％、15.9％となります。

毎勤統計でみた定期給与29万1,783円を所定内給与と所定外給与にわけますと、所定内給与は定期給与の91.8％を占め26万7,832円、また所定外給与は8.2％を占め2万3,951円となります。この割合をもとに、定期給与の換算値27万2,104円から所定内給与と所定外給与を求めますと、所定内給与は24万9,791円、所定外給与は2万2,313円となり、労働費用総額に占める割合はそれぞれ60.2％、5.4％となります。

所定内給与24万9,791円はさらに基本給と諸手当にわかれますが、23年就労調査の賃金制度に関する調査は、この内訳を調査していません。そこで22

図表1―18　労働者1人1か月平均労働費用の構成（平成23年）

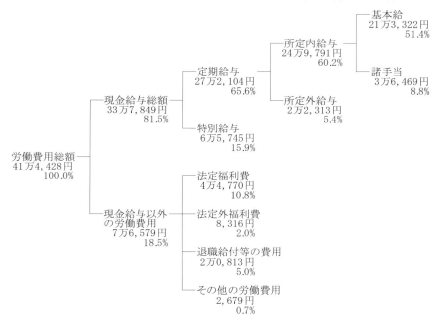

（資料）　厚生労働省「平成23年就労条件総合調査」（企業規模30人以上）
　　　　厚生労働省「平成22年就労条件総合調査」（企業規模30人以上）
　　　　厚生労働省「平成23年毎月勤労統計調査」（事業所規模30人以上）
（注）1）「就労条件総合調査」において，労働費用に関する調査は最近では平成11年，18年，23年と調査されています。
　　　2）「その他の労働費用」とは教育訓練費，募集費，現物給与の費用などをいいます。
　　　3）基本給と諸手当の内容は，「平成22年就労条件総合調査」における所定内給与32万2,054円（21年11月分）の内訳（基本給は27万5,112円，85.4％，諸手当は4万6,942円，14.6％）をもとに，図表1－18の所定内給与換算値24万9,791円，60.2％から基本給21万3,322円，51.4％と諸手当3万6,469円，8.8％に換算しました。

年調査の賃金制度調査を利用しますと[17]，所定内給与に占める基本給の割合は85.4％，諸手当は14.6％の数値となります。この比率を所定内給与24万9,791円にあてはめますと，基本給は21万3,322円，諸手当は3万6,469円となり，労働費用総額に対する割合はそれぞれ51.4％，8.8％となります。

現金給与以外の労働費用7万6,579円の内訳を就労調査によってみますと，法定福利費は4万4,770円，現金給与以外の労働費用18.5％に対する割合は10.8％，法定外福利費は8,316円，2.0％，退職給付等の費用は2万0,813円，5.0％，その他の労働費用（教育訓練費，募集費，現物給与の費用など）は2,679円，0.7％となります。

[注]

7) 昇給とは，賃金がアップすることをいいますが，昇給によく似た言葉に昇格と昇進があります。昇格とは，等級制度で定められた職能，職務や役割などを示す等級が上昇することをいいます。これに対して，昇進とは，企業内の地位や肩書が課長から部長に上がることをいいます。
8) 藤井得三［1967］『退職金の話』日本経済新聞社，大湾秀雄・須田敏子［2009］「なぜ退職金や賞与制度はあるのか」『日本労働研究雑誌』No.585を参照。
9) 「厚生年金」の始まりは昭和17年6月に制定された「労働者年金保険法」がその前身です。19年10月から「厚生年金保険法」（旧法）による「厚生年金保険制度」が発足しました。
10) 「厚生年金基金制度」とは，厚生労働大臣の認可を受けて厚生年金基金を設立し，厚生年金保険法でいう老齢厚生年金の一部を基金が国に代わって行う代行給付に，企業の実情に応じて給付を上乗せする退職年金制度をいいます。
11) 「確定拠出年金」とは，企業が拠出した掛金を個人が自己の責任において運用の指図を行い，掛金とその運用収益との合計額をもとに給付額が決定される年金制度をいいます。「確定給付企業年金」とは，受給権保護等を定めた確定給付企業年金法にもとづき，労使合意の上，規約を作成し事業主もしくは企業年金基金が制度運営する確定給付型の企業年金制度をいいます。

　将来，受け取る年金給付額があらかじめ確定しているのが「確定給付企業年金」であって，毎回の拠出額があらかじめ確定している一方，将来，受け取る給付額が運用の結果によって決定するのが「確定拠出年金」です。この「確定拠出年金」は，アメリカの内国歳入法401条(k)項を参考にしたため，「日本版401k」とよばれています。
12) 法人税法において退職給与引当金制度が廃止されましたが，企業会計処理においては計上することはできます。
13) 退職給付（一時金・年金）に関する調査項目は4〜5年毎のローテーションで実施されています。

14) 「就労条件総合調査」は，平成12年度より「賃金労働時間制度総合調査」の名称を変えて調査しています。また調査対象時期も12月末日現在から翌1月1日現在に変更されています。したがって，23年調査は23年1月1日現在について調査したものです。ただし，年間の調査項目については，22年1年間（または21会計年度）の状況を調査したものです。なお，調査対象は常用労働者が30人以上の民営企業です。
15) 労働費用に関する調査は「就労条件総合調査」で行われていますが，最近では平成14年，18年，23年と3回調査されました。
16) 「就労条件総合調査」は，ほぼ毎回，賃金制度を調査するものの，賃金構成や賃金の実額については調査していません。
17) 「平成22年就労条件総合調査」の賃金制度の調査結果によりますと（21年11月分の数値），所定内給与は32万2,054円で，このうち基本給は27万5,112円，85.4％，諸手当は4万6,942円，14.6％となっています。

［付論－1］ 人事制度とその変遷

年功主義・能力主義・成果主義　企業の人事制度を支える運用原理として，年功主義，能力主義，成果主義などいくつかの考え方があります。

年功主義とは，年齢や勤続年数，学歴などの属人的要素に応じて賃金，役職が年功的に上昇する人事制度の考え方をいい，官公庁や大企業で広く普及していました。年功主義にもとづく人事制度の背後には，年齢や勤続年数とともに，労働者の技能や能力が年功的に習熟していくという考えがあります。この年功主義にもとづく賃金制度が年功賃金制です。年功賃金制とは，初任給を出発点として，定期昇給制度の下で勤続年数が長くなるほど，賃金水準が高くなるという賃金制度をいいます。

能力主義とは，社員の能力を人事評価の基準とし，能力の高さを賃金や昇進などに反映させる人事評価の考え方です。年功主義にもとづく人事制度に代わって，多くの企業が採用した制度が能力主義による人事制度でした。能力主義による賃金制度は，職務遂行能力に応じて資格等級を設定し，社員をこれに格付けして賃金を支給する，すなわち職能資格制度にもとづいて賃金を支給する制度をいいます。

成果主義とは，目標管理制度（MBO）をもとに仕事の業績・成果のみによって社員を評価して賃金や昇進を決定するという人事制度の考え方です[1]。成果の実現に至るまでの過程（プロセス）は人事評価として考慮されないのです。成果のみで人事評価の査定を行うことから，社員の生産性を高めることができると期待される一方で，社員の企業への信頼感が低下するという問題も指摘されています。

　人事制度の変遷　わが国企業の人事制度は時代とともに変化してきました。人事制度の変遷をたどりますと，高度経済成長期に対応する昭和30年代から40年代後期までは，年功賃金制，終身雇用制といった年功主義にもとづく人事制度が多くの企業で広く行われていましたが，高度経済成長の終焉とともに年功主義の考えは後退していきました。

　50年代になりますと，わが国経済は石油危機を契機に安定成長の路線に移行し，これにともなって，年功主義にもとづく人事制度は次第に実情に合わなくなり，これに代わって，職能資格制度の導入といった能力主義による人事制度へと移行していったのです。

　わが国経済は，50年代後期には世界同時不況を脱し，バブル経済を迎えました。しかし，平成の初頭にはバブル経済は崩壊し，これによって，企業の多くは事業の再編や再構築に迫られ，人事制度も「なにができるか」の能力主義ではなく，「なにができたか」という仕事の成果をもとに賃金や待遇を決める成果主義を導入していきました。しかし，数値目標で管理するアメリカ型の成果主義は，わが国の企業には馴染まないなど，これを修正した新たな成果主義が模索されています。

[注]

1) 目標管理制度（MBO）とは，Management by Objectives をいい，仕事における個々の目標を設し，これに対応する達成の度合いで評価を決める制度で，目標による管理を意味します。

［付論－2］ 社員格付制度

社員格付制度とはなにか　人事制度の基礎にあるのが社員格付制度です。社員格付制度とは，企業組織において社員をなんらかの尺度によって序列化して，社員の職階（職位）の高さを決めるとともに，賃金の決め方をはじめ，昇給の仕方や社員の仕事（職務）への配置などを規定する人事管理のシステムをいいます[1]。

社員格付制度は，一般に「人を基準とする」制度と「仕事を基準とする」制度に大別されます。「人を基準にする」とは，社員の年齢，勤続年数，学歴などの属性や仕事をこなしていく能力などを基準に社員を序列化するのです。これに対して，「仕事を基準にする」とは，社員が従事する仕事の困難や責任の程度，企業における仕事の役割によって仕事を等級化する，または職位に区分するなど，これを基準に社員を序列化するのです。社員を序列化する代表的な座標軸には，「年功」，「能力」，「職務」，「役割」の4つの軸があります。

年功や能力といった「人を基準にする」制度には，年功制度と職能資格制度があります。また仕事の役割や職務内容といった「仕事を基準にする」制度には，職務分類制度（職務等級制度）と役割等級制度があります。企業がどのような社員格付制度を選び運用するかは，社員になにを求めているのかという企業理念に深く関わっています。

社員格付制度のタイプ　次に，4つの社員資格制度を説明します。① 年功制度とは，年齢や勤続年数，学歴など属人的な要素によって社員を序列化する，「年功」をベースとする制度です。その背後には仕事しながらの訓練，いわゆるOJT（on-the-job-training）によって職場訓練を重ね経験を積むことによって，社員の技能や熟練が向上していくという年功的な習熟形成があります。年功制度は，長期勤続や年功的な賃金など日本的雇用慣行を支える人事システムとして，従来から多くの企業で利用されてきました。

② 職能資格制度とは，仕事（職務）を遂行する能力や技能のレベル，いわゆる職務遂行能力（職能）の高さに応じて社員を序列化する，「能力」ベースにも

とづいて社員を管理・監督する制度です。ここで，「能力」とは，ある仕事の業務を遂行するためのものではなく，個々の業務に共通した顕在的または潜在的な能力をいいます。社員をその職務遂行能力の高さに応じて区分し，それぞれの区分けに等級（1等級，2等級，‥‥）や資格（主事，参事，‥‥）を付しますが，区分けしたものを職能等級とか職能資格とよびます。職能資格制度は，わが国企業に広く取り入れられ，戦後の経済発展を支えてきたシステムなのです[2]。

③ 職務分類制度（職務等級制度）とは，アメリカにおいて広く普及している制度で，仕事（職務）に必要な困難度や責任度といった仕事の重要度によって社員を序列化する，仕事のみで社員を評価する「仕事」ベースの人事制度です。職務等級制度の運用にあたっては，まずすべての仕事の職務内容を記述した雇用管理の文書である職務記述書（job description ジョブディスクリプション）を作成する必要があります[3]。これをもとに社員を等級に区分けして人事管理を行う制度が職務等級制度です。しかし，職務一つ一つを詳細に分析・評価する作業（職務分析）は非常に煩雑で，その作業には多くの時間と労力を要します。わが国でも多くの企業で制度の導入が検討されましたが，職務記述書の作成の煩雑さや労力の負担などのため導入は広がらなかったのです。

④ 役割等級制度とは，仕事に求められる「役割」の高さ，すなわち仕事の重要度や責任度に応じて仕事を役割等級に区分し，これを基準に社員を序列化する，仕事の「役割」ベースとする人事制度です。役割等級制度によく似た制度に職階制度があります。職階制度とは，わかりやすくいえば，部長－課長－係長－一般社員という職階を尺度に社員を序列化する制度です。大企業で広く取り入れられています[4]。

[注]

1) 平野光俊［2013］「社員格付制度の変容」『日本労働研究機構』April　No.597，今野浩一郎［2013］『日経文庫　人事管理入門（第2版）』日本経済新聞出版社　38～49頁。

2) 職能資格制度においては，部長のポストが不足し社員が部長に就くことができない場合でも，その職階（職位）の仕事を遂行できる能力があると評価されると，同じ等級・資格に貼り付け，部長と同等の処遇を受けることができるのです。この職能資格制度は，ポストと能力・資格を分離して，人事管理を行うことができるというメリットをもっています。職能資格制度はこのような巧みな仕組みからなっているのです。巧みな仕組みとは，一つには，仕事内容の異なる社員を「職能」という共通の尺度で評価し，社員間の公平性を確保することができるという「職能による評価基準」です。二つは，「職能」を評価基準とすることによって，「ポストと能力・資格」を分離することができるのです。
3) 職務記述書は，仕事の業務を遂行する上で必要な知識・経験をはじめ，熟練・技能，資格，責任・困難の度合い，肉体的・精神的な負荷などをポイント化し，そのポイントを合計して仕事の職務価値を決めるためのものです。
4) 職階制はアメリカで広く用いられている制度です。第2次世界大戦後，GHQ（連合国軍最高司令官総司令部）により，わが国の公務員制度に導入されました。公務員制度は職階制の導入を官職の基準として位置づけ，国家公務員法，職階法（正式名称は「国家公務員の職階制に関する法律」（昭和25年法律180号））を制定しながらも，職階制は実施されなかったのです。人事院規則6－1（格付の権限及び手続）に経過規定（同規則第11条）が設けられ，職階制の実施は事実上凍結されました。その後，平成21年4月1日に「国家公務員法等の一部を改正する法律」（平成19年法律108号）が施行され，職階法は廃止されたのです。職階法が実施されなかった代わりに，給与法が制定され，これにもとづいて職務分類が行われているのです。

　職階法は廃止されましたが，地方公務員においては，職階制は地方自治法・地方公務員法で規定されています。

第2章
熊本県の賃金水準

1. 賃金水準の推移

(1) 現金給与総額の推移

平成9年を境に上昇から低下 はじめに,平成期における賃金水準の推移を厚生労働省「毎月勤労統計調査」による常用労働者1人あたりの現金給与総額によって観察します(図表2-1)。

図表2-1 賃金水準の推移(産業計・企業規模計・男女計・月間)

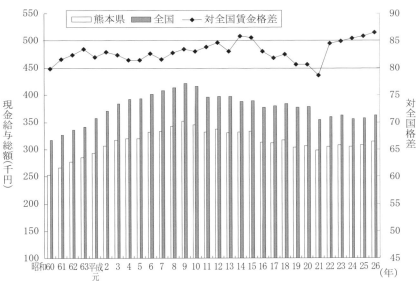

(資料) 厚生労働省「毎月勤労統計調査」(事業所規模30人以上,パート労働者を含む。),昭和60～平成2年の数値は労働政策研究・研修機構の労働統計データ検索システムから入手。
(注) 1) 熊本県の数値は抽出替えによるギャップ修正を行っていません。
2) 対全国格差は全国=100とした熊本県の賃金指数です。
3) 平成2年以前の現金給与総額は旧産業分類による数値です。

熊本県経済は，昭和の終わりから平成の初めにかけて，バブル景気（昭60/11～平3/2）の影響を受け好景気を続けましたが，バブル経済の崩壊にともなって，平成不況に突入しました。月額でみた賃金水準は，昭和60年には25万3,200円（年額換算で304万円）から上昇を続け，平成2年には30万6,998円（同368万円）と30万円を超えました。その後も，県経済は不況を続けたものの，9年には35万1,557円（同422万円）に達し，賃金水準は平成期としてピークとなったのです。

しかし，賃金水準は9年を境に増減を繰り返しながらも，その後，基調的には低下傾向をたどり，17年には31万1,523円（同374万円）と大きく落ち込みました。19年夏にはサブプライム・ローン問題が発生，20年秋にはリーマン・ショックに端を発する世界同時不況（平20/2～平21/3）の影響を受け，21年は30万円を下回る29万8,265円（同358万円）と平成期として最低を記録し，賃金水準は9年のピークに比べ5万円強も下落したのです。14年の年初から73か月に及ぶ「いざなみ景気」（平14/1～平20/2）の局面にあった県経済の動きとは反対に，賃金水準それ自体は低下の道をたどっていったのです。

その後，21年3月の東日本大震災，22年の欧州債務危機の影響が響き，県経済の景気回復は遅れ，デフレ的状況から脱し得ない状況が続く中，賃金水準は上昇する方向には至らなかったのです。このように，現金給与総額の伸びは一進一退を続けていますが，ここ2年，25年は30万7,625円（同369万円），26年は31万4,460円（同377万円）とリーマン・ショック前の水準に戻りつつあります。

景気循環の中の賃金上昇率　ところで，賃金水準（年間・現金給与総額）の対前年上昇率の推移を観察しますと（図表2−2），熊本県賃金の対前年上昇率は全国のそれとほぼ同様に推移しており，その動きは景気の山（Peak）と谷（Trough）におおむね対応して増減していることがわかります。詳しく考察しますと，熊本県，全国ともに賃金の下落率（マイナス上昇率）が高い年次（平成5年，11年，21年，そして24年）は，景気の谷（T）にほぼ一致しており，逆に上昇率が高い年次（2年，9年，20年）は，景気の山（P）におおよそ一致

して増減しています。

バブル崩壊後の「失われた10年」間，賃金の対前年上昇率は熊本県，全国ともにプラスの値を取り続け，賃金水準の絶対額は増えていきました。しかし，9年を境に，上昇率はプラスまたはマイナスを繰り返しましたが，先に考察しましたように，賃金水準そのものは趨勢的には減少を続けたのです。

消費税率の引き上げや財政支出の大幅な削減による国内需要の減退のため，経済がデフレ状態に陥り，第2次平成不況に入った11年の賃金の対前年上昇率（熊本県Δ3.78％，全国Δ4.66％，Δはマイナスを表わす），また14年後半以降，経済は戦後最長の「いざなみ景気」にありましたが。しかし，実質経済成長率2％弱で好況感に乏しい状態にあった16年（熊本県Δ6.10％，全国Δ3.26％），さらに19年7月のサブプライム・ローン，20年秋のリーマン・ショックに端を発した戦後最大の世界同時不況に直面した21年（熊本県Δ2.58％，全国Δ6.39％）は，いずれも大きく下落しました。

このように，バブル経済の崩壊以降も，賃金水準の対前年上昇率はおおむね景気循環の動きに対応して推移していることを読み取ることができます。

図表2―2　賃金（年間）の対前年上昇率の推移（熊本県・全国）

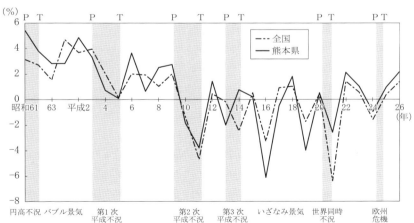

（注）1）図表2―1より作成。
　　　2）図中のPは景気の山，Tは景気の谷を表します。

（2）対全国格差とその原因

最も主要な原因は労働生産性の格差　熊本県の賃金水準（現金給与総額）は，平成9年をピークに増減を繰り返しながらも趨勢的には低下傾向を続け，ここ2年やっと底をついた感じです。いま，全国の賃金水準を100として熊本県の対全国格差を観察しますと（図表2－1），格差指数は，昭和60年の79.9から平成14年85.8，15年には85.6に縮小しましたが，リーマン・ショック後の不況を反映して，21年には78.6に拡大した後，25年85.9，26年には86.5へと縮小しています。しかし，この30年近くの動向を俯瞰しますと，格差指数は，上下しながらもほぼ80～85程度で推移していることがわかります。この結果から，熊本県の対全国格差は傾向的には縮小していったと，直ちに結論することはできないのです。

以上観察しましたように，熊本県の賃金水準は，全国のそれと比較して15～20％程度低いことを明らかにしました。これを13年以降における人口1人あたりの所得水準を用いて比較しても（図表2－3），熊本県の対全国格差

図表2－3　労働生産性・1人あたり所得の推移と生産性の産業間格差

(単位：千円／人)

年度	就業者1人あたり労働生産性			人口1人あたり国民(県民)所得			労働生産性の格差指数		
	全国	熊本県	対全国格差	全国	熊本県	対全国格差	第1次産業	第2次産業	第3次産業
平成13	7,704	6,425	83.4	2,883	2,390	82.9	95.7	85.5	88.7
14	7,720	6,264	81.1	2,855	2,326	81.5	92.3	77.7	88.0
15	7,753	6,313	81.4	2,883	2,356	81.7	94.8	80.5	88.2
16	7,723	6,322	81.9	2,897	2,342	80.8	94.6	83.3	87.2
17	7,704	6,305	81.8	2,928	2,360	80.6	102.2	83.9	86.8
18	7,730	6,447	83.4	2,957	2,394	81.0	95.9	90.5	87.5
19	7,762	6,579	84.8	2,978	2,432	81.7	102.0	89.0	89.1
20	7,457	6,362	85.3	2,773	2,277	82.1	104.8	84.0	88.7
21	7,337	6,273	85.5	2,690	2,231	82.9	102.8	86.0	91.6
22	7,445	6,473	86.9	2,755	2,346	85.2	102.9	86.2	92.1
23	7,362	6,583	89.4	2,733	2,417	88.4	110.3	98.3	92.2
24	7,338	6,684	91.1	2,754	2,442	88.7	114.3	101.7	92.1

（資料）内閣府「平成24年度国民経済計算年報」
　　　　熊本県「平成24年度県民経済計算報告書」
（注）1）就業者1人あたり労働生産性とは名目国内（県内）総生産を就業地ベースの就業者数で除したもの。
　　　2）人口1人あたり所得水準とは国民（県民）所得を全国（熊本県）の総人口で除したもの。

全国の各産業の生産性を100とする熊本県の各産業の生産性の格差指数。

は，13年以降，81〜82から89へと徐々に縮小していますが，賃金水準と同様に，依然として1割から2割の格差がみられるのです。

それでは，熊本県の賃金水準（また1人あたりの所得水準）が全国と比べて低い原因は一体どこにあるのでしょうか。それは，熊本県における全産業の就業者1人あたりの労働生産性（県内総生産／就業者数）が全国全産業の労働生産性（国内総生産／就業者数）に比べて10〜20％程度低いからです[1]。この労働生産性の格差こそが賃金格差（そして所得格差）の最も主要な原因であると指摘することができます（図表2－3，図表2－4）。

生産性格差の原因はなにか　経済学的にいえば，就業者1人あたりの労働生産性とは，当該地域で活動している企業全体の賃金支払能力の高さを表す指標と解釈することができます。この12年間，熊本県全産業の労働生産性は630〜670万円とほぼ横ばいで推移しているのに対して，全国全産業の労働生

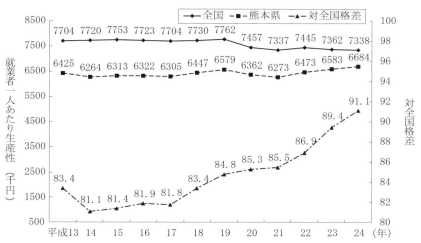

図表2－4　労働生産性と対全国格差の推移

（資料）内閣府「平成24年度国民経済計算年報」
　　　　熊本県「平成24年度県民経済計算報告書」
（注）就業者1人あたり生産性とは名目国内（県内）総生産を就業地ベースの就業者数で除したもの。

産性は770万円台の水準で上下しています（図表2－3）。平成20年秋のリーマン・ショックの影響を受けて730万円台に低下しましたが，それでも労働生産性の対全国格差は大きく，熊本県は全国平均に比べ80～100万円も低いのです。この低い労働生産性が労働者に分配される賃金水準の低さになって現れ，これが賃金格差を引き起こす最大の原因になっているのです。もっとも労働生産性の対全国格差は14年の81.1から24年には91.1と10ポイント縮まり，これが近年における賃金格差の縮小に現れていると考えていいでしょう。

　それでは，なぜ経済全体の労働生産性に大きな格差がみられるのでしょうか。熊本県，全国のいずれの産業構造を観察しても，卸売業・小売業，運輸業・通信業，サービス業など第3次産業の生産性が最も高く，次いで製造業，建設業など第2次産業が続き，最も低いのは農業，水産業など第1次産業の生産性です（図表2－3）。いま，熊本県，そして全国の全産業の生産性をそれぞれ100としますと，13年以降，熊本県の第1次産業の指数は26～32と極端に低く，第2次産業は90～112，第3次産業は106～117となっています。これに対して，全国の第1次産業の指数は熊本県よりもさらに低く22～26，第2次産業は95～105，第3次産は103～108となっています。熊本県，全国とも産業間に大きな労働生産性の格差があることがわかりました。

　そこで次に，各産業における熊本県－全国の生産性格差を観察します（図表2－3）。全国の各産業の労働生産性を100としますと，熊本県における第1次産業の労働生産性の指数は95～114，第2次産業は80～102，第3次産業は87～92となっています。20年秋のリーマン・ショック以前においては，熊本県の第1次産業の労働生産性は全国のそれと比べて遜色ないかそれと同じ高さでしたが，第2次・第3次産業の労働生産性は全国よりも15～20％低かったのです。このように，全産業の労働生産性に大きな格差がみられるのは，第2次・第3次産業において，熊本県と全国の間に大きな生産性格差が存在しているからです。しかし，リーマン・ショック以後をみますと，熊本県各産業の労働生産性が全国のそれを上回って上昇していることから，いずれの産業においても，熊本県と全国との生産性格差は縮小し，それが近年における賃金格差の縮小となって現れているのです。

熊本県と全国との間の生産性格差をさらに拡大させている要因の一つは，各産業の特化の度合，すなわち特化係数の高さです（図表2－5）。特化係数とは，熊本県のある産業が全国の同じ産業に比べてどれだけ特化しているかを表す係数です。労働生産性の低い第1次産業が3に近い特化係数であることは，生産性が最も低いにもかかわらず，第1次産業の生産額の割合が全国のそれに比べて3倍近くも高いことを意味しています。この高さが産業全体の労働生産性の足を引っ張っているのです。

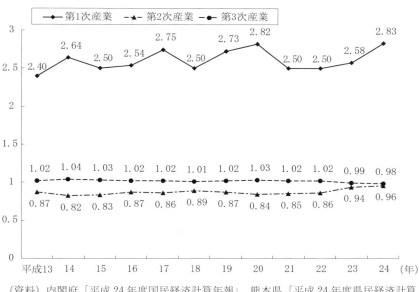

図表2－5　産業別総生産からみた特化係数の推移

（資料）内閣府「平成24年度国民経済計算年報」，熊本県「平成24年度県民経済計算報告書」
（注）産業別総生産からみた特化係数とは熊本県における産業別生産額の構成比すなわち産業別構成比を全国の産業別構成比で除したもの。

[注]

1) 労働生産性は物的生産性ではなく価値生産性であって，国（県）内総生産を就業者数で除したものですから，厳密にいえば付加価値生産性といわれます。

2．名目賃金と実質賃金

（1）年次データからみた実質賃金の推移

実質賃金とはなにか 賃金には名目賃金（nominal wages）と実質賃金（real wages）の2つがあります。名目賃金は貨幣額で支払われる賃金です。しかし，貨幣額で示される購買力の大きさはその時々の物価水準に左右されますから，名目賃金の実質的な購買力を表すために用いられるのが実質賃金です。実質賃金は，貨幣額ではなく指数単位で表示されます。したがって，名目賃金指数を消費者物価指数で除したのが実質賃金指数となります。

実質賃金の計算には，実際，どのような消費者物価指数が使用されているのでしょうか。厚生労働省「毎月勤労統計調査」が発表する実質賃金指数は，「消費者物価の総合指数」ではなく，「持家の帰属家賃を除く総合指数」を用いて計算しています[2]。

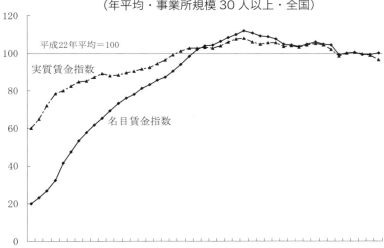

図表2－6　名目賃金指数と実質賃金指数の推移
（年平均・事業所規模30人以上・全国）

（資料）厚生労働省「毎月勤労統計調査」（全国調査）
（注）実質賃金指数＝現金給与総額の賃金指数（名目）／消費者物価指数（帰属家賃を除く総合）。

４年連続マイナスを続ける実質賃金　はじめに，年次データを用いて全国における実質賃金と名目賃金の動きを観察します（図表２－６，図表２－７，付属統計表　表－８）。現金給与総額（事業所規模30人以上）の名目賃金指数は，昭和45年以降，わが国経済の発展・成熟とともに一貫して上昇を続け，平成9年には111.9（22年平均の名目賃金＝100.0）と最も高くなりました。その後，これを境に，名目賃金は減少傾向をたどり，リーマン・ショックの翌21年は指数99.0とバブル期の水準に戻り，20年代はほぼこの高さで推移しています。

名目賃金指数を消費者物価指数（持家の帰属家賃を除く総合指数）でデフレートした実質賃金指数を観察しますと，昭和から平成にかけて実質賃金指数は上昇を続けたのですが，平成になると，名目賃金が全体として消費者物価を上回って伸びたものの，その伸びは落ち込んだ結果，実質賃金の上昇ピッチは総じて低くなったのです。しかし，バブル経済の崩壊後は，名目賃金も消費者物価も

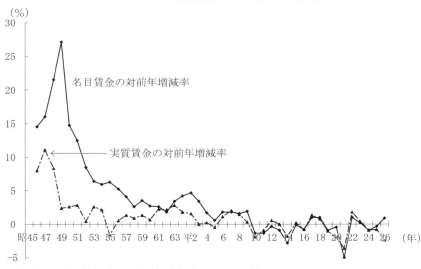

図表２－７　名目賃金と実質賃金の対前年増減率
（年平均・事業所規模30人以上・全国）

（資料）厚生労働省「毎月勤労統計調査」（全国調査）
（注）実質賃金指数＝現金給与総額の賃金指数（名目）／消費者物価指数（帰属家賃を除く総合）。

ほとんど上昇せず，その結果，実質賃金指数も上昇していないのです。もっとも9年には107.9（22年平均の実質賃金＝100.0）と最も高くなりましたが，10年代はデフレ経済を反映して，名目も実質もともに，前年同月比はほとんどの年次でマイナスを続けたのです。

　20年代に入ると，消費者物価でデフレートした実質賃金も低下をたどり，24年から4年連続してマイナスとなっています。とくに26年は消費税の5％から8％への上昇（26年4月から実施）や円安などを受けて，消費者物価が上昇したため，名目賃金の上昇は物価の伸びに追いつかず，実質賃金は対前年増減率2.4％減と9年の3.6％減に次ぐ大きな低下となったのです。

熊本県の実質賃金は2年連続マイナス　次に，熊本県における実質賃金の動きを観察します（付属統計表　表－7）。熊本県の名目賃金指数は長期にわたっ

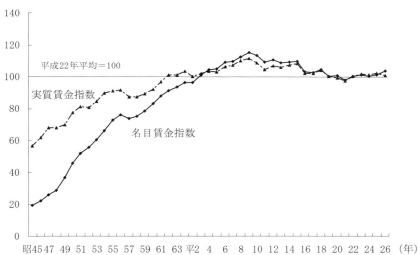

図表2－8　名目賃金指数と実質賃金指数の推移
（年平均・事業所規模30人以上・熊本県）

（資料）厚生労働省「毎月勤労統計調査」（地方調査）
（注）実質賃金指数＝現金給与総額の賃金指数（名目）／消費者物価指数（帰属家賃を除く総合）。

2．名目賃金と実質賃金

図表2-9　名目賃金と実質賃金の対前年増減率
（年平均・事業所規模30人以上・熊本県）

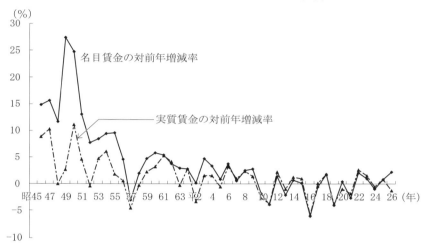

（資料）厚生労働省「毎月勤労統計調査」（地方調査）
（注）実質賃金指数＝現金給与総額の賃金指数（名目）／消費者物価指数（帰属家賃を除く総合）。

て作成されていないので，厚生労働省「毎月勤労統計調査」を用いて，昭和45年以降の事業所規模30人以上の現金給与総額を作成する必要があります。45～54年の数値は総務省統計局「日本の長期統計系列／第19章労働・賃金」から，55～平成8年は労働政策研究・研修機構（JILPT）の「労働統計データ検索システム」から，そして9～27年は「毎月勤労統計調査」から，現金給与総額の時系列データを作成し，これをもとに，22年平均の賃金＝100として，各年の名目賃金指数を計算しました。

次に，実質賃金指数を作成します。消費者物価指数の時系列データは総務省統計局「統計局ホームページ　消費者物価指数（CPI）」を利用します。消費者物価指数は熊本県の数値ではなく県庁所在都市である熊本市の数値で，かつ年度平均の数値です。この点を念頭において，物価指数のデータから熊本県の実質賃金指数を求めます（図表2-8，図表2-9）。

そこで次に，熊本県の実質賃金の動きを観察しますと，昭和45年以降，基調的には実質賃金指数は上昇を続け，全国と同様に，平成9年には111.3（22年平均の実質賃金＝100.0）と最も高くなりました。19年以降，名目賃金の伸びはプラスまたマイナスを繰り返したため，実質賃金指数も低下から横ばいをたどり，前年同月比は26，27年と2年連続してマイナスとなっています。このように，熊本県の実質賃金の動きは，全国とほぼ同様に推移していることがわかります。

事業所規模5人以上においても実質賃金は4年連続マイナス　次に，厚生労働省「毎月勤労統計調査」を用いて，従業員規模5人以上の事業所を対象に全国の名目賃金と実質賃金の推移を観察します。平成26年の労働者1人の現金給与総額は月平均31万6,567円で，前年の31万4,048円をわずかに上回りました（付属統計表　表－14（2））。名目賃金指数でみますと，26年は98.9（22年平均の名目賃金＝100.0）と前年比で0.4％増となりました。ただ消費者物価指数が大きく伸びたため，物価指数（持家の帰属家賃を除く総合指数）でデフレートした実質賃金指数は95.5（22年平均の実質賃金＝100.0）と前年比2.8％減と3年続けてマイナスを記録したのです。

27年の現金給与総額をみますと，名目賃金指数は99.0と2年連続プラスとなりましたが，実質賃金指数は94.6と前年比0.9％減と4年連続してマイナスを続けています。前述しましたように，事業所規模30人以上において，実質賃金指数は4年連続マイナスを続け，事業所規模5人以上で観察しても，4年連続マイナスを記録しています。27年春闘では多くの企業が前年を上回る賃上げを実施しましたが，賃上げは物価の伸びに追いつかず，景気回復を実感することなく，マイナスを続けたのです。

（2）月次データからみた実質賃金の動き

24か月連続マイナスを続けた全国の実質賃金　次に，月次データによって全国における実質賃金と名目賃金の動きを観察します（図表2－10，図表2－11）。はじめに，名目賃金指数をみますと，平成26年2月までは前年同月比は

ボーナス時期を除きマイナスで推移し，翌26年の10月，11月は一時的にマイナスになりましたが，3月以降，プラスに転じ増加を続けました。27年の各月は基調的には0％またはプラスの前年比となっています（付属統計表　表－12）。

しかし，名目賃金を消費者物価（持家の帰属家賃を除く総合指数）でデフレートとした実質賃金指数の推移をみますと，25年5月の前年同月比0.1％減から26年の12か月マイナスを続け，さらに27年4月前年同月比0.1％減まで実に24か月連続しマイナスを続けたのです。27年5月以降もプラスまたはマイナスを繰り返しています。

これを事業所規模30人以上での指数の推移を観察しても（図表2－11），名目賃金指数の前年同月比は26年から辛うじてプラスを続けたものの，実質賃

図表2－10　名目賃金と実質賃金の対前年同月比の推移
（事業所規模5人以上・全国）

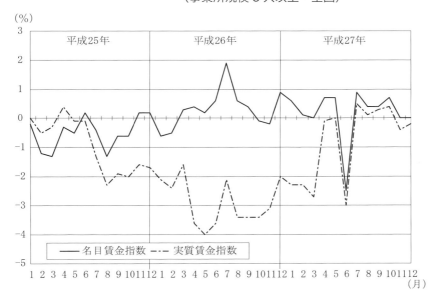

（資料）厚生労働省「毎月勤労統計調査」（全国調査）－長期時系列表・月次
（注）　実質賃金指数＝名目賃金指数／消費者物価指数（帰属家賃を除く総合）として算出。

金指数は 25 年 7 月の前年同月比 1.9％減から 27 年 7 月まで 21 か月連続してマイナスとなったのです。

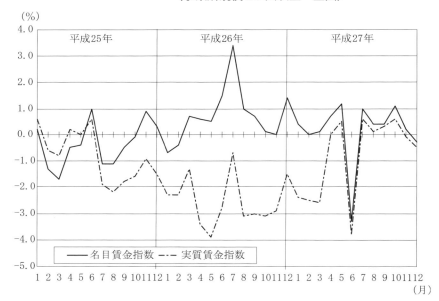

図表2―11　名目賃金と実質賃金の対前年同月比の推移
（事業所規模 30 人以上・全国）

（資料）厚生労働省「毎月勤労統計調査」（全国調査）－長期時系列表・月次
（注）実質賃金指数＝名目賃金指数／消費者物価指数（帰属家賃を除く総合）として算出。

[注]

2) 「毎勤調査」においては，賃金，雇用，労働時間の各調査結果の時系列比較を目的として，基準年の平均(以下「基準数値」という)を 100 とする指数を作成しています。各月の名目賃金指数は次式によって作成します。
　(1) 各月の名目賃金指数＝(各月の 1 人あたり平均現金給与総額／基準数値)
　　　　　　　　　　　　　　　　　　　　　　　　　　　　　　　　×100
　また賃金の購買力を示す実質賃金指数は次式によって作成します。
　(2) 各月の実質賃金指数＝(各月の名目賃金指数／各月の消費者物価指数(持家の帰属家賃を除く総合))×100

現在，政府は，実質賃金指数の計算について「持家の帰属家賃を除く総合指数」に代わって「生鮮食品を除く総合指数」，すなわちコア指数を利用しています。

第3章
個人間にみる賃金構造

1. 年齢階級間賃金格差

(1) 賃金構造とはなにか

　賃金率の高さは，基本的には労働に対する需要と労働の供給によって決定されますが，現実には唯一つの賃金率が存在しているのではなく，企業内に，また企業間にわたって数限りない賃金率が存在し，森の中の木々や大枝小枝のように複雑に絡み合っています。このように，現実に観察されるさまざまな賃金率の総体を「賃金構造」（wage structure）とよんでいます。これらの賃金率の総体を性，学歴，年齢，勤続年数など労働者個人のもっている属性，また企業規模，産業，地域など企業の立地上の属性といった観点から分類・整理したさまざまな賃金率の位相性を「賃金格差」（wage differential）といいます。したがって，賃金構造とは，各種の賃金格差の複合体を総称したものとよんでいいでしょう[1]。

　一般に，賃金構造は，企業内賃金構造と企業間賃金構造に大別されます。企業内賃金構造とは，労働者個人のもっている属性——性，学歴，年齢，勤続年数，経験，従業上の地位，職種などの観点から賃金格差を把握するもので，個々の企業において観察される賃金構造をいいます。これには男女別や年齢別といった個人間や職種や熟練度といった職種間などの賃金格差があります。これに対して，企業間賃金構造とは，企業規模，産業，地域など企業立地上の違いにもとづいて観察される賃金格差をいい，企業を超えて生起するところの賃金構造であります。企業規模間，産業間，地域間などの賃金格差はこれに属しています。

　企業内賃金構造にもとづく賃金格差は賃金制度とくに賃金体系に深く関わっており，企業個々の賃金管理や人事管理のあり方に強く左右されるのです。こ

れに対して，企業間賃金構造にみられる賃金格差は，企業立地上の関わりから労働市場や生産物市場など市場要因をはじめ，産業構造や経済構造など構造要因にも強く影響を受けるのです。この二つの賃金構造は，「企業」を単位に，その内と外にまたがり，密接に相互関連していることは説明するまでもないでしょう。

このように，賃金格差は，職種間をはじめ，企業規模間，産業間，地域間など，また個人間，雇用形態間など実にさまざまな形で存在しています。ところで，こうした賃金格差は経済活動を効果的に運行（working）していく上でどのような役割や機能をもっているのでしょうか。

第1に，賃金格差は，労働力を配分する機能を担っています。賃金率は，職種をはじめ，企業，産業，地域における各々の労働力の需要と供給の過不足を調整することによって，それぞれの労働力を最適に配分する機能をもっています。たとえば，地域間に賃金格差が存在していますと，労働移動を妨げる障害がないならば，労働需要の伸びが緩慢で賃金の低い地域の労働者は，労働需要の伸びが旺盛で賃金の高い地域へと移動することによって，賃金格差は徐々に縮小され，労働者の移動すべてが行き着いた点で，労働力全体は最適に配分されるのです。このように，賃金格差と労働移動とは個々独立したものではなく，相互に依存した表裏一体の関係にあります。

第2に，賃金率があまりにも低いと，労働者の勤労意欲は大幅に落ち込み，仕事を怠け，やる気を失うでしょう。しかし，労働者の誰にも同じ賃金が与えられるならば，真面目に働く労働者と仕事に怠惰な労働者との公正さ（justice）は損なわれるでしょう。そこにはインセンティブを効果的に維持するための公正な賃金格差が必要なのです。

（2）年齢階級別にみた賃金格差

年功的要素を弱める男性の賃金カーブ　厚生労働省「賃金構造基本統計調査」によって，平成26年における熊本県男性の所定内給与（月額）を年齢階級別にみますと（図表3－1），20〜24歳は188.7千円，その後，年齢とともに上昇し，30〜34歳は239.1千円（20〜24歳賃金を100とすると，指数は126.7），40〜44

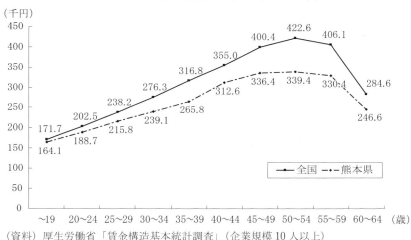

図表3―1　年齢階級別にみた所定内給与
（産業計・企業規模計・男性・平成 26 年）

（資料）厚生労働省「賃金構造基本統計調査」（企業規模 10 人以上）

歳は 312.6 千円（165.7）と続き，50〜54 歳で339.4 千円（179.9）とピークに達し，55 歳以降，賃金は低下しています。このように，熊本県男性の賃金カーブは，全国男性のそれと同様に，年齢とともに上昇する，いわゆる年功的な賃金カーブを描いています。全国男性の賃金との開差をみますと，20〜24 歳において 1 か月あたり 13.8 千円であった絶対格差は，30〜34 歳 37.2 千円，40〜44 歳 42.4 千円と年齢が上昇するにしたがって拡大し，50〜54 歳では 83.2 千円と最も大きく開いています。これを 1 年間に直しますと 998.4 千円となり，熊本県男性の 50〜54 歳賃金は，所定内給与を比較するかぎり，全国の男性に比べて年間 100 万円程度も低いのです。

　ところで，〜19 歳の賃金に対する 50〜54 歳の賃金の倍率，すなわち賃金の最高－最低倍率を観察しますと[2]，元年には 2.35 倍であった熊本県の最高－最低倍率は，10 年には 2.19 倍，20 年には 2.15 倍，そして 26 年には 2.07 倍と漸減しています[3]。このことから，賃金カーブの傾きは，この 20 数年間に徐々に緩やかになっていった――賃金指数で判断するかぎり，賃金カーブの頂上（ピーク）は下がり，谷（ボトム）は上がっていったことがわかります。いいか

えれば、中高年に対する昇給ピッチというか、年功的要素のウエイトが次第に低下していったと考えられます。

フラットな形を描く女性の賃金カーブ　次に、熊本県女性の所定内給与を年齢階級別にみますと（図表3－2）、20～24歳は175.0千円で、その後、年齢とともに上昇し、30～34歳は189.9千円（20～24歳賃金を100とすると、指数は108.5）、40～44歳は210.5千円（120.3）、そして50～54歳は209.6千円（119.8）と推移しています。しかし、女性の賃金カーブは、男性のように年齢とともに大きく上昇するといった形状がみられず、ほぼフラットな形を描いています。

女性の能力が男性に比べて劣っている訳でもないのに、なぜ仕事に対する評価が低く、昇格・昇進が遅いのでしょうか。近年、キャリア志向の女性が増え、管理職の女性も増えていますが、女性の役職への登用は依然として男性に比べ遅く少ないのです。たしかに、結婚による家事・育児の負担のため継続就業が

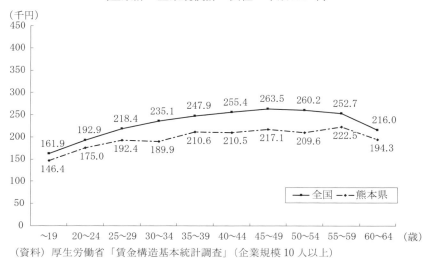

図表3－2　年齢階級別にみた所定内給与
（産業計・企業規模計・女性・平成26年）

（資料）厚生労働省「賃金構造基本統計調査」（企業規模10人以上）

絶たれ，再就職しても仕事が定型的業務に偏り，判断を要する重要な仕事への従事や困難度・責任度の高い仕事への従事が少ないこと，またパートや嘱託など時間給で働く就業不安定な非正規労働者が多いことも，昇給をはじめ昇格・昇進に大きく影響しています。しかし，仕事に対する評価が低く，昇格・昇進を遅らせている最も根本的な原因は，人事管理における女性への性差別ではないでしょうか。

[注]
1) 荒井勝彦・高田英［1982］『熊本県の賃金』130～133頁を参照。
2) 同調査は平成元年，10年においては調査対象を～17歳から行っていましたが，最高－最低倍率の計算には18～19歳の賃金を利用しました。また20年，26年については，調査対象は～17歳ではなく～19歳に変更されました。
3) 熊本県賃金の最高－最低倍率は，平成元年2.35倍（＝288.6／122.6　単位：千円），10年2.19倍（＝348.8／159.0），20年2.15倍（＝339.6／157.6），26年2.07倍（＝339.4／164.1）と低下しています。全国の最高－最低倍率もまた元年2.57倍（＝352.5／137.2），10年2.53倍（＝432.3／171.1），20年2.44倍（＝421.6／173.0），26年2.46倍（＝422.6／171.7）と，熊本県と同じように低下しています。なお，元年の全国については，最も高い賃金は50～54歳ではなく45～49歳であるため，45～49歳の賃金を利用しました。

2．男女間賃金格差

（1）男女間賃金格差の推移

女性の賃金は男性の6割弱　厚生労働省「毎月勤労統計調査」によりますと，熊本県の女性労働者の現金給与総額（月額）は，平成26年22万7,201円で前年の22万5,042円に比較して2,159円増加しています。しかし，26年の男性労働者の現金給与総額39万8,073円と比較しますと，17万0,872円も低く，男性の賃金を100とした場合，女性は57.1と男性の6割程度にすぎないのです。

次に，現金給与総額を用いて，熊本県における男女間賃金格差の動きを観察

します（図表3-3）。男性労働者の賃金は，バブル経済の崩壊後も9年まで上昇を続け，過去最高の43万2,371円を記録しました。その後，基調的には減少傾向をたどり，リーマン・ショックの翌21年は35万8,806円に落ち込み，平成期としては最も低い水準となったのです。

女性労働者の賃金もまた，男性とほぼ同様に推移し，昭和63年の18万4,855円から一貫して上昇を続け，平成9年には24万5,496円とピークに達しました。その後，一進一退を続け19年には20万5,866円に回復し，バブル崩壊当時の水準に戻りました。この26年間，男女とも賃金の動きはやや複雑な推移をたどった結果，男性の賃金100に対する女性の格差指数は，元年の51.2から徐々に上昇し10年には56.9に縮まり，その後，54～56と小幅な拡大を示しながらも21年62.6，22年62.0に縮まりました――昭和末期と平成21～23年には格差は大幅に縮小していますが，ここ数年，格差拡大の兆しが観察されます。

図表3-3　現金給与総額からみた男女間賃金格差の推移
（産業計・企業規模計）

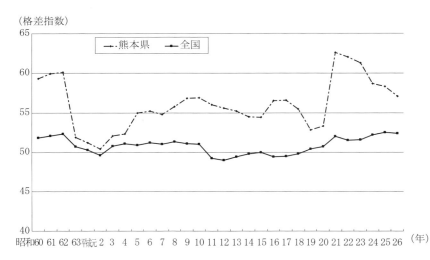

（資料）厚生労働省「毎月勤労統計調査」（事業所規模30人以上）

全国における男女間賃金格差は熊本県のそれよりも大きいことがわかります（図表3－3）。しかも，全国の賃金格差の動きは格差指数49.0～52.5と比較的小幅な範囲で推移しています。この20数年間の格差指数の動きから判断して，全国，そして熊本県の男女間賃金格差の動きは縮小していったのか，それとも拡大していったのかを直ちに結論するのはむずかしいようです。

（2）賃金支払別にみた男女間賃金格差

年齢とともに男女間格差は拡大　次に，厚生労働省「賃金構造基本統計調査」によって，平成26年における男女間賃金格差の状況を年齢階級別・賃金支払別に観察します（図表3－4）[4]。

はじめに，基本給と諸手当からなる「所定内給与」によって，男女間賃金格差の推移を観察します。各年齢階級における男性の所定内給与を100としますと，女性の所定内給与は～19歳で指数89.2，20～24歳で92.7，25～29歳で

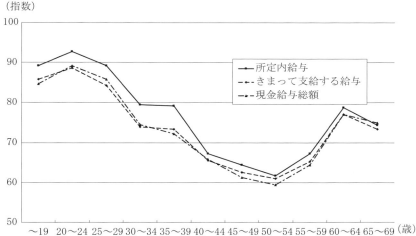

図表3－4　年齢階級別・賃金支払別にみた男女間賃金格差の推移
（熊本県・平成26年）

（資料）厚生労働省「賃金構造基本統計調査」（企業規模10人以上）
（注）各年齢階級における女性の賃金指数は各年齢階級における男性の賃金＝100としたときの指数。

89.2であって、10代や20代の年齢階級でみた男女間格差は最も小さいのです。年齢が高くなるにつれて、格差は急速に拡大し50～54歳で61.8、55～59歳で67.3と最大となり、所定内給与でみた女性の賃金は男性の約6割にすぎないことがわかります。

　所定内給与に残業手当、深夜手当、休日出勤手当など所定外給与を加えた「きまって支給する給与」から男女間賃金格差の推移をみますと、いずれの年齢階級においても、所定内給与で観察した格差よりも拡大しています。

　さらに、賞与、期末手当など「年間賞与その他特別給与」を1か月あたりの額に換算し[5]、これを「きまって支給する給与」に加えた「現金給与総額」によって男女間賃金格差を観察しますと、きまって支給する給与と同様に、所定内給与でみた男女間格差の開きに比べて拡大しています。また年齢階級別に観察しても、20代では男女間格差は小さいものの、その後、拡大して50代で最も大きくなっています。

　それでは、年齢が上昇するにつれて、男女間の賃金格差が拡大している主な理由は一体なんでしょうか。女性は、出産や育児により仕事を一時中断するため、昇給幅が低く賞与や期末手当も少なくなるのです。たとえ結婚・出産後も継続就業していても、差別的な取扱いにより人事評価が低く昇格・昇進が男性に比べて遅いのです。また、生活手当や扶養手当、住宅手当などの諸手当が生計の主たる男性（夫）中心に支給されていることも強く影響しています。さらに女性が責任の重い仕事や技能・技術を要する仕事に従事するよりも、定型的な仕事や責任の軽い仕事への就業が中心で、こうした仕事の片寄りもまた、女性の賃金を抑える働きをしているのです。

　50代後半から60代前半にかけて、賃金支払のいずれをみても男女間賃金格は縮小しています。いろいろな理由が考えられますが、一つは、定年前の50代後半については、一部の女性も管理職に就き、能力主義や成果主義による賃金を受け取るため、男女間の格差は縮小しているのでしょう。二つは、定年後の60代前半については、男女とも嘱託社員など継続就業して正社員と同じ給与表を活用するにしても、張り付く等級は低く、賃金も大幅に下がるため、男女間の格差は一気に縮小したのではないかと考えられます。

[注]
4) 観察の対象年齢は65～69歳を除く～19歳から60～64歳の年齢階級とします。
5) 「年間賞与その他特別給与」は前年1年間の額であることに注意して下さい。

3．正社員・非正社員別にみた賃金格差

（1）年齢階級別にみた賃金格差

熊本県の非正規雇用者は平成24年25.8万人　バブル経済の渦中にあった昭和末期から平成初期にかけて，労働市場の構造は大きく変容し，正規雇用者に代わって非正規雇用者が急速に増加していきました。多くの職場においては，正社員のほかにパートタイマーをはじめ，契約社員，嘱託社員などが多数働き，また人材派遣会社から派遣された派遣社員や請負契約で働く請負社員も職場で一緒に仕事しています。これらの社員は非正規雇用者といわれています。非正規雇用者が正規雇用者とともに机を並べて仕事する姿は，まさに「多様な働き方」時代における職場を物語っています。

現在，非正規雇用者は労働の需給両面から急速な勢いで増加しています。一般に，正規雇用者とは，正社員または正規社員とよばれ，雇用の期間を定めずに，企業と雇用契約を結んでいる本雇いの雇用者をいいます。これに対して，非正規雇用者とは，期間を定めた有期雇用契約，または期間に定めがないが，短時間就業の雇用契約を結んでいる雇用者をいいます。非正規雇用者は，パートタイマー，アルバイト，派遣社員，契約社員，期間社員，嘱託社員，臨時社員，季節労働者，日雇い労働者などを総称したものをいい，正規雇用者以外の雇用形態をとる雇用者をさしています。

総務省「就業構造基本調査」によりますと（図表3－5），全国における平成24年の非正規雇用者（男女計）は2,042.7万人を数え，14年の1,620.5万人に比べて422.2万人増，雇用者総数（役員を除く）に占める構成比は31.6％から38.2％と7ポイントほど上昇しています。非正規雇用者を雇用形態別にみますと，パートタイム労働者が956.1万人，14年に比べて22.2％増，アルバイトが439.2万人，3.7％増と，パート，アルバイトの増え方は少ないのですが，

図表3-5　正規雇用者と非正規雇用者の推移

(単位：千人)

年次	雇用者総数	役員を除く雇用者数	正規雇用者数	非正規雇用者数	パート	アルバイト	派遣社員	契約社員嘱託	その他
熊　本　県									
昭和62年	579	──	443	──	54	20			
平成 4	667	──	494	──	71	28		──	
9	706	659	511	149	85	34		30	
14	704	658	450	208	107	48	7	33	14
19	719	676	441	234	115	45	15	43	16
24	492	700	442	258	124	45	11	57	21
全　国									
昭和62年	46,153	43,063	34,565	8,500	4,677	1,888	87	730	1,118
平成 4	52,575	48,605	38,062	10,532	5,967	2,514	163	880	1,008
9	54,997	51,147	38,542	12,590	6,998	3,344	257	966	1,025
14	54,733	50,838	34,557	16,205	7,824	4,237	721	2,477	946
19	57,274	53,263	34,324	18,900	8,855	4,080	1,608	3,314	1,043
24	57,009	53,538	33,110	20,427	9,561	4,392	1,187	4,102	1,185

資料：総務省「就業構造基本調査」
(注) 1)　正規雇用者,非正規雇用者の合計は役員を除く雇用者数と必ずしも一致しない。
　　 2)　「その他」とは勤め先の呼称が上記の分類以外の者をいう。

　派遣社員は118.7万人,64.6％増,契約社員・嘱託は910.2万人,65.6％増と大幅に増加しています。

　それでは,熊本県においては,どのくらいの非正規雇用者が働いているのでしょうか。24年の非正規雇用者は25.8万人,雇用者総数（役員を除く）の36.9％を占めています。14年の20.8万人に比べ5.0万人増,構成比も31.6％から5.3ポイントも上昇しています。雇用形態別にみますと,パートタイム労働者が12.4万人,アルバイトが4.5万人と14年に比べて小幅な増加に止まっていますが,派遣社員は1.1万人,57.1％増,契約社員・嘱託は5.7万人,72.7％増で,熊本県においても全国と同様に,派遣社員,契約社員・嘱託の非正規雇用者の増加が大きいことがわかります。

　以上考察しましたように,非正規雇用者は年々増加していますが,とくに女性の非正規雇用者は男性よりも圧倒的に多く,24年の総数25.8万人のうち,女性は実に18.1万人で男性の7.7万人の2倍強となっています。年齢階級別にみますと,いずれの年齢階級においても,女性の非正規雇用者は男性を大幅

に上回っています。男性の30代から50代前半までは非正規雇用者の比率は10％台と低く，60代以降なりますと6〜7割と大幅に上昇しています。これに対して，女性は学校卒業後の20代では5割を下回っていますが，30代以降になりますと5割を上回り，年齢とともに非正規化が急速に進んでいるのです。

非正規雇用者の賃金は正規雇用者の6〜7割　次に，非正規雇用者の賃金が正規雇用者の賃金に比べてどの程度低いのかを，平成26年の厚生労働省「賃金構造基本調査」によって観察します（図表3－6，図表3－7）。全国における正規雇用者の賃金（所定内給与）は男女計・年齢計で317.7千円，非正規雇用者は200.3千円で，正規雇用者の7割程度となっています。男女別にみますと，男性の正規雇用者は年齢計で343.2千円，非正規雇用者は222.2千円，また女性では正規雇用者は256.6千円，非正規雇用者は179.2千円となっています。

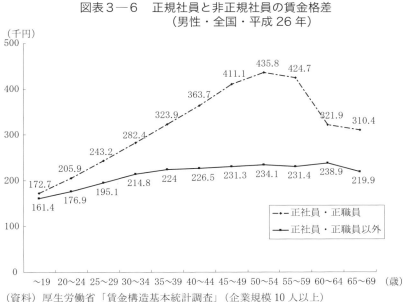

図表3－6　正規社員と非正規社員の賃金格差
（男性・全国・平成26年）

（資料）厚生労働省「賃金構造基本統計調査」（企業規模10人以上）
（注）各年齢階級の賃金は産業計・企業規模計・学歴計における一般労働者の所定内給与です。

図表3－7　正規社員と非正規社員の賃金格差
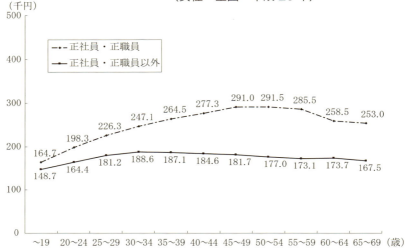
（女性・全国・平成26年）

（資料）厚生労働省「賃金構造基本統計調査」（企業規模10人以上）
（注）各年齢階級の賃金は産業計・企業規模計・学歴計における一般労働者の所定内給与です。

　男女それぞれの正規雇用者の賃金を100としますと，非正規雇用者の男性は格差指数64.7，女性は69.8と低いのです。非正規雇用者の賃金は正規雇用者の賃金と比較して6～7割程度と低いのです。

　正規雇用者と非正規雇用者の賃金格差を年齢階級別にみますと，男性の正規雇用者の賃金カーブは年齢の上昇とともに上昇しているのに対して，非正規雇用者の賃金カーブは年齢が上がってもほとんど上昇していないのです。20～24歳の正規雇用者の賃金205.9千円を100としますと，同年齢の非正規雇用者は176.9千円，格差指数は85.9で，ほとんど格差はありません。しかし，正規雇用者の賃金は50～54歳で435.8千円とピークに達し，これを100としますと，同年齢の非正規雇用者は234.1千円，指数は53.7とほぼ半分にすぎないのです。非正規雇用者は雇用が不安定である上に同じ仕事を行っていても，受け取る賃金は正規雇用者の6割程度と低く，しかも賃金の格差は年齢の上昇とともにますます拡大して，40代半ば～50代では5割と正規雇用者の半分にすぎな

いのです。こうした大きな賃金格差が非正規雇用者のワーキングプアを作り出しているのです。

大きな賃金格差の要因は一体なんなのでしょうか。正規雇用者の雇用期間や労働就業日数は正規雇用者に比べて短く，また賃金も時給や日給で支給されることが多く，昇給・昇進もほとんどない仕組みとなっています。その上，諸手当や賞与の支給も少ないなど，いくつかの要因を考えることができます。

（2）一般労働者・パートタイム労働者別にみた賃金格差

一般労働者と短時間労働者・パートタイム労働者の概念 労働者が従事している職業を観察しますと，賃金の高い職業もあれば，賃金の低い職業もあります。また働く労働者の雇用形態によって，賃金の高い労働者もいれば，賃金の低い労働者もいます。ところで，正規雇用の一般労働者はフルタイムで働いていることが多く，受け取る賃金も一般に完全月給制または日給月給制によって支払われています。その一方で，パートタイム労働者の働く労働時間は短く，また賃金も時間給によって支払われています。

そこで次に，労働者の名称・要件を簡単に説明します。厚生労働省「賃金構造基本統計調査」によりますと，「常用労働者」は就業形態によって「一般労働者」と「短時間労働者」に区分されます。「一般労働者」とは，「短時間労働者」以外の労働者をいいます。それでは，「短時間労働者」とは，どのような労働者なのでしょうか。普通，「パートタイム労働者」とよばれており，同調査によりますと，「同一事業所の一般の労働者より1日の所定労働時間が短い又は1日の所定労働時間が同じでも1週の所定労働日数が一般の労働者よりも少ない労働者」をいいます。また厚生労働省「毎月勤労統計調査」によりますと，「常用労働者」を「一般労働者」と「パートタイム労働者」に区分しています。その定義は「賃金構造基本統計調査」と同じで，「一般労働者」は「常用労働者」のうち「パートタイム労働者」を除いた労働者をいいます[6]。

1時間あたりでみた賃金の階層性 はじめに，男女それぞれの一般労働者の賃金（所定内給与），パートタイム労働者の賃金のほかに，新規高卒者の初任

給と熊本県の最低賃金を加えて、時間あたりの賃金を比較し、そこに賃金の階層性・位相性が観察されることを明らかにします。

一般労働者の時間賃金は、所定内給与額（月額）を所定内労働時間数（月間）で除した金額を用い、また新規高卒者の時間あたり初任給は、初任給額を18～19歳（「賃構調査」は平成17年以降、年齢階級別所定内給与は～19歳から表示）の月間所定内労働時間数で除した金額を用います。説明するまでもなく、パートタイム労働者の賃金、熊本県最低賃金はともに時間あたりの賃金です。

そこで、平成26年における4つの賃金を比較しますと、男性一般労働者の賃金は1,676円と最も高く、これに続くのが男性パートタイム労働者の賃金で933円、男性一般労働者の賃金よりも743円低く、その割合は55.7％にすぎないのです。一般労働者とパートタイム労働者との間には大きな賃金格差が存在しています。次いで、高卒男子の初任給は887円と続きますが、パートタイム労働者より46円も低いのです。最も低い賃金は県最低賃金の677円で、男

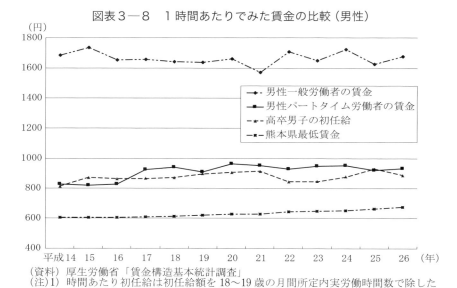

図表3－8　1時間あたりでみた賃金の比較（男性）

（資料）厚生労働省「賃金構造基本統計調査」
（注）1）時間あたり初任給は初任給額を18～19歳の月間所定内実労働時間数で除したもの。
　　　2）一般労働者の時間あたりの賃金は月間所定内給与額を所定内実労働時間数で除したもの。

性一般労働者の賃金の40.4％と4割にすぎないのです（図表3－8）。

それでは，女性の賃金についても階層性は観察されるでしょうか。女性一般労働者の賃金は1,230円ですが，男性一般労働者の73.4％と男性に比べ3割ほど低いのです。次いで，女性パートタイム労働者の賃金が883円と続きますが，女性一般労働者の賃金より347円低く，その割合は71.8％となっています。このように，女性においても一般労働者とパートタイム労働者との間には大きな賃金格差がみられます。女性パートタイム労働者に続くのが高卒女子の初任給で833円，そして県最低賃金が677円と最も低く，女性一般労働者の賃金の55.0％にすぎないのです（図表3－9）。

男女とも一般労働者の賃金が最も高く賃金構造の天井（ceiling）を形成しており，次いで，パートタイム労働者の賃金，高卒初任給が続き，県最低賃金が賃金構造の床（floor）を形づくり最下限の賃金となっています。これら4種類の賃金において，賃金の階層性が明確に観察され，経年的に観察しても，この

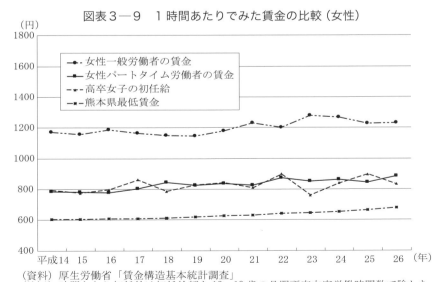

図表3－9　1時間あたりでみた賃金の比較（女性）

（資料）厚生労働省「賃金構造基本統計調査」
（注）1）時間あたり初任給は初任給額を18〜19歳の月間所定内実労働時間数で除したもの。
　　　2）一般労働者の時間あたりの賃金は月間所定内給与額を所定内実労働時間数で除したもの。

階層性・位相性はほとんど変化していないのです。

パートタイム労働者の1か月あたりの現金給与総額は一般労働者のおよそ25％

以上の観察から，パートタイム労働者の賃金は一般労働者の6～7割で，賃金が低いことがわかりました。しかし，この分析は時間あたりの賃金（所定内給与）で比較したものです。これに1日や1か月あたりの労働時間，就業日数や時間外手当，賞与・期末手当などを斟酌しますと，両者の賃金格差はもっと大きな格差になるのではないかと考えられます。

そこで次に，賃金支払のタイプを考慮して，一般労働者とパートタイム労働者の賃金格差を考察します（図表3-10）。パートタイム労働者は一般労働者の時間賃金（所定内給与）に比べて3～4割低く，また1か月の労働時間も短いことから，月額で表示されるパートタイム労働者の「所定内給与」は，一般労働

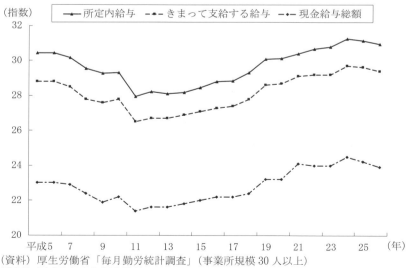

図表3-10　一般労働者とパートタイム労働者の賃金格差の推移
（産業計・企業規模計・男女計・全国）

（資料）厚生労働省「毎月勤労統計調査」（事業所規模30人以上）
（注）1）平成5年より調査開始。
　　2）指数は一般労働者の各賃金＝100としたパートタイム労働者の賃金指数です。

者に比べて相当に低く3割程度にすぎないのです。月額表示で比較しますと，両者の間には予想以上に大きな格差がみられます。この所定内給与に時間外手当など所定外給与を加えた「きまって支給する給与」をみますと，格差はさらに大きくなります。その理由は，一般労働者においては残業，深夜，休日などの所定外労働が頻繁に行われるのに対して，パートタイム労働者ではほとんど行われないからです。この「きまって支給する給与」に賞与・期末手当など「特別に支払われた給与」を加えた「現金給与総額」を比較しますと，賃金格差はさらに拡大し，パートタイム労働者の賃金は一般労働者のおおむね4分の1まで拡大するのです。

[注]

6) 厚生労働省「毎月勤労統計調査」においては，常用労働者とは，次のいずれかの条件を満たした者をいいます。① 期間を定めずに，または1か月を超える期間を定めて雇われている者。② 日々または1か月以内の期間を定めて雇われている者のうち，調査期間の前2か月間でそれぞれ18日以雇われている者をいいます。

　この定義からも理解できますように，「毎月勤労統計調査」は，パートタイム労働者を含む常用労働者を調査対象にしていますが，常用労働者の定義から正規従業員だけでなく，常時使用する者という意味でパートタイム労働者，臨時でないアルバイトなど非正規従業員，すなわち大抵の常用労働者をも対象にしています。ただ，「毎勤調査」が常用労働者であっても当該事業所で働く派遣労働者は含まれていません。派遣元の事業所において常用労働者として扱われるのです。

　このほかに，「標準労働者」という労働者があります。同調査によりますと，「学校卒業後直ちに企業に就職し，同一企業に継続勤務しているとみなされる労働者」をいい，具体的には年齢から勤続年数を引いた数で示されますが，最終学歴が大学・大学院卒の場合，22または23となる労働者が大学卒標準労働者といわれます。

4．職種・職階間賃金格差

（1）職種別にみた賃金格差

職種別賃金の分析のむずかしさ　基幹統計である「賃金構造基本統計調査」

は，沿革的には昭和23年に「個人別賃金調査」として開始，その後，「職業別等賃金実態調査」「賃金構造基本調査」「賃金実態総合調査」「特定条件賃金調査」とたびたび名称を変え，39年に現在の名称となり，今日に至っています。職種別賃金の調査については，23〜32年は「職業別賃金調査」「職業別等賃金実態調査」，その後，「賃金構造基本統計調査」において51年から男女それぞれ職種の数を変え，平成17年以降，現在の128職種となっています。

　ところで，職種別賃金調査の一つに，厚生労働省が行う「屋外労働者職業別賃金調査」がありました。この調査は，建設業および港湾運送関係事業に雇用されている労働者の賃金を職種別に調査するものであったのですが，16年調査をもって中止されました。また，林業に属する事業所に雇用されている屋外労働者の賃金を職種別に調査する厚生労働省の「林業労働者職種別賃金調査」があります。さらに，人事院が国家公務員および地方公務員の給与を民間従業員の給与と比較検討する（いわゆる人事院勧告）ための基礎資料の作成を目的として行う「職種別民間給与実施調査」があります。本調査は，職階を含めて事務，技術，技能，労務をはじめ，研究，医療，教育，さらに海事など人事院勧告の対象となりうる職種の賃金を企業規模別，学歴別，年齢階層別に調査しています。

　労働者は仕事に就いているかぎり，なんらかの職種に従事しているはずです。たとえば，事業所の事務室で一般事務，経理，営業などに従事する者，工場で組立工・プレス工などとして働く生産労働者や製品の企画・設計・開発などに従事する者もいれば，また，屋外でタクシー運転手，バス運転手，土工，左官などとして働いている者も数多くいます[7]。ところで，職種別賃金とは，労働者の従事する職種に支払われる賃金をいいますが，労働者の従事する職種や仕事の賃金の高さは，作業環境をはじめ，職種の熟練度や技能の高さ，さらに資格・免許の難度などによって相当に異なるでしょう。その一方で，産業構造の転換や技術革新のため，職種の誕生また消滅が絶えまなく起こっているのです。こうした事情が職種別賃金の分析，とくに経年的な分析をむずかしくしている一つの理由です。

　分析をさらにむずかしくしているもう一つの理由があります。屋外で働く労

働者が従事する職種——タクシー運転手，貨物自動車運転手，大工，土工，左官などの賃金は，主に外部労働市場の需給で決まるという，いわゆる市場決定型に属しています。屋内で働く労働者が従事する職種——プレス工，溶接工，調理士などの賃金もまた，本来，それぞれ熟練職種として外部労働市場の需給で決定されるタイプといえるでしょう。欧米諸国における各職種の労働市場は熟練度別に層化され，賃金は企業を超え社会的に共通したものとして形成されています。しかし，わが国においては，多くの職種の市場は職種別・熟練度別に成熟しておらず，市場に共通した賃金はほとんど形成されていないのです。各職種の賃金はむしろ内部労働市場，すなわち企業個々の人材確保や人事管理のあり方で決まることが多いのです。このことが職種別賃金のアプローチを一層むずかしくしているのです。

年齢・勤続年数が上昇する職種構造　次に，厚生労働省「賃金構造基本統計調査」を用いて，熊本県の職種別賃金格差の実態を年齢と勤続年数を中心に分析し，その特徴を明らかにします。ここでは平成21～25年の5年連続して調査・公表され，推計労働者数が100人以上と多い59職種を分析の対象とします。内訳は男性の職種が40職種，女性が19職種，なお59職種のうち推計労働者数が1,000人を超える職種は44職種です[8]。

図表3-11は，『熊本県の賃金』の第10-9表（296頁）を参考にして，いろいろな職種に従事する労働者の平均年齢と平均勤続年数によって59職種を分類したものです[9]。59職種は実に多様な職種から構成されています。教育に従事する教授，教員，病院で働く医師，看護師，准看護師，製造業の生産部門に従事する溶接工，板金工，鉄工，鋳物工などの技能工，運輸関係のタクシー運転者，バス運転者，販売・セールス関係の百貨店店員，保険外交員，労務・警備の仕事に携わるビル清掃員，警備員など多岐にわたっています。これらの職種のうち新たに調査の対象となった職種，また調査・公表の対象でなくなった職種などを考慮して，『熊本県の賃金』の第10-9表と図表3-11に共通する同じ23職種（男性12職種，女性11職種）を取り上げ，平均年齢と平均勤続年数の変化をまとめたのが図表3-12です。

図表3―11　職種別にみた平均年齢および平均勤続年数（熊本県）

区分	年齢の高い職種 （年齢40歳以上）	年齢が比較的高い職種 （30歳以上40歳未満）	年齢の低い職種 （30歳未満）
男性	一級建築士(49.7歳)，医師(40.2)，高等学校教員(47.7)，大学教授(56.2)，百貨店店員(40.2)，保険外交員(44.5)，調理士(40.7)，警備員(47.5)，自家用物自動車運転者(43.3)，タクシー運転者(58.6)，営業用バス運転者(49.6)，営業用大型貨物自動車運転者(46.3)，営業用普通小型貨物自動車運転者(43.1)，鋳物工(40.4)，溶接工(44.3)，機械検査工(43.0)，製紙工(42.2)，金属・建築塗装工(40.4)，建設機械運転工(49.2)，配管工(41.6)，ビル清掃員(47.1)	看護師(33.7歳)，看護補助者(35.1)，販売店員(百貨店店員除く)(39.1)，自動車外交販売員(38.2)，給仕従事者(35.7)，娯楽接客員(34.6)，一般化学工(38.1)，金属プレス工(38.9)，鉄工(39.0)，板金工(39.8)，機械組立工(39.8)，機械修理工(38.0)，自動車整備工(35.6)，パン・洋生菓子製造工(37.5)，紙器工(39.7)，オフセット印刷工(39.2)，合成樹脂製品成形工(33.0)，機械製図工(37.5)，電気工(39.8)	
女性	薬剤師(41.6歳)，准看護師(45.6)，看護補助者(47.2)，百貨店店員(41.0)，スーパー店チェッカー(40.5)，保険外交員(47.4)，調理士(48.8)，給仕従事者(41.2)，ミシン縫製工(47.0)，ビル清掃員(59.3)	医師(36.7歳)，看護師(38.9)，栄養士(33.8)，保育士(35.8)，幼稚園教諭(34.6)，販売店員(百貨店店員を除く)(37.2)，娯楽接客員(38.1)，半導体チップ製造工(37.5)，パン・洋生菓子製造工(38.0)	

区分	勤続年数の長い職種 （勤続8年以上）	勤続年数が比較的長い職種 （6年以上8年未満）	勤続年数の短い職種 （6年未満）
男性	一級建築士(12.0年)，高等学校教員(18.5)，大学教授(18.0)，高等学校教員(18.5)，大学教授(18.0)，百貨店員(9.6)，販売店員(百貨店員除く)(9.0)，自動車外交販売員(11.8)，保険外交員(12.0)，自家用貨物自動車運転者(9.5)，タクシー運転者(8.9)，営業用バス運転者(11.9)，営業用大型貨物自動車運転者(10.0)，営業用普通小型貨物自動車運転車(8.8)，鋳物工(17.2)，一般化学工(12.9)，金属プレス工(12.4)，鉄工(10.7)，板金工(12.0)，溶接工(16.5)，機械組立工(11.5)，機械検査工(18.1)，機械修理工(11.3)，自動車整備士(10.1)，パン・洋生菓子製造工(8.2)，製紙工(19.8)，紙器工(14.4)，オフセット印刷工(13.6)，合成樹脂製品成形工(9.2)，金属・建築塗装工(14.5)，機械製図工(10.3)，建設機械運転工(15.6)，電気工(12.5)，配管工(13.2)	看護師(6.3年)，調理士(6.0)，娯楽接客員(6.9)，ビル清掃員(6.2)	医師(4.3年)，看護補助者(3.2)，給仕従事者(4.8)，警備員(5.8)
女性	薬剤師(8.5年)，看護師(8.3)，准看護師(11.2)，保育士(9.0)，幼稚園教諭(8.7)，百貨店店員(10.3)，娯楽接客員(8.4)，半導体チップ製造工(15.8)，ミシン縫製工(12.6)，ビル清掃員(8.6)	看護補助者(7.5年)，栄養士(7.7)，販売店員(百貨店員除く)(7.7)，スーパー店チェッカー(7.6)，保険外交員(10.6)，調理士(7.6)，給仕従事者(6.0)，パン・洋生菓子製造工(6.9)	医師(3.6年)

（資料）厚生労働省「賃金構造基本統計調査」（企業規模10人以上）
（参考資料）荒井・髙田『熊本県の賃金』第10章の第10-9表（296頁）を参考。
（注）ここで，平均年齢および平均勤続年数は平成21～25年の5年間連続して調査された職種に従事する労働者の年齢および勤続年数を平均したものです。

4. 職種・職階間賃金格差　73

図表 3 - 12　職種構造の変化（熊本県）

	職種名[2]	平均年齢（歳）[1]		平均勤続年数（年数）	
		昭和57年	平成25年	昭和57年	平成25年
男性12職種	タクシー運転者	38.7	49.6	5.2	8.9
	自家用貨物自動車運転者	35.8	43.3	6.0	9.5
	営業用バス運転者	41.5	49.6	14.0	11.9
	自動車外交販売員・保険外交員[3]	33.6	41.4	6.6	11.9
	調理士	32.9	40.7	5.2	6.0
	鉄工	36.3	39.0	7.4	10.7
	金属プレス工	31.3	38.9	7.5	12.4
	溶接工	33.6	44.3	7.1	16.5
	機械組立工、	35.0	39.8	11.4	11.5
	機械修理工	32.9	38.0	8.1	11.3
	機械製図工	28.2	37.5	5.1	10.3
	自動車整備工	27.4	35.6	5.8	10.1
女性11職種	看護師	41.1	38.9	7.1	8.3
	准看護師	25.2	45.6	3.7	11.2
	看護補助者	30.7	47.2	3.6	7.5
	保育士	28.4	35.8	4.5	9.0
	給仕従事者	39.3	41.2	4.7	6.0
	販売店員	30.6	37.2	4.5	7.7
	百貨店店員	24.6	41.0	3.2	10.3
	保険外交員	47.3	47.4	7.0	10.6
	娯楽接客員	40.6	38.1	5.5	8.4
	ミシン縫製工	34.8	47.0	3.9	12.8
	ビル清掃員	51.1	59.3	3.7	8.6

（注）1）昭和57年は『熊本県の賃金』の出版年次，平成25年は21～25年の調査・公表の最終年次です。
2）昭和57～平成25年の間，いくつかの職種は名称が変わり，本図表は新しい職種名で示しています。
3）自動車外交販売員・保険外交員の旧職種は外交販売員です。また平成25年の平均年齢，平均勤続年数は自動車外交販売員と保険外交員それぞれの平均値で表示しています。

図表3-12を一覧しますと，この30年間に職種構造は大きく変化したことがわかります[10]。労働者の高齢化や定年延長・継続雇用などにともない，おおかたの職種は平均年齢が上昇し，平均勤続年数が大きく伸長しました。男女とも平均年齢の低い職種（30歳未満）や平均勤続年数の短い職種（6年未満）が

皆無となりました。また図表3－11において，昭和57年と共通する23職種以外の36職種（＝59－23）を観察しても，平均年齢の低い職種（30歳未満）は全く消滅し，平均勤続年数の短い職種（6年未満）は男性4職種，女性1職種と極端に減少したのです。これと反対に，男女いずれの職種とも平均年齢の高い職種（40歳以上）が5割を超え，平均勤続年数の長い職種（8年以上）が7割近くを占めるなど，この30年間に職種構造は大きく変化しました。

　職種群からみた職種の特徴　これら59職種に従事する労働者は個々の企業に雇われ，支給される賃金は，従事する産業をはじめ，企業の規模や賃金制度など労務管理の影響を受けることはいうまでもありませんが，職種の特徴によっていくつかの職種群に分類することができます。そこで次に，図表3－11と表－21（付属統計表に掲載）を用いて，59職種をいくつかの職種群に分類し，それぞれ職種群における職種内容の特徴や賃金の高さを明らかにします。

（1）**専門的・技術的関連の職種群**　男性では医師，学校教員，大学教授，女性では医師，薬剤師，看護師などは，高学歴で資格・免許，論文などを必要とする専門職種であります。このことから，これら職種の賃金は平均賃金（男性279.0千円，女性206.5千円）より相当に高く，とくに医師，大学教授，学校教員の賃金は飛び抜けて高いのです。しかし，准看護師，栄養士，保育士，幼稚園教諭については，資格・免許を必要とするものの，高度な技能・熟練をあまり要しない，また若年女性が主に従事している仕事などの理由で，これらの職種の賃金は平均賃金を下回っています。

（2）**生産工程作業者が従事する職種群**　生産工程作業者が製造業の生産部門に従事する職種をみますと，鋳物工，金属プレス工，溶接工，鉄工，機械組立工，配管工など実にさまざまな職種があります。これら職種の賃金は，主として技能・熟練の高さや経験の長さによって決められることから，年齢は総じて高く，勤続年数も長いなど，労働力の高年齢化が進んでいます。しかし，おおかたの職種は男性の平均賃金を相当に下回っており，鋳物工と機械検査工の2職種が平均賃金を上回り，製紙工が平均賃金と並んでいるにすぎないのです。

（3）**運輸関連の職種群**　バス，タクシー，貨物自動車など運輸関連の職種に

は，男性が数多く従事しており，また平均年齢が比較的高いという特徴がみられます。タクシー運転者には定年退職者の再就職が比較的多いため高年齢者が多いのですが，賃金は平均賃金を大幅に下回っています。営業用バスや営業用大型貨物自動車の運転者も平均賃金を下回っているものの，他の職種と比べると賃金の比較的高い職種なのです。それは，運転には経験を積む必要があり，勤続年数が長くなり，これが賃金を高める要因となっているのです。

（4）販売関連の職種群　男性の保険外交員，自動車外交販売員，女性の保険外交員は平均年齢が高く，勤続年数が長いなど，セールスに熟達した外交員ということで契約を数多く取ることができるなど，賃金は平均賃金を上回っています。しかし，販売店員や百貨店店員の賃金は押し並べて低いのです。

（5）他の職種群　上記の職種群の他に特色ある職種として，男性の警備員と女性のビル清掃員があります。いずれの職種とも，勤続年数は短いのですが，平均年齢が高い職種です。賃金は平均賃金を相当に下回っています。というのは，技能や熟練をほとんど必要とせず，その上，定年退職者や高年齢者の再就職の職種と考えられるからです。

年齢・勤続年数と賃金水準の関係　図表3−13から図表3−16は，表−21（付属統計表に掲載）をもとに，男女それぞれの労働者が従事する59職種（男性40職種，女性19職種）の賃金水準と平均年齢との関係，また賃金水準と平均勤続年数との関係を散布図の形で表したものです。

平均年齢と賃金との散布図をみますと（図表3−13，図表3−14），男性が従事する多くの職種の賃金はおおむね年齢の上昇とともに上昇していますが，30代から40代に集中しており，賃金は200千円近くから400千円付近に分布しています。女性が従事する職種の賃金の分布は150千円から400千円に及んでいますが，年齢との相関はそれほど強くないのです。なお，年齢も比較的高いのですが，男性の医師（コード番号15），大学教授（同42），女性の医師（同16）の職種は賃金が飛び抜けて高い職種です。

次に，平均勤続年数と賃金との散布図を観察します（図表3−15，図表3−16）。男性が従事する職種をみますと，勤続年数は年齢の分布と違って5年未

76 第3章 個人間にみる賃金構造

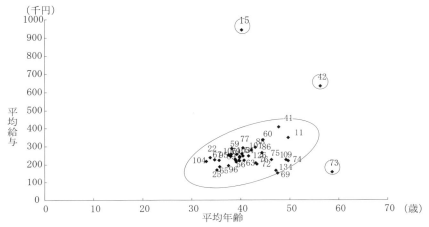

図表3―13 職種別にみた年齢と給与の関係（男性・熊本県）

（資料）厚生労働省「賃金構造基本統計調査」（企業規模10人以上）
（注）1) 分析対象の職種（推計労働者数が1,000人を超える職種）は○内の44職種です。
   2) 平均年齢・平均所定内給与の各数値は5か年の平均値です。
   3) 図表の中の番号は付属統計表 表－21に記載している職種のコード番号です。

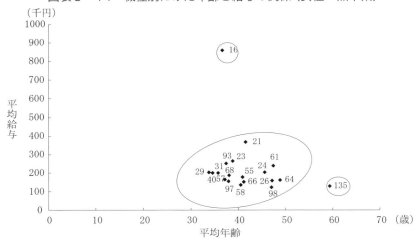

図表3―14 職種別にみた年齢と給与の関係（女性・熊本県）

（資料）厚生労働省「賃金構造基本統計調査」（企業規模10人以上）
（注）1) 分析対象の職種（推計労働者数が1,000人を超える職種）は○内の44職種です。
   2) 平均年齢・平均所定内給与の各数値は5か年の平均値です。
   3) 図表の中の番号は付属統計表 表－21に記載している職種のコード番号です。

4．職種・職階間賃金格差

図表3―15　職種別にみた勤続年数と給与の関係（男性・熊本県）

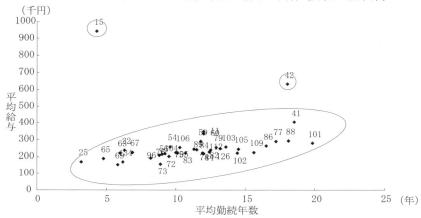

（資料）厚生労働省「賃金構造基本統計調査」（企業規模10人以上）
（注）1）分析対象の職種（推計労働者数が1,000人を超える職種）は〇内の44職種です。
　　 2）平均勤続年数・平均所定内給与の各数値は5か年の平均値です。
　　 3）図表の中の番号は付属統計表　表－21に記載している職種のコード番号です。

図表3―16　職種別にみた勤続年数と給与の関係（女性・熊本県）

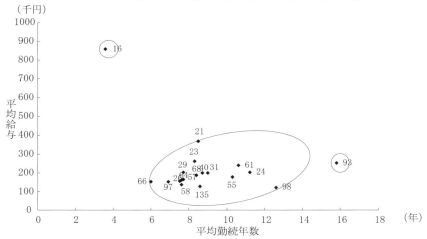

（資料）厚生労働省「賃金構造基本統計調査」（企業規模10人以上）
（注）1）分析対象の職種（推計労働者数が1,000人を超える職種）は〇内の44職種です。
　　 2）平均勤続年数・平均所定内給与の各数値は5か年の平均値です。
　　 3）図表の中の番号は付属統計表　表－21に記載している職種のコード番号です。

満からほぼ20年と銀河系のように長く分布しています。勤続年数が長くなるにしたがって、賃金は緩やかに上昇しています。これに対して、女性が従事する職種については、年齢と賃金の相関と同様に、勤続年数と賃金の相関は弱く、勤続年数が長くなっても、賃金はあまり上昇していないのです。

特徴ある職種は、男性のタクシー運転者（コード番号73）、女性のビル清掃員（同135）で、この2つの職種の平均年齢は60歳と高いものの、賃金はほとんど伸長せず低いのです。また女性の半導体チップ製造工については、平均勤続年数は相当に長いのですが、この数年間の半導体不況を反映してか賃金の上昇ピッチは遅いのです。

（2）役職（職階）からみた賃金格差

役職者の賃金は非役職者の賃金の1.3～2.0倍　次に、厚生労働省「賃金構造基本統計調査」を用いて、全国における役職者の賃金（きまって支給する給与）を観察します（同調査は都道府県の役職者の賃金を調査していないのです）。役職とは、企業など組織を運営する上での権限・責任をともなう社員の位置（ポジション）または階級をいい、一般に部長→課長→係長→一般社員（非役職）をいいます[11]。職階ともいわれます[12]。

役職者の賃金をまず企業規模計でみますと、平成26年における非役職者の賃金329.0千円に対して、役職全体の賃金は500.3千円と1.5倍も高く、部長級は659.7千円、課長級は527.8千円、係長級は438.8千円と、非役職者の賃金に比べて1.3～2.0倍と相当に高いことがわかります（図表3－17）。これを企業規模別に観察しますと、1000人以上の大企業においては、いずれの役職者の賃金も企業規模計の賃金を1.11～1.13倍と大幅に上回っていますが、500～999人の中企業になりますと逆にわずかに低いのです。100～499人の小企業では、各役職者の賃金は企業規模計の賃金を15～17％とさらに低くなっています。

13年以降の賃金の動きをみますと（図表3－18）、一般労働者と同様に、役職者の賃金も景気の好不況によって増減しています。しかし、部長級の賃金を100としますと、課長級は80前後、係長級は65～68、非役職者は50程度と、

図表3-17 役職別・企業規模別にみたきまって支給する給与
（産業計・学歴計・男女計・平成26年）

(単位：千円)

	役職計	部長級	課長級	係長級	非役職
企業規模計	500.3	659.7	527.8	438.8	329.0
1000人以上	555.4	743.2	592.4	487.1	365.9
500～999人	480.0	659.0	507.1	424.5	320.6
100～499人	425.9	557.9	436.7	370.0	287.8

（資料）厚生労働省「賃金構造基本統計調査」（企業規模10人以上）
（注）役職者の賃金は企業規模100人以上の企業を調査対象としています。

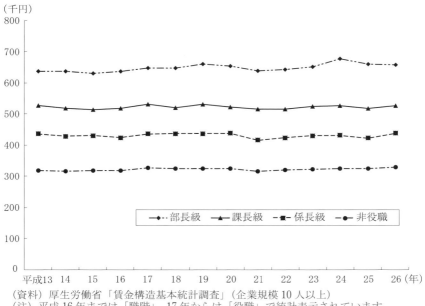

図表3―18 役職別にみたきまって支給する給与の推移
（産業計・企業規模計・学歴計・男女計）

（資料）厚生労働省「賃金構造基本統計調査」（企業規模10人以上）
（注）平成16年までは「職階」、17年からは「役職」で統計表示されています。

役職者間の賃金格差は明確な階層性・位相性をもち，しかもかなり安定的に推移していることがわかります。

80　第3章　個人間にみる賃金構造

年齢階級別にみた役職者の賃金格差　次に，平成26年における各役職者の賃金を年齢階級別に観察します（図表3−19）。厚生労働省「賃金構構造基本統計調査」は20〜24歳や70歳以上を調査していますが，ここでは年齢の若い役職者や高年齢の役職者（その多くは同族企業の役職者と推測されます）を除く25歳から69歳までの役職者を対象に分析します。いずれの役職者においても，賃金は年齢とともに上昇しており，45〜49歳また50〜54歳で最も高くなっています。部長級は45〜49歳で674.0千円と最も高く，25〜29歳の賃金を100としますと[13]，格差指数は164.9となります。同様にして計算すると，課長級は50〜54歳で552.2千円と最高となり，指数は153.6，そして係長級も同年齢で最も高い473.9千円となり，指数は140.6となっています。とくに，部長級や課長級の格差指数は非役職者の138.7（＝50〜54歳 388.5／25〜29歳 280.1千

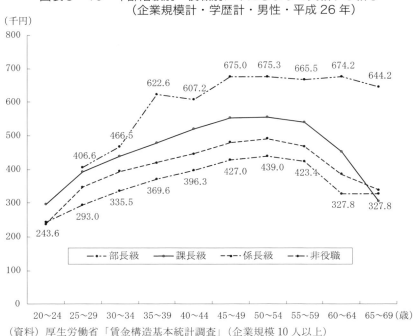

図表3−19　年齢階級別・役職別にみたきまって支給する給与
（企業規模計・学歴計・男性・平成26年）

（資料）厚生労働省「賃金構造基本統計調査」（企業規模10人以上）

円）に比べて相当に高いことがわかります。

　ここで注目されるのは，役職者の賃金カーブの形状です。課長級や係長級の賃金カーブは，非役職者と同じように山形の年功的な曲線を描いているのに対して，部長級の賃金カーブは30代後半から台形状の形となっています。というのは，若くして部長職に就いても，賃金は年功的な昇給の影響を受けますが，年齢の上昇にともない，役職者として成果・実績を重視した査定が強くなる，給与の支給もまた年俸制に移行するなど，年齢や勤続年数といった年功的要素はほとんど考慮されなくなるからと考えられます。

[注]
7) 荒井勝彦・高田英［1982］『熊本県の賃金』293頁参照。
8) 「賃金構造基本統計調査」は標本調査であり，推計労働者数は調査した労働者の数に復元倍率（標本抽出時における抽出率の逆数）を乗じて復元した数です。一般に都道府県ごとの各職種に関する抽出数は少なく，復元された推計労働者数も大きな誤差をともなっています。したがって，この数値を利用する際には注意を要します。
9) 『熊本県の賃金』の第10-9表における平均年齢，平均勤続年数は，昭和50年以降，4回以上公表された職種に従事する労働者の年齢，勤続年数を平均したものです。図表3-11における平均年齢，平均勤続年数は，平成21〜25年の5年間連続して調査・公表された職種に従事する労働者の年齢，勤続年数を平均したものです。
　　なお，第10-9表は男性20職種，女性16職種について分類しています。
10) 『熊本県の賃金』の第10-9表と図表3-11に共通した男性12職種とは，タクシー運転者，営業用バス運転者，自家用貨物自動車運転者，自動車外交販売員・保険外交員（第10-9表では外交販売員），調理士，鉄工，金属プレス工，溶接工，機械組立工，機械製図工，機械修理工，自動車整備工です。女性11職種とは，看護師，准看護師，看護補助者，保育士，保険外交員，娯楽接客員，給仕従事者，百貨店店員，販売店員，ミシン縫製工，ビル清掃員です。
11) 厚生労働省「賃金構造基本統計調査」の解説によりますと，「部長」とは本社（本店），支社（支店），工場などの事業所における総務，人事，営業，製造，技術，検査などの各部（局）長で，その組織が2課以上からなり，またはその構成員が20人以上のものの長およびこれらと同程度の責任と重要度をもつ職務に従

事する者をいいます。「課長」とは本社（本店），支社（支店），工場，出張所などの事業所における総務，人事，営業，製造，技術などの各課長で，その組織が2係以上からなり，またはその構成員が10人以上のものの長およびこれらと同程度の責任と重要度をもつ職務に従事する者をいいます。「係長」とは本社（本店），支社（支店），工場，出張所などの事業所における総務，人事，営業，製造，技術などの各係長で，構成員の人数にかかわらず，通常「係長」とよばれている者およびこれらと同程度の責任と重要度をもつ職務に従事する者をいいます。

12) 役職とか職階という言葉に対して，資格や職位という用語があります。組織により役職と同じ意味で用いられている場合がありますが，格付や等級にもとづくもので，主任，主事，主査などの資格等級で用いられる場合もあります。

13) 25～69歳の年齢階級において，課長級の最低の賃金は65～69歳の330.9千円でありますが，ここでは分析の都合上25～29歳の賃金を最低として分析しました。

第4章
企業・産業・地域からみた賃金構造

1. 企業規模間・産業間賃金格差

(1) 企業規模別にみた賃金格差

比較的安定している熊本県男性の規模間格差 はじめに,平成26年における熊本県男性の賃金(所定内給与)を厚生労働省「賃金構造基本統計調査」によって企業規模別に観察しますと(付属統計表 表−26(1)),1000人以上規模の大企業は351.3千円,100〜999人規模の中企業は275.2千円,10〜99人規模の小企業は238.6千円となっています。大企業の賃金を100としますと,中企業の格差指数は78.3,小企業は67.9と,中小企業の賃金は大企業に比べて2割から3割低いことがわかります[1]。

それでは,企業規模別にみた全国の賃金はどうなのでしょうか。大企業は年齢計で381.9千円,中企業は312.1千円(大企業の賃金を100としますと,格差指数は81.7),小企業は285.9千円(指数74.9)と続きますが,全国の企業規模間格差は熊本県のそれよりも小さいことがわかります(付属統計表 表−26(2))。

次に,元年以降の企業規模間賃金格差の変化を観察します(図表4−1 付属統計表 表−27(1))。男性の格差変動については,この20数年間,100〜999人規模の中企業の賃金は,各年における大企業の賃金100に対して9年の73.0を最低に,16年の87.7を最高に15ポイントほどの幅で変動しています。また,10〜99人規模の小企業の賃金は,24年の66.5を最低に,16年の76.1を最高に10ポイント程度の幅で上下しています。以上考察しましたように,熊本県男性の賃金の企業規模間格差は,平成不況,世界同時不況,さらに欧州債務危機など経済の好不況に対応して循環変動しているものの,長期的には拡大または縮小しているのではなく,比較的安定した動きを示していることがわ

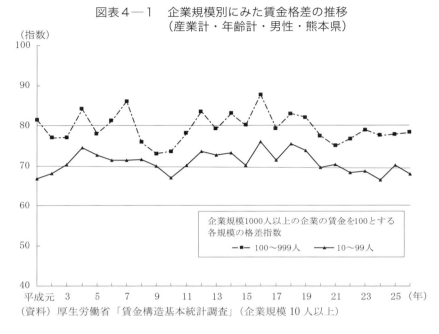

図表4−1　企業規模別にみた賃金格差の推移
（産業計・年齢計・男性・熊本県）

（資料）厚生労働省「賃金構造基本統計調査」（企業規模10人以上）

かります。

縮小する熊本県女性の規模間格差　これに対して，平成26年における熊本県女性の賃金を企業規模別にみますと，1000人以上規模の大企業は236.4千円，100〜999人規模の中企業は199.9千円，そして10〜99人規模の小企業は191.4千円となっています（付属統計表　表−26(1)）。中企業の格差指数は大企業の賃金を100としますと84.6，小企業は81.0で，大企業に比べますと1.5割から2割ほど低いのです。

男性と同様に，女性の企業規模間賃金格差の推移をみますと（図表4−2　付属統計表　表−27(2)）。この20数年間，100〜999人規模の中企業の賃金は，各年における大企業の賃金100に対して2年の64.7を最低に，21年の98.6を最高に34ポイントの範囲で大幅に，また，10〜99人規模の小企業の賃金は2年の60.8を最低に，19年の86.8を最高に26ポイントの範囲でかなり激しく

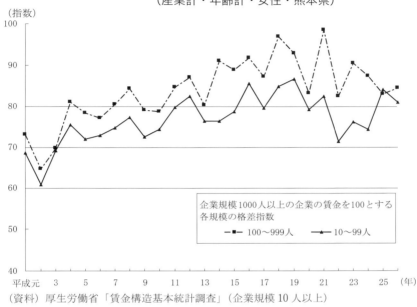

図表4-2　企業規模別にみた賃金格差の推移
（産業計・年齢計・女性・熊本県）

（資料）厚生労働省「賃金構造基本統計調査」（企業規模10人以上）

変化しています。熊本県女性の規模間格差は男性の格差以上に大きく循環的に変動しているものの，長期的には縮小にしてきており，しかも男性の格差に比べて小さいことがわかります。

(2) 企業規模別・年齢階級別にみた賃金格差

大企業と異なる中小企業の賃金カーブ　次に，熊本県男性の企業規模間賃金格差を年齢階級別に観察します（図表4-3，図表4-4）。1000人以上規模の大企業においては，平成26年の熊本県男性の賃金は20～24歳の210.9千円から，年齢の上昇にともなって昇給ピッチは上昇し，50～54歳で446.5千円と最も高くなり，これをピークに年齢とともに低下しています。このように，大企業の賃金カーブはピークの高い山なりのカーブを描いているのです。

図表4－3　企業規模別・年齢階級別にみた所定内給与
（産業計・男性・平成26年・熊本県）

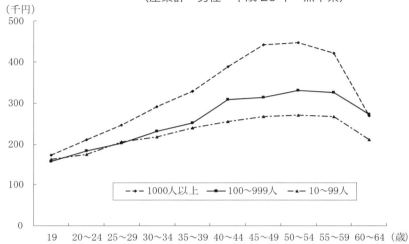

（資料）厚生労働省「賃金構造基本統計調査」（企業規模10人以上）
（注）年齢階級19歳の中に～17歳を含んでいるので注意。

図表4－4　企業規模別・年齢階級別にみた所定内給与
（産業計・女性・平成26年・熊本県）

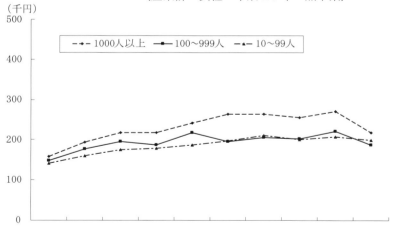

（資料）厚生労働省「賃金構造基本統計調査」（企業規模10人以上）
（注）年齢階級19歳の中に～17歳を含んでいるので注意。

100～999人規模の中企業をみますと，賃金は20～24歳の184.3千円から年齢とともに上昇し，50～54歳で331.0千円と最も高くなっています。これを20～24歳の賃金に対する50～54歳の最高賃金の倍率によって比較しますと，中企業の最高賃金の倍率は大企業の2.12倍に対して1.80倍と低く，賃金カーブは年齢全体にわたって緩やかに昇給するという，ピークの低いカーブを描いていることがわかります。しかし，10～99人規模の小企業になりますと，50～54歳のピークでも271.1千円と相当に低く，20～24歳に対する50～54歳の最高賃金の倍率も1.55倍にすぎないのです。賃金カーブはさらになだらかな小高い丘状のカーブとなっているのです。

　小企業の50～54歳男性の賃金は大企業同年齢の6割　ここで，分析の視点を変えて同一の年齢階級における平成26年の企業規模別賃金格差の大きさを確認します（付属統計表　表－26（1））。はじめに20～24歳男性をみますと，大企業の賃金（210.9千円）を100としますと，中企業の格差指数は87.4，小企業は83.0と，若年層での格差は比較的小さいことがわかります。30～34歳になりますと，大企業の賃金（290.4千円）100に対して，中企業の指数は79.7，小企業は75.1となり，壮年層では規模間格差は少し拡大しました。さらに働き盛りの40～44歳になりますと，大企業の賃金（388.6千円）100に対して，中企業の指数は79.3，小企業は65.8とさらに拡大しています。各企業規模の賃金がピークとなる高年層の50～54歳になりますと，大企業の賃金（446.5千円）100に対して，中企業は74.1，小企業は60.8と，規模間格差は一段と拡大し，小企業の賃金は大企業の6割にすぎないことがわかります。

　このように，大企業の賃金カーブは年齢とともに上昇する，いわゆる年功的な賃金カーブを描いています。しかし，中小企業の賃金カーブに関しては，その形は崩れ，年功的な形状はほとんど観察されないのです。これは全国の場合を観察しても同様です（図表4－5，図表4－6）。

　最後に，熊本県男性の企業規模別格差を1000人以上規模と10～99人規模によって比較しますと，格差は30代から徐々に拡大し，40～44歳で1か月あたり32.9千円（＝388.6－255.7），45～49歳で172.5千円（＝440.5－268.0），

88　第4章　企業・産業・地域からみた賃金構造

図表4―5　企業規模別・年齢階級別にみた所定内給与
（産業計・男性・平成26年・全国）

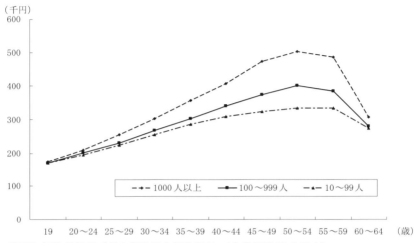

（資料）厚生労働省「賃金構造基本統計調査」（企業規模10人以上）
（注）年齢階級19歳の中に〜17歳を含んでいるので注意。

図表4―6　企業規模別・年齢階級別にみた所定内給与
（産業計・女性・平成26年・全国）

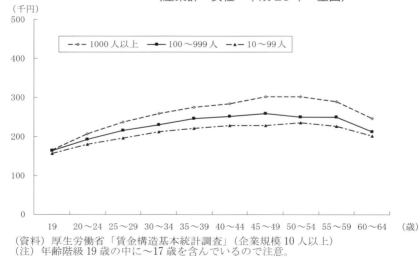

（資料）厚生労働省「賃金構造基本統計調査」（企業規模10人以上）
（注）年齢階級19歳の中に〜17歳を含んでいるので注意。

50～54歳で175.4千円（＝446.5－271.1），そして55～59歳で154.5千円（＝421.4－266.9）となっています。格差が最大となるのは50～54歳で，実に1か月あたり18万円近く開いているのです。

女性の賃金カーブはいずれの規模もほぼフラット　それでは，年齢階級別にみた熊本県女性の企業規模間賃金格差はどうなのでしょうか（図表4－4）。男性と違って，いずれの企業規模においても，女性の賃金カーブは，年齢とともに上昇するという傾向は明確には観察されないのです。1000人以上規模の大企業においても，昇給ピッチは小さく緩やか上昇を描くカーブ，いわゆるほぼフラットなカーブとなっています[2]。これを20～24歳の賃金に対する45～49歳の最高賃金の倍率でみますと[3]，大企業は1.36倍，中企業は1.16倍，小企業は1.31倍と，女性の賃金倍率は男性に比べて相当に低いことがわかります。

このように，男性と女性の賃金カーブには形状の違いがはっきりと観察されるのです。

労働生産性の企業規模別格差が原因　なぜ，企業規模別賃金格差はこれほどまでに大きいのでしょうか。その原因は，すでに第2章1の(2)で説明しましたように，労働者1人あたりの生産額，すなわち労働生産性の格差が企業規模間で大きいからなのです。

現在，統計調査において特定の産業における労働生産性を企業規模別に捉えることができますが，産業全体を網羅した企業規模別の労働生産性は測定できないのです。いま，その代理指標として，製造業の企業規模別にみた労働生産性を利用します[4]。ここで，労働生産性とは，従業員1人あたりの製造品出荷額等，すなわち価値労働生産性をいいます。

平成25年における製造業の労働生産性を企業規模別に求めますと，従業員規模500人以上の大企業は3,463万円，100～499人の中企業は2,851万円，10～99人の小企業は1,833万円となります（規模計で2,615万円）。大企業の労働生産性を100としますと，中企業の指数は82.3，小企業は52.9であって，製造業という一産業を取り上げても，このように大きな生産性格差が存在する

のです。この労働生産性の格差が企業規模別の賃金支払能力格差となって，企業規模間に大きな賃金格差をもたらしているのです。

それでは，なぜ企業規模間に大きな生産性格差が生まれるのかという問題です。本章の3で各種の格差要因を説明しますが，より詳細な分析は専門的な研究に委ねることにしましょう。

もう一つ，疑問が残ります。それは，男性の年齢階級別にみた規模別賃金格差が，なぜ女性の格差と違って大きいのかということです。なにか特有な要因が存在しているからでしょうか。すでに男女間賃金格差のところで説明しましたが，賃金カーブにおける大企業男性の昇給ピッチが大きいのは，1つは，大企業の男性正社員中心にみられる年功賃金制度など日本的雇用慣行による影響と考えられます。年功的要素は男性の賃金を押し上げ，女性には抑制的に作用する，男女によってその影響が違うのです。2つは，女性が従事する仕事には定型化された仕事が多く，意思決定をともなう責任度の重い仕事は少ないのです。この裁量的な処遇は女性への差別と考えられます。しかし，最も強い差別的な取扱いは，昇給，昇格，そして昇進における人事査定なのです。この差別的な処遇が賃金の引き上げを拒んでいるのです。

(3) 産業別・年齢階級別にみた賃金格差

飛び抜けて高い金融業，保険業の賃金 次に，厚生労働省「賃金構造基本統計調査」によって，平成26年における熊本県男性の賃金（所定内給与）を産業別に観察します。賃金は産業全体では281.6千円となっており，22年以降，小幅な動きを示しながらも280.0千円前後で推移しています（付属統計表 表－29(1)）。

これを産業別にみますと（図表4－7）[5]，金融業，保険業が492.8千円と飛び抜けて高く，次いで公益事業（public utilities）として主に公営企業からなる電気・ガス・熱供給・水道業が418.5千円と続いていますが，賃金が400.0千円を超えるのはこの2つの産業だけです。

これに次いで賃金の高い産業は，教育，学習支援業383.7千円，学術研究，専門・技術サービス業381.0千円，情報通信業359.8千円，医療，福祉313.8

1．企業規模間・産業間賃金格差 91

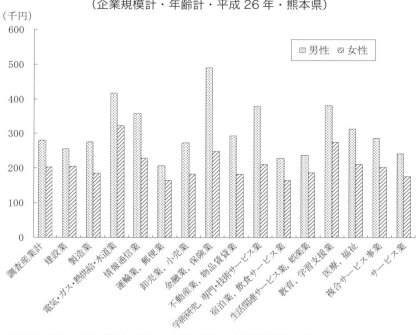

図表4－7 産業別・男女別にみた所定内給与
（企業規模計・年齢計・平成26年・熊本県）

（資料）厚生労働省「賃金構造基本統計調査」（企業規模10人以上）

千円です。複合サービス事業286.7千円，不動産業，物品賃貸業295.1千円も産業平均の賃金281.6千円より高く，以上の8つの産業は産業平均の賃金を上回っています。

これに対して，産業平均の賃金よりも低い産業は，第2次産業を構成する製造業276.6千円，建設業257.0千円をはじめ，第3次産業の卸売業，小売業273.3千円，サービス業（他に分類されないもの）242.3千円，生活関連サービス業，娯楽業237.9千円，宿泊業，飲食サービス業229.5千円と続き，賃金の最も低い産業は運輸業，郵便業208.3千円です。26年の「賃構調査」の数字によりますと，賃金が最も高い金融業，保険業と最も低い運輸業，郵便業との賃金の開きは284.5千円（＝492.8－208.3）となり，実に2倍以上の格差となっ

図表4—8　産業別・男女別にみた所定内給与
（企業規模計・年齢計・平成26年・全国）

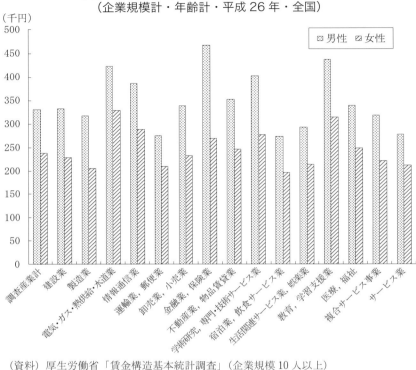

（資料）厚生労働省「賃金構造基本統計調査」（企業規模10人以上）

ているのです。

　全国の産業別賃金と比較しますと（図表4-8），26年の熊本県男性の金融業，保険業はサンプル数が少ないことが影響して，全国の同産業と比べて17.3千円高いのですが，他の年次はいずれも低くなっています（付属統計表　表-29(2)）。また電気・ガス・熱供給・水道業の賃金は全国の同産業よりわずかに低いものの，産業の性格上，ほとんど変わらないのです。この2つの産業を除く13産業の賃金を比較しますと，熊本県の各産業の賃金は全国のそれらよりも21.1千円から75.0千円の幅で低いことがわかります。建設業，運輸業・郵便業，卸売業・小売業については，全国の賃金を大きく下回っています。

産業によって異なる賃金カーブ 次に，4つの産業を取り出し，これを年齢階級別に観察します。4つの産業とは，賃金の最も高い金融業，保険業，産業平均の賃金を上回る教育，学習支援業，産業平均の賃金より低い製造業，そして賃金の最も低い運輸業，郵便業です[6]。

平成25年における熊本県男性の賃金を年齢階級別にみますと（図表4-9），20～24歳では産業間の格差はほとんど観察されません。運輸業，郵便業を除く3つの産業は，年齢とともに賃金は上昇し，50代でピークを迎えています。とくに金融業，保険業は大幅に上昇して50～54歳で500.1千円とピークに達し，頂上の高い山なりの賃金カーブを描いています[7]。これよりも頂上は低いのですが，山なりのカーブを描いているのが教育，学習支援業であって，製造業になりますと，さらに低い山なりの曲線となっています。

これに対して，運輸業，郵便業の賃金は35～39歳でピークに達し，その額

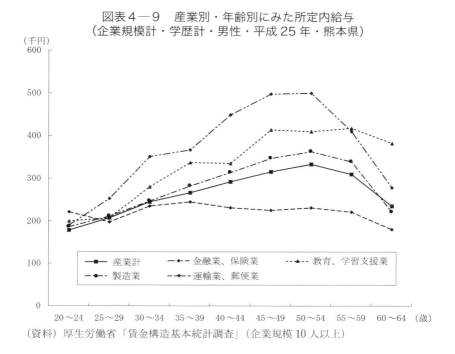

図表4-9 産業別・年齢別にみた所定内給与
（企業規模計・学歴計・男性・平成25年・熊本県）

（資料）厚生労働省「賃金構造基本統計調査」（企業規模10人以上）

は 244.7 千円と相当に低いのです。このように，賃金カーブは年齢とともに上昇するのではなく，年齢全体にわたってほぼ平らな形状となっています。運輸業，郵便業は，鉄道や自動車によって旅客，貨物の輸送，郵便物などの配達を行うため，働く労働者の年齢は比較的若く，また仕事の性質上，年齢や勤続による年功的な処遇は少ないなどの理由で，賃金カーブはフラットな形を描いているのです。

[注]

1) 都道府県における企業規模別賃金についてはそれぞれの調査サンプル数が少ないので，企業規模間や年齢階級間の賃金比較の利用にあたっては注意を要します。
2) 都道府県の企業規模別賃金に関する調査サンプルが少ない上に，男女別賃金になりますと，さらにサンプル数は少なくなります。年次によっては 20 代，30 代，また 50 代後半の賃金は相当に乱高下しています。統計の利用にあたってはさらに注意を要します。
3) 男性の賃金はほぼ一貫して 50〜54 歳で最も高いのですが，女性の賃金は年次によっても，また企業規模によっても異なります。平成 26 年の最も高い年齢は 45〜49 歳です。
4) 熊本県統計調査課「平成 25 年工業統計調査」をもとに，労働生産性を計算しました。ここで，企業規模とは厳密には事業所規模をいいます。
5) 各産業の賃金は年次によって異なりますから，産業間の順位は変動します。賃金を産業間で比較する際には，この点に注意する必要があります。
6) 金融業，保険業と教育，学習支援業では 19 歳以下は調査されていません，また 65〜69 歳，70 歳以上についてはサンプル数が少なくなります。こうした理由で，4 産業の分析においては 20 歳から 64 歳の年齢階級を対象としました。
7) 平成 26 年になりますと，金融業，保険業の昇給ピッチはさらに大きくなり，45〜49 歳で 734.5 千円とピークに達しますが，50 歳を超えると，賃金は急速に低下しています。

[補説] 本節 1 の (2) では，厚生労働省「賃金構造基本統計調査」を用いて産業別賃金格差を考察しています。本調査は，日本標準産業分類（平成 25 年 10 月改定，26 年 4 月 1 日施行）にもとづく 16 大産業を調査対象としていますが，格差の分析にあたっては C－鉱業，採石業，砂利採取業を除く 15 大産業を取り上げています。補説では，これら産業のうち D－建設業，E－製造業，F－電気・ガス・熱供給・水道業，I－卸

売業，小売業，J－金融業，保険業，M－宿泊業，飲食サービス業の6産業を除く，あまり馴染みのない産業（9大産業）について簡単に解説します。

G－情報通信業：通信業，放送業，情報サービス業，インターネット附随サービス業，映像・音声・文字情報制作業（映像情報制作・配給業，音声情報製作業，新聞業，出版業など）

H－運輸業，郵便業：鉄道業，道路旅客運送業，道路貨物運送業，水運業，航空運輸業，倉庫業，運輸に付帯するサービス業（港湾運送業，こん包業など），郵便業

K－不動産業，物品賃貸業：不動産取引業，不動産賃貸業・管理業（不動産賃貸業，貸家業，貸間業，駐車場業など），物品賃貸業（各種物品賃貸業，産業用機械器具賃貸業，事務用機械器具賃貸業，自動車賃貸業など）

L－学術研究，専門・技術サービス業：学術・開発研究機関（自然科学研究所，人文・社会科学研究所），専門サービス業（法律・司法書士・行政書士・公認会計士・税理士・社会保険労務士等の事務所，デザイン業，経営コンサルタント業など），広告業，技術サービス業（獣医業，土木建築サービス業，機械設計業，商品・非破壊検査業，写真業など）

N－生活関連サービス業，娯楽業：洗濯・理容・美容・浴場，その他の生活関連サービス業（旅行業，家事サービス業，衣服縫製修理業，冠婚葬祭業など），娯楽業（映画館，競輪・競馬等の競走場，スポーツ施設提供業，公園，遊園地，遊戯場など）

O－教育，学習支援業：学校教育（幼稚園，小学校，中学校，高等学校，高等教育機関，専修学校，各種学校など），その他の教育，学習支援業（公民館・図書館・博物館・美術館・動物園・植物園・青少年教育施設等の社会教育，学習塾，音楽・書道・生花・茶道・外国語会話等の教養・技能教授業など）

P－医療，福祉：医療業（病院，一般診療所，歯科診療所，助産・看護業など），保健衛生（保健所，健康相談施設など），社会保険・社会福祉・介護事業（福祉事務所，保育所，老人福祉・介護事業，障害者福祉事業など）

Q－複合サービス事業：郵便局（郵便局，郵便局受託業など），協同組合（農林水産業協同組合，事業協同組合など）

R－サービス業（他に分類されないもの）：廃棄物処理業，自動車整備業，機械等修理業（機械修理業，電気機械器具製造業，表具業，その他の修理業など），職業紹介・労働者派遣業，その他の事業サービス業（速記・ワープロ入力・複写業，ビルメンテナンス業，警備業，コールセンター業など），政治・経済・文化団体，宗教，その他のサービス業，外国公務（外国公館など）

2．地域間賃金格差

（1）都道府県からみた熊本県の賃金

熊本県の賃金は全国30番台半ば 次に，厚生労働省「賃金構造基本統計調査」を用いて，都道府県別にみた賃金（男女計の所定内給与）を観察します（付属統計表 表－32）。平成21～26年の6年間における全国平均の賃金は294.5～299.6千円の範囲にあり，ほぼ300.0千円となっています。ところで，「全国平均の賃金」を上回っている都道府県を列挙しますと，25年（全国平均の賃金295.7千円）においては，47都道府県のうち3大都市圏の東京都，神奈川県，千葉県，埼玉県，愛知県，大阪府，京都府，兵庫県の8都府県です。26年（同299.6千円）になりますと，東京都，神奈川県，愛知県，大阪府，京都府の5都府県にすぎないのです（図表4－10）[8]。

それでは，熊本県の賃金は47都道府県の中でどのような位置にあるのでしょ

図表4－10　全国平均の賃金以上の都府県と労働者の割合

（単位：千円、％）

都道府県		平成26年	平成25年	平成24年	平成23年	平成22年	平成21年
		金額	金額	金額	金額	金額	金額
0	全国	299.6	295.7	297.7	296.8	296.2	294.5
8	茨城県					298.0	
11	埼玉県		297.2			296.2	
12	千葉県		297.4		299.0	297.4	294.9
13	東京都	377.4	364.6	365.2	372.9	364.8	366.2
14	神奈川県	336.0	325.0	329.0	329.8	324.9	318.3
23	愛知県	312.5	312.0	311.4	308.9	312.5	307.6
24	三重県					296.7	
26	京都府	301.5	298.1	305.1	308.3	297.2	294.7
27	大阪府	321.9	315.4	305.9	315.6	316.9	319.8
28	兵庫県		297.5	298.1	299.5		
29	奈良県				298.3		
都府県の数		5	8	6	8	9	6
東京都の割合		15.6	15.6	18.2	16.1	16.5	17.0
全国平均以上の都府県の割合		36.9	49.2	43.3	44.2	48.8	41.2

（注）1）東京都の割合は全国の全労働者に占める東京都の労働者の割合。
　　　2）都府県の割合は全国の全労働者に占める都府県の労働者の割合。

図表４—11　都道府県別にみた熊本県の賃金（平成26年）

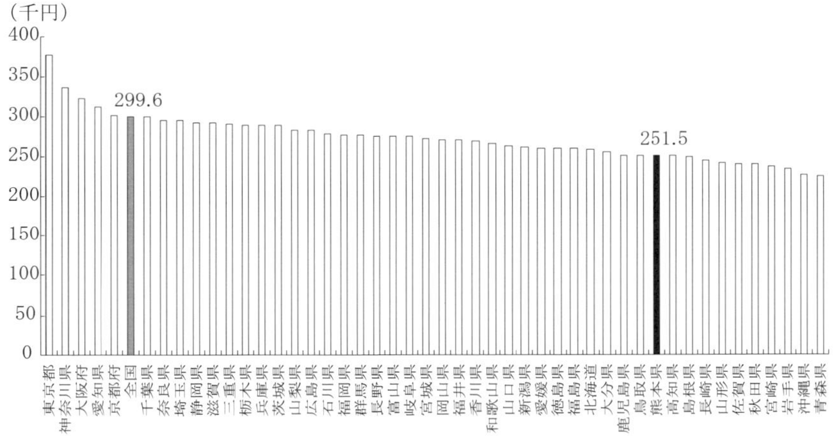
(千円)
400
350
300
250
200
150
100
50
0
299.6
251.5
東京都
神奈川県
大阪府
愛知県
京都府
全国
千葉県
奈良県
埼玉県
静岡県
滋賀県
三重県
栃木県
兵庫県
茨城県
山梨県
広島県
石川県
福岡県
群馬県
長野県
富山県
岐阜県
宮城県
岡山県
福井県
香川県
和歌山県
山口県
新潟県
愛媛県
徳島県
福島県
北海道
大分県
鹿児島県
鳥取県
熊本県
高知県
島根県
長崎県
山形県
佐賀県
秋田県
宮崎県
岩手県
沖縄県
青森県

（資料）厚生労働省「賃金構造基本統計調査」（企業規模 10 人以上）
（注）付属統計表　表－31 より作成。

うか。熊本県賃金は，この 6 年間 244.3～258.4 千円の間で推移しており，「全国平均の賃金」に比べますと，おおよそ 15％程度下回っています。全国順位を数えても，21 年 38 位，22 年 34 位，23 年 35 位，24 年 30 位，25 年 34 位，そして 26 年 36 位と相当に低い順位となっています（図表 4－11)。いま，熊本県の人口 1 人あたり県民所得で観察しても，熊本県の全国順位は 20 年度 39 位，21 年度 43 位，22 年度 38 位，23 年度 36 位，24 年度 37 位と全国の中でも相当に低く，30 位台の後半にあります（付属統計表　表－34）[9]。

このように，労働者が受け取る賃金額で観察しても，また 1 人あたり県民所得を比較しても，熊本県の分配構造は全国の中でも相当下位に位置していることがわかります。

「全国平均の賃金」とはなにか　「全国平均の賃金」とは，どのような賃金をいうのでしょうか。「全国平均の賃金」とは，「47 都道府県の賃金の平均」すなわち「47 都道府県の平均賃金」ではなく，「47 都道府県における労働者すべての平均賃金」をいいます。「47 都道府県の平均賃金」とは，いいかえれば

「47 都道府県の賃金の単純平均」をいい，この 6 年間についてみますと，268.3 ～273.2 千円となっています。「全国平均の賃金」と比較しますと，1 割ほど低いのです。これに対して，「全国平均の賃金」，すなわち「47 都道府県における労働者すべての平均賃金」は，「47 都道府県における賃金の加重平均」として計算されます[10]。これを平成 25 年について求めますと，295.735 千円[11]，26 年は 299.630 千円となります。

　上記しましたように，「全国平均の賃金」は「47 都道府県における賃金の加重平均」として計算されますが，なぜ 47 都道府県の平均賃金の付近にあるのではなく，賃金の高い 3 大都市圏の付近に位置しているのでしょうか[12]。一言でいえば，それは計算方法からも理解されますように，賃金の高い都府県に労働者が数多く集中しているからです。たとえば，25 年を取り上げますと，賃金の高い上位 8 都府県における労働者数の割合は 47 都道府県における労働者全体の 49.2％とほぼ半数を占め，しかも労働者全体の 15.6％が賃金の最も高い東京都に集中しています。この結果，「全国平均の賃金」は 47 都道府県の中で 3 大都市圏付近に位置することになるのです。

　それでは，なぜ大都市圏で働く労働者の賃金は高いのでしょうか。1 つは，地方圏に比べて大都市圏では家賃など生計費が嵩むことから，一般に賃金が高くなるのです。2 つには，地方圏には工場や支社などの現業部門が多いのに対して，大都市圏には企業の管理・開発部門などの中枢である本社や本店が集中しています。そのため，等級の高い労働者が多く，基本給が高くなるのです。3 つには，地方圏の労働者には支給されないのですが，大都市圏で働く労働者には基本給のほかに地域手当が支給され，賃金を高める一つとなっています。

（2）九州における熊本県の賃金

　九州の中位にある熊本県の賃金　次に，全国から九州に目を移して，熊本県の賃金が九州の中でどのような位置にあるかを考察します。厚生労働省「賃金構造基本統計調査」によりますと，九州 8 県各々の賃金は，男女ともに全国平均の賃金を大幅に下回っています（付属統計表　表－31）。

　まず，男性の賃金を観察しますと，賃金が最も高いのは福岡県，最も低いの

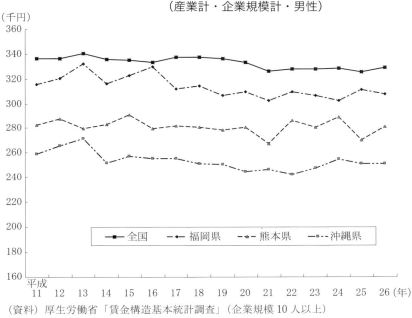

図表4―12　九州各県における所定内給与
（産業計・企業規模計・男性）

（資料）厚生労働省「賃金構造基本統計調査」（企業規模10人以上）

は沖縄県で，平成13年は宮崎県がわずかの額で最低となりました。熊本県の男性賃金は概して九州中位に位置しており，佐賀県，長崎県，大分県，鹿児島県とともに団子状態となって並んでいます。全国平均の賃金を100としますと，福岡県の賃金は95前後，沖縄県は75〜80，熊本県は85前後で推移しています（図表4―12）。

　女性の賃金もまた，福岡県が九州第1位と最も高く，これに続くのが佐賀県，長崎県，熊本県，大分県，鹿児島県です。熊本県はこの中では比較的高い位置にあります。賃金の最も低い県は宮崎県で，15年間のうち実に12年間も最下位となっています。もっとも沖縄県の賃金も宮崎県と比べそれほど高くない状態にあります（図表4―13）。

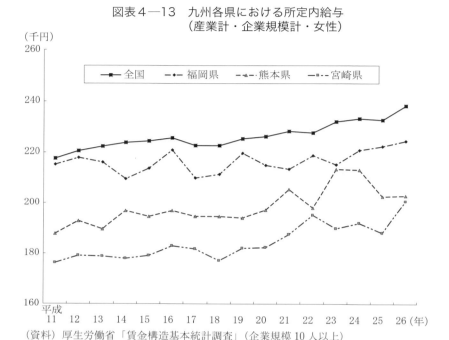

図表4−13 九州各県における所定内給与
(産業計・企業規模計・女性)

(資料) 厚生労働省「賃金構造基本統計調査」(企業規模10人以上)

[注]

8) 3大都市圏とは,上記の8都府県の他に岐阜県,三重県,奈良県を加えた11都府県をいい,残る36道県を地方圏といいます。
9) 平成13〜17年度をみましても,熊本県の1人あたり県民所得は低く,全国順位はさらに下がって40〜43位となっています。
10) 「47都道府県における賃金の加重平均」は次の(1)式から計算されます。

賃金の加重平均　$W_w = (L_1 W_1 + L_2 W_2 + \cdots\cdots + L_n W_n) / (L_1 + L_2 + \cdots\cdots + L_n)$　(1)

$L_i =$ i 都道府県の推計労働者数(「賃構調査」第4巻第1表掲載の47都道府県の給与関係一覧における推計労働者数(男女計)および同巻参考表4−1の推計労働者数を参照)

$W_i =$ i 都道府県の賃金(所定内給与)

$i = 1, 2, \cdots, n$ ($n = 47$) です。

上式はまた(2)式のようにしても計算することができます。

賃金の加重平均　$W_w = (\lambda_1 W_1 + \lambda_2 W_2 + \cdots\cdots + \lambda_n W_n) / (\lambda_1 + \lambda_2 + \cdots\cdots + \lambda_n)$　(2)
$= \lambda_1 W_1 + \lambda_2 W_2 + \cdots\cdots + \lambda_n W_n$

$\lambda_i (= L_i / \Sigma L_i) = i$ 都道府県のウエイト，ただし，$\lambda_1 + \lambda_2 + \cdots\cdots + \lambda_n = 1$ です。

11)「47都道府県賃金の加重平均」を平成25年について求めますと，次のようになります。上の (2) 式より，

$W_w = \lambda_1 W_1$（北海道の労働者ウエイト×北海道の賃金）$+ \lambda_2 W_2$（青森県の労働者ウエイト×青森県の賃金）$+ \cdots\cdots$（以下，同様）$\cdots\cdots + \lambda_{47} W_{47}$（沖縄県の労働者ウエイト×沖縄県の賃金）
$= 0.041816 \times 258.7 + 0.010083 \times 232.3 + 0.010830 \times 229.1 + \cdots\cdots$（以下，同様）
$\cdots\cdots + 0.007494 \times 227.7 + 0.012023 \times 244.3 + 0.009091 \times 228.4$
$= 295.735$ 千円

12) 深瀬勝範〔2010〕「使える！統計講座　第6回給与水準を調べる」（労政時報の人事ポータル jin-jour（2010.11.05））

3．賃金格差の発生要因

　賃金格差にはさまざまな形の格差があり，いずれの格差も唯一つの要因だけでは説明できないのです。いくつもの要因が複合的かつ相乗的に作用して，個人間をはじめ，企業間，産業間，そして地域間に賃金格差をもたらし，また拡大・縮小を引き起こしているのです。次に，いくつかの代表的な格差仮説を取り上げ，格差の主要な要因を簡単に説明します。

　1）補償賃金仮説　労働者が従事する職種の数や仕事の種類は数多く千差万別です。したがって，労働者に与える作業環境の快不快や疲労の度合，作業の複雑さ，危険の程度，さらに責任度の軽重など，仕事の内容も実にさまざまであります。労働者が従事する仕事の内容の違いによって，仕事から得られる効用（＝満足度），そして仕事によってこうむる不効用（＝不満度），したがって労働者に支給される賃金も異なり，そこに賃金格差が発生するのです。こうした格差は，労働市場や生産物市場がたとえ競争的な状態にあっても存在するところの賃金格差で，経済学ではこの格差を補償的賃金格差とよんでいます。

　2）人的資本仮説　仕事の種類や仕事の内容が異なっているだけでなく，労働者が有する労働の質の違いによっても，賃金格差は発生します。労働の質と

は，仕事に従事するために要求される能力，獲得された知識や技能を意味し，こうした労働の質に影響を与える最も決定的な要因は人的投資の大きさであります。とくに教育や訓練の果たす役割は大きく，教育や訓練への投資によって労働者の能力や技能，したがって，生産性は向上し，それが労働者の受け取る所得を大幅に高めるのです。このように，人的資本（human capital）の違いが労働の質的差異をもたらし，それが賃金格差をもたらすのです。

3）**制度・慣行仮説** 賃金格差を発生させる主要な要因の一つに，内部労働市場の配分・決定機構に係わる制度（制度化されたルールや取り決めを含め）や慣行・慣習があります。企業を単位とする内部労働市場において，労働力の配分（昇進，配置転換，解雇など）の仕方や賃金の決定のあり方について，制度化されたルールや取り決め，また慣行・慣習が重要な役割を果たしています。周知のように，わが国においては，大企業中心に終身雇用制，年功賃金制といった日本的雇用慣行がみられ，これが，大企業の男性正社員の年功的な昇給制度を確立し，個人間や企業間に大きな格差を生み出してきたのです。

4）**市場分断仮説** わが国の代表的な賃金格差の一つは，企業規模間賃金格差といわれています。この格差の形成・原因をめぐって，昭和30年代から40年代にかけて，さまざまな角度から研究されてきたことは周知のところです。いわゆる二重構造論争がこれです。日本経済の構造分析において，企業間格差の形成を説明する決定的な仮説が個々の市場における階層性・分断性でありました。資本市場をはじめ，労働市場や生産物市場における階層性・分断性が相乗することによって，企業間に生産性の格差，そして賃金支払能力の格差をもたらし，それが企業規模間に大きな格差を発生させたと説明するのです。

わが国の労働市場は大企業と中小企業に分断され，大企業を中心に閉鎖的な労働市場が形成されてきたといわれています。二重構造的労働市場（dual labor market）といわれる分断性がこれです。この結果，過剰な労働力を背景に，大企業に就職した新卒労働者は日本的雇用慣行の下で有利な労働条件を享受してきたのです。これに反して，中小企業で働く労働者は制度的・慣行的な障壁によって大企業への移動が阻まれ，賃金の低い仕事や雇用不安定な仕事に押しやられていったのです。資本市場の分断性に関していえば，資本調達力の

違いが新技術の導入や開発など大企業に有利に働き，それが物的生産性を高めるとともに，生産物市場の不完全性（大企業中心の寡占市場など）と結びつき，高い付加価値生産性を生み，これが高い賃金支払能力となって現れ，格差拡大の要因として作用しているのです。

5) **差別仮説**　賃金格差には経済合理的に説明のつかない格差が存在しています。経済学ではこれを「差別 (discrimination)」よる格差とよんでいます。差別とは，偏見 (prejudice) と同義語であって，個人の能力とは無関係な属性——たとえば，性・人種・出生・宗教などによって社会から不当に取り扱われることをいい，その結果，人事や処遇の面で差別を受けるのです。わが国には，実際，大きな男女間賃金格差が存在しています。この格差には，能力や技能の違いなど合理的に説明のつく格差のほかに，合理的には説明のつかない，いわゆる差別による格差が相当含まれているといわれています。

第5章
賃金決定の制度的機構

1. 賃金決定の制度的機構の類型

　賃金の決め方にはいろいろな決め方があります。一般に，賃金の決め方，いわゆる賃金決定の制度的機構には，① 市場決定型，② 団体交渉型，③ 人事院勧告型，④ 制度型（または審議会型）の4つのタイプがあります。

　① 建設業で働く土工やとび工，またタクシーや貨物運搬などの自動車運転手といった屋外労働者，臨時的・有期雇用的といった非正規の未組織労働者が受け取る賃金の決定をみますと，主にそれぞれの労働市場における需要と供給で決定され，また需給の変化に敏感に反応して賃金水準が上下するといった意味で，これらの賃金決定は市場決定型といわれます。新規学卒者が就職して最初に受け取る初任給の決定は，企業の賃金管理や人件費の多寡に左右されますが，同時に外部の労働市場の需給変化に強く影響されるという意味で，この決め方も市場決定型の一つといえるでしょう。

　② 労働組合の組合組織率が低下している現在においても，主要な産業や大手企業の賃金の決め方をみますと，労働組合と使用者またはその団体が交渉して決める，いわゆる団体交渉（collective bargaining）による賃金決定が主流であります。団体交渉型といえば，3～4月に集中して行われる春闘（連合は春季生活闘争とよびます）を思い浮かべますが，通常，個々の企業とその企業別組合との個別交渉が一般的なのです[1]。

　③ わが国特有の賃金決定方式の一つは，人事院勧告型といわれるものです。国家公務員は争議行為が禁止されており，労働基本権が大きく制約されています[2]。そのため，民間企業のように，団体交渉によって賃金を決定することはできず，これに代わって，労働基本権制約の代償措置として，人事院勧告制度を設けているのです（国家公務員法第3条第2項）。人事院勧告は，労働基本

権制約の代償措置として国家公務員の給与を民間企業の給与と均衡させる，いわゆる民間に準拠することを基本に勧告を行っているのです。また，地方公務員の労働基本権制約の代償措置として，民間企業との格差を調整して地方公務員の給与について勧告を行う都道府県・政令指定都市に設置されている人事委員会による勧告も，このタイプに属しています。

④ 賃金決定の制度型（または審議会型）の代表は最低賃金制度です。最低賃金制度とは，一般に，国が法的強制力をもって賃金の最低額を定め，それ以上の賃金を労働者に支払わなければならないとする制度です。昭和34年4月に成立した旧最低賃金法の下では，最低賃金は業者間協定方式によって決定または改正されていましたが，43年に改正された最低賃金法により，審議会方式によって決定または改正されることになったのです。審議会方式は，都道府県におかれた地方最低賃金審議会における調査審議を経た上で行われる方式で，第16条方式ともいわれます。

[注]
1) 「春闘」は，昭和31年にはじまり，以来毎年行われています。62年末に発足した連合（日本労働組合総連合会）は春闘を「春季生活闘争」と呼び名を変え，また日経連（日本経営者団体連盟）は，その後，平成14年に日経連と統合した経団連（日本経済団体連合会）は「春季労使交渉」と呼び方を変えています。
2) GHQの最高司令官マッカーサーは，昭和23年7月22日に芦田均内閣に公務員の争議行為および団体交渉の禁止などを内容とする書簡を送りました。これを受けて，内閣は国家公務員法改正までの暫定措置として，23年7月31日に政令201号を公布・即日施行したのです。これにもとづき，国家公務員の労働基本権について争議権の禁止，団体交渉権の制限等がなされたのです。

2．初任給の学歴別格差

（1）初任給の学歴別・男女別位相性

市場決定型の一つである賃金決定は，新規学卒者に支給される初任給の決定であるといいました。初任給の高さは，企業の人事管理や採用計画，また産業

の盛衰，技術革新など産業構造の構造変化を反映して増減していますが，最も強い影響を与えている要因は新規学卒労働市場における需給の変化（具体的には求人倍率の変化）です。バブル経済の崩壊後の平成5年以降から10年代半ば頃までの期間は就職氷河期（5〜17年）といわれました。この間，大卒求人倍率は大幅に低下し，新卒者の就職は相当に厳しかったのです。その後，数年間，売り手市場が続きましたが，リーマン・ショックや東日本大震災により，新卒市場は再び25年頃まで氷河期が続いたのです。

次に，厚生労働省「賃金構造基本統計調査」によって学歴別初任給の推移を観察します[3]。バブル経済の崩壊以降，全国，熊本県における各学歴の初任給はそれほど上昇しておらず，ほぼ横ばいで推移していることがわかります（図表5−1，図表5−2）。そこで，学歴ごとの初任給を全国について観察しますと，大卒男性の初任給が一貫して最も高く，次いで大卒女性，高卒男性，高卒女性の順に続き，その高さは学歴別・男女別にきわめてはっきりと位相化・階層化

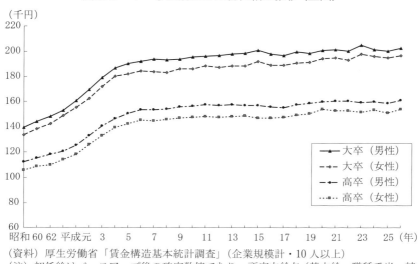

図表5−1　学歴別にみた初任給の推移（全国）

（資料）厚生労働省「賃金構造基本統計調査」（企業規模計・10人以上）
（注）初任給はベースアップ後の確定数値であり，所定内給与（基本給，職種手当，精皆勤手当，通勤手当，家族手当）から通勤手当を除いたものです。

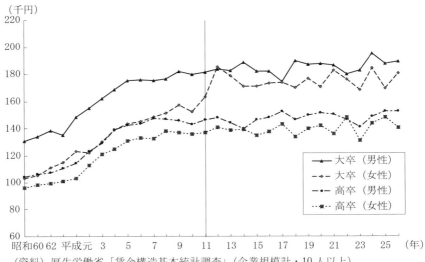

図表5―2　学歴別にみた初任給の推移（熊本県）

（資料）厚生労働省「賃金構造基本統計調査」（企業規模計・10人以上）
（注）1）初任給はベースアップ後の確定数値であり，所定内給与（基本給，職種手当，精皆勤手当，通勤手当，家族手当）から通勤手当を除いたものです。
　　　2）大卒女性の初任給は昭和60年から平成11年までは大卒の初任給ではなく短大，高専卒の初任給を用いました。

していることがわかります。

　それでは，熊本県の学歴別初任給も全国と同様に推移しているのでしょうか[4]。調査サンプルの数が少ないこともあり，年次によっては，大卒，高卒ともに女性の初任給が男性の初任給に近似し，また重なって推移しています。とくに大卒男性，大卒女性の初任給は大きく変動しています。このように，熊本県の初任給については，学歴別・男女別の位相性は必ずしも明確に観察されないのです。

　なお，いずれの学歴においても，初任給の男女間格差はそれほど大きくないことがわかります。

（2）初任給の対全国格差

　熊本県の初任給はいずれも全国のおよそ9割　熊本県の新卒者の初任給を

全国のそれと比較しますと，男女とも，またいずれの学歴においても，熊本県の対全国格差は全体として9割を上回る高さで推移していることがわかります（付属統計表　表－35(1)，表－35(2)）。

　男性の学歴別初任給の対全国格差をやや詳しくみますと，熊本県大卒の格差指数はこの間 88.3〜96.7，高卒は 88.8〜97.9 の範囲で推移しており，また，女性は大卒 85.0〜98.6，高卒 88.9〜97.8 の幅で上下しています。この30年間，熊本県は全国に対して比較的安定した格差を維持し，大幅に拡大・縮小することもなく変動していることがわかります。

[注]
3) 「賃構調査」でいう初任給とは，新規学卒者のうち所定内給与（基本給と諸手当）から通勤手当を除いたものです。調査年6月末現在で実際に雇用されている新規学卒者のうち，調査年度の初任給が確定した者を対象としています。
4) 「賃構調査」では，熊本県における大卒女子の初任給は，昭和60年から平成11年までは調査されていないので，この間，短大・高専卒女子の初任給を利用しました（図表5－2）。

3．最低賃金制度と熊本県の最低賃金

（1）最低賃金制度の沿革

　最低賃金制度の意義　最低賃金制度とは，国が法的強制力をもって賃金の最低額を定め，それ以上の賃金額を労働者に支払わなければならないとする制度です。最低賃金の決定は賃金決定機構の制度型（または審議会型）に属する典型的なタイプです。

　競争メカニズムが働かず，市場均衡が成立しないケースの一つが最低賃金制（minimum wage legislation）です。たとえば，テレビや紳士服，刺身やにぎり寿司など，これらの商品が売れ残るならば，経営者や店主はどのようにしてこの売れ残りを処分するのでしょうか。テレビや紳士服は翌日に持ち越され，再び店頭に陳列されるでしょう。しかし，刺身やにぎり寿司といった生ものは翌日に持ち越すことはできず，値引きしてでも，その日のうちに完売しようと

するでしょう。

それでは、生身の労働者はどうでしょうか。市場に提供する労働サービス（たとえば、1日8時間）が売れない（就職できない）からといって、この8時間は、翌日に持ち越すことはできないのです。経済学者マーシャル（A. Marshall）は、労働サービスのこうした性質を「滅失的（perishable）」といったのです[5]。労働サービスが滅失的であるため、労働者は労働サービスが完売できないのであれば、生活を維持するため、これを窮迫販売しようとするでしょう。しかし、窮迫販売するといっても、生活ができないほど賃金を切り下げて販売することはできないでしょう。生活していくためには、最低限の賃金が必要なのです。ここに最低賃金の意味があるのです。

業者間協定方式から審議会方式へ　世界最初の最低賃金制度は、明治末期、ニュージーランドで採用され、その後、欧米諸国を中心に20世紀初頭にかけて急速に普及していきました。わが国の歴史を顧みますと、昭和22年4月に労働基準法が制定され、第28条から第31条に最低賃金に関する規定が設けられました。これがわが国最初の最低賃金制でした。しかし、戦後の経済混乱と激しいインフレーションのために具体的な措置はとられなかったのです。最低賃金制が一つの労働法制として具体化されるのは、34年4月に制定された最低賃金法からです。最低賃金の決め方は、同一業種に属する使用者またはその団体が賃金に関する協定を結び、これを最低賃金とする決定方式、いわゆる業者間協定方式とよばれるものでした。

その後、中央最低賃金審議会は、38年に「最低賃金制の今後のすすめ方について」を答申し、政府は、審議会の答申にもとづき「最低賃金法の一部を改正する法律案」を42年5月に国会に提出しました。最低賃金法の改正は紆余曲折を経て43年6月に公布、9月1日から施行されました。最大の改正点は、業者間協定方式を廃止し、決定方式として審議会方式（第16条方式）と労働協約方式（第11条方式）の2つの方式となった点です。この画期的な転換により、最低賃金制は業者間協定方式から審議会方式へと移行することになったのです。

地域別最低賃金の普及と目安制度の発足　最低賃金には地域別最低賃金と産業別最低賃金の2つがあります。当初，審議会方式で決定されたのは産業別最低賃金でありました。しかし，労働省（現 厚生労働省）は昭和46年に「最低賃金の年次推進計画」を策定，すべての労働者に最低賃金に適用するとともに，地域別最低賃金を設定するというものでありました。地域別最低賃金は47年5月に第1号として岐阜県で発効され，51年には47都道府県すべてに設定されました。地域別最低賃金は産業別最低賃金よりも低い金額ですが，賃金の最低限を保障するセーフティネット（安全網）として，地域すべての労働者に適用されることになったのです。

地域別最低賃金は，53年度から「目安制度」を設けて調査審議を行うことになりました。47都道府県を4つのランク（A，B，C，D）に分け，中央最低賃金審議会がランクごとに最低賃金引き上げの目安額を定め，地方最低賃金審議会は，これを目安に引き上げ額を審議・改正することになったのです。こうした改正パターンが定着するに至り，わが国の地域別最低賃金制度は目安制度を基軸に発展していきました[6]。

改正最低賃金法と生活保護との整合性　最低賃金制度は，昭和43年改正の最低賃金法により，その骨格が形成され，制度・運用の両面において着実に改善されていきました。しかし，21世紀を迎え，サービス経済の進展，非正規労働者の増加，働き方の多様化，規制緩和の促進など，最低賃金制度を取り巻く状況は大きく変化しました。こうした環境が変化する中で，最低賃金制度のあるべき姿を明らかにすることが必要となったのです。

厚生労働省は，平成16年9月に「最低賃金制度のあり方に関する研究会」を設置し，制度の検討に入りました。政府は，19年3月に「最低賃金法の一部を改正する法律案」を国会に提出しましたが，一部修正の上，19年12月に成立，20年7月1日から施行されることになりました。改正の狙いは，地域別最低賃金はすべての労働者の賃金の最低額を保障するセーフティネットとして，また産業別最低賃金は労使のイニシアティブにより設定するという観点から，地域別最低賃金の補完的役割を果たすものとして位置づけたのです。

改正の一つは，地域別最低賃金は「………，生活保護に係る施策との整合性に配慮する」（第9条第3項）こととなったのです。最低賃金が生活保護の水準より低いと，最低生活費との関係で，また就労に対するインセンティブの低下という点でも問題です。生計費を考慮する一つとして生活保護があることを明確にしたのです。二つは，派遣労働者について，改正前，派遣元の事業場に適用される最低賃金を適用していました。改正後，派遣先の事業場が所在する地域（産業）の最低賃金が適用される（第13条，第18条）ことになったのです。第三に，精神や身体の障害により著しく労働能力の低い者に関する最低賃金の「適用除外」措置を廃止，これに代わって「減額特例」（第7条）を設けたのです。

改正最低賃金法の抜本的な改正　それでは，改正最賃法のなにが抜本的な改正なのでしょうか。第一は，地域別最低賃金の決定は行政による義務づけとなった点です。旧最賃法では，地域別・産業別最賃も厚生労働大臣または労働局長が「必要があると認めるときは，………最低賃金の決定ができる」と規定していました。これは行政のイニシアティブによる最賃制でありました。改正法では，地域別最賃をすべての労働者に賃金の最低額を保障するセーフティネットとして位置づけ，行政による最賃決定の義務づけを行ったのです。

第二は，産業別最賃を地域別最賃の補完的機能として位置づけたのです。改正法では，産業別最賃（特定最賃）の調査審議は労使のイニシアティブにより行われ，労使の申出を受けた行政機関が審議会の意見を聴いて決定できるとしたのです。地域別最賃は，セーフティネットとして第一義的な機能を担い，産業別最賃は，地域別最賃の補完的役割を果たすものとして位置づけられたのです。

（2）政府の取り組み

バブル経済の崩壊後，日本経済は「失われた10年とか20年」という長期にわたって経済の低迷を続け，現在もデフレ経済に苦悩しています。デフレ経済によって経済は疲弊し，そのため，中小企業や小規模事業者の経営，また低賃

金労働者の生活は大きな打撃を受けたのです。経済の低迷は非正規労働者など低所得者の増大，所得格差の拡大を引き起こした一方，先進国の中でも低い最低賃金，生活保護費を下回る最低賃金など，最低賃金が大きな社会問題となりました。このような状況の中で，政府は，最低賃金問題に本格的に取り組みはじめたのです。

　取り組みの一　第1次安倍晋三内閣が平成19年2月に発表した「成長力底上げ戦略」は，「人材能力戦略」「就労支援戦略」「中小企業底上げ戦略」の3本の矢からなっています。「中小企業底上げ戦略」は，中小企業等における生産性の向上とともに，最低賃金の引き上げのため産業政策と雇用政策の一体的運用を行うものです。その内容は，①「生産性向上と最低賃金引き上げ」に関する合意形成，②「生産性向上プロジェクト」の推進による賃金の底上げ，③最低賃金制度の充実，であります。

　同年7月の第3回成長力底上げ戦略推進円卓会議において，生産性向上を踏まえた最低賃金の中長期的な引き上げに関して，政労使の合意がなされ，また最低賃金法の改正については速やかな成立が望まれるとしました。さらに中央最低賃金審議会には，19年度の最低賃金については会議の議論を踏まえた引き上げが行われるよう要望しました。

　同年12月の第4回円卓会議（福田康夫内閣）は，中小企業等の生産性向上と最低賃金の中長期的な引き上げの基本方針を検討しました。翌20年6月の第6回円卓会議においては，賃金の底上げを図る趣旨から生活保護との整合性，小規模事業者の高卒初任給の最も低位な水準との均衡を勘案して，最低賃金を当面5年間程度で引き上げることをめざし，政労使が一体となって基本方針に取り組むとの合意が行われました。

　取り組みの二　それは「雇用戦略対話」の設置です。平成21年9月，衆院選で民主党が圧勝，政権が交代した直後に，鳩山内閣は，緊急雇用対策（21年10月）にもとづき，同年11月24日に雇用戦略に関する重要事項について，労働者，産業界をはじめ有識者の意見交換と合意形成を図ることを目的に，「雇

用戦略対話」を設置しました。

　22年6月の第4回雇用戦略対話では，「新成長戦略」（22年6月閣議決定）における『最低賃金引き上げ：全国最低800円，全国平均1,000円』の内容について政労使合意を得ました。それは，①「2020年までの目標」として「できる限り早期に全国最低800円を確保し，景気状況に配慮しつつ，全国平均1,000円をめざすこと」。② 目標達成に向けた当面の取り組みとして，20年の円卓合意を踏まえ，最低賃金の引き上げと中小企業の生産性向上に向け政労使一体となって取り組むこと。③ 当面の取り組みを進める場合も，3年後に必要な検証を行うなど「弾力的な対応」が必要なこと。④「円滑な目標達成を支援するため，最も影響を受ける中小企業に対する支援や非正規労働者等の職業能力育成などの取り組みを講じること」を内容とするものです。

　取り組みの三　第2次安倍内閣は，平成25年6月14日に「日本再興戦略」を閣議決定しました[7]。再興戦略は，戦略第Ⅱの「3つのアクションプラン」の「日本産業再興プラン」の2. 雇用制度改革・人材力の強化の ③ 多様な働き方の実現において，「持続的な経済成長に向けた最低賃金の引き上げのための環境整備」を掲げ，「すべての所得層での賃金上昇と企業収益向上の好循環を実現できるよう，今後の経済運営を見据え，最低賃金の引き上げに努める。その際，中小企業・小規模事業者の生産性向上等のための支援を拡充する」としたのです。26年には「日本再興戦略改訂2014」が，27年には「日本再興戦略改訂2015」が発表されました。取り組みに対する表現は一部を除き25年の表現と基本的には同じものです[8]。

　続いて，安倍首相は，27年11月24日の経済財政諮問会議において国内総生産（GDP）600兆円目標に向け，「年率3％程度を目途として，最低賃金を引き上げていくことが必要，全国加重平均が1,000円となることをめざす」と述べました。27年度の最低賃金は，過去最大の引き上げ18円で時間額798円（全国加重平均），引上げ率2.3％となりましたが，28年度に政府のめざす3％程度を実現するには，24円の引き上げが必要となります。

　政府は，28年5月に策定する「一億総活躍プラン」の概要を4月26日に明

らかにしました。首相は，「働き方改革」の一つとして，地域別最低賃金について32年ごろまでに全国平均で時給1,000円に引き上げると，改めて表明しました。

全国加重平均の推移 最低賃金が時間額表示となった平成14年度以降の地域別最低賃金の全国加重平均を観察しますと（図表5-3），14年度663円，15年度664円，16年度665円と，3年間ほとんど上昇していないことがわかります。ITバブルの崩壊，第3次平成不況の影響を受け，14年度0円，15年度1円，16年度1円と非常に低い引き上げが続きました。中央最低賃金審議会は，14，16年度の目安額については「現行水準の維持を基本として引き上げ額の目安」を示さず，15年度の目安はランクすべてで0円と答申しました（図表5-4）。17年度の全国加重平均は3円アップの668円，18年度は5円アップの673円と続きましたが，この5年間，最賃審議は苦難の時代を続け，わずかな引き上げに止まったのです。

景気が回復する中，19年9月にサブプライム・ローン問題に端を発した世

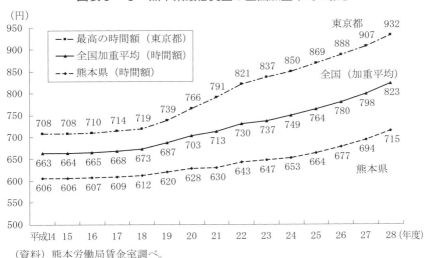

図表5-3　熊本県最低賃金と全国加重平均の推移

（資料）熊本労働局賃金室調べ。

116 第5章 賃金決定の制度的機構

図表5-4　ランク別最低賃金改定の目安額の推移（時間額）

(単位：円, %)

	年度	平成14年度	15	16	17	18	19	20	21	22	23	24	25	26	27	28
目安額	Aランク	(注)1)	0	(注)1)	3	4	19	15	(注2)	10	4	5	19	19	19	25
	Bランク				3	4	14	11		10	1	4	12	15	18	24
	Cランク				3	3	9〜10	10		10	1	4	10	14	16	22
	Dランク				2	2	6〜7	7		10	1	4	10	13	16	21
	目安額の加重平均	0	0	0	3	3	14	15	7〜9	15	6	7	14	16	18	24
最低賃金	全国加重平均	663	664	665	668	673	687	703	713	730	737	749	764	780	798	823
	引き上げ額	0	0	0	3	5	14	16	10	17	7	12	15	16	18	25
	引き上げ率	0.00	0.15	0.15	0.45	0.75	2.08	2.33	1.42	2.38	0.96	1.63	2.00	2.09	2.31	3.13

(注) 1) 中央最低賃金審議会は，平成14・16年度について「現行水準の維持を基本として引上げ額の目安は示さないことが適当」であるとしました。
2) 平成21年度の目安は以下の通りです。① 今年度以降も引き続き，生活保護との乖離額を解消することとされていた9都道府県については，原則として，残された乖離額を予定解消年数から1年を控除した年数（乖離解消予定の残年数）に1年を加えた年数で除して得た金額。
② 昨年度に乖離額を一旦解消したが，今年度に新たに乖離額が生じた3県（青森，秋田，千葉）については，これを解消するための期間として，地方最低賃金審議会で定める年数で除して得た金額。
③ その他の県については，現行水準の維持を基本として引上げ額の目安は示さないことが適当とされました。
以上の考え方を踏まえ，一定の前提を置いて計算した場合，今年度の引上げ額の全国加重平均は7〜9円となります。
＊）9都道府県とは，北海道，宮城，埼玉，東京，神奈川，京都，大阪，兵庫，広島です。
3) 平成20〜25年度における目安額の加重平均については，最低賃金と生活保護の乖離解消に係る目安額の分も含まれています。

界同時不況が，翌20年9月にリーマン・ショックにより世界金融危機が勃発しましたが，19〜22年度の目安額はこれまでにない高い引き上げを提示しました。目安額の全国加重平均は高く，14〜15円となったのです。21年度はA，Bランクを中心に生活保護との乖離を早急に解消するため，目安額は提示されなかったのですが，一定の前提をおいて計算しますと，全国加重平均は7〜9円になるといわれました。地域別最低賃金の引き上げ（全国加重平均）も高い目安額を反映して，19年度14円，20年度16円，21年度10円，22年度17円となり，22年度の全国加重平均は19年度の687円に比べて43円アップの730円に達したのです。

　雇用戦略対話の合意を踏まえつつも，23年度は3月に起こった東日本大震災による経済的大打撃を考慮し，翌24年度も円高と欧州経済危機が加わり，

目安額は全国加重平均で6〜7円の低額となりました。しかし，生活保護との乖離額を解消する都道府県の引き上げ額は大きく，その結果，24年度は12円の引き上げとなったのです。

　25年度以降，アベノミクスの下，「経済財政運営と改革の基本方針」および「日本再興戦略」を踏まえ，各ランクとも2桁台の目安額を続けました。27年度は，目安が示した引き上げ額の全国加重平均は18円となり，14年度以降で最大となりました。実際，最賃の引き上げの全国加重平均は，25年度15円，26年度16円，27年度18円，28年度25円と，2桁の引き上げは24年度の12円以降5年連続となっています。

（3）熊本県の最低賃金

最低賃金決定の仕組み　審議会方式による最低賃金の決定または改定は，都道府県労働局におかれている地方最低賃金審議会の調査審議を経た上で行われます（図表5−5）。地域別最低賃金の改正の流れをみますと，都道府県労働局長の改正諮問を受け，地方最低賃金審議会は，毎年，中央最低賃金審議会からランク別に提示された改定額の目安（時間額の引き上げ額）を参考に審議を行うのです。その手順を述べますと，地方最低賃金審議会は，改正諮問を受けた後，地域別最低賃金専門部会を設置し，事業場の実地視察，参考人の意見陳述の実施，賃金基礎調査・賃金改定状況調査の説明・検討を経て，金額審議を数回にわたって行い，専門部会による調査審議の結果を審議会に報告，労働局長

図表5−5　最低賃金決定の流れ

に答申するというものです。その後，異議の申出があれば審議を行い，これを踏まえて，答申要旨が公示，地域別最低賃金は効力発生となるのです。

平成 28 年度の県最賃は 715 円　熊本県の最低賃金は，昭和 48 年 1 月 1 日に発効され（日額 1,020 円，時間額 125 円），40 年余を経過した平成 26 年度は時間額 677 円，27 年度は 694 円，28 年度は 715 円となっています（図表 5-3）。

そこで，時間額表示となった 14 年度以降の県最低賃金の推移を観察しますと[9]，14 年度の 606 円から 17 年度 609 円，19 年度 620 円に引き上げられました。10 年代後半は低額の引き上げで推移しましたが，22 年度は 13 円引き上げて 643 円に上昇したのです。これは，雇用戦略対話の合意によって，D ランクの目安額が 10 円と初めて 2 桁台になった上に，熊本地方最低賃金審議会がさらに 3 円上乗せした結果であります（図表 5-4）。20 年の法改正によって生活保護との整合性への配慮が働き，最低賃金が生活保護基準を下回る都道府県においては，大幅な引き上げが行われ，熊本県など生活保護基準が上回っている県においても，雇用戦略対話の合意を受け，引き上げに努力したことがあげられます。

しかし，23 年度は東日本大震災の影響により 1 円の目安額に止りましたが，審議会は 3 円を上乗せして 4 円，時間額 647 円で結審，24 年度も 4 円の目安額に 2 円上積みして 6 円，時間額 653 円と，厳しい経済状態の中で県最低賃金引き上げの努力が行われたのです。25 年度はアベノミクスによるデフレ脱却への強い期待を踏まえ，目安額は 10 円と 3 年ぶりの 2 桁台となり，審議の結果，1 円上乗せの 11 円アップ，664 円で結審しました。26 年度もデフレ脱却の促進をめざす政府の強い意向を反映して，目安額 13 円と高い引き上げとなり，県最賃も 13 円アップの 677 円と改定されたのです。27 年度も政府の強い意向を受け，前年度を上回る目安額 16 円の引き上げとなり，県最低賃金は 1 円上乗せして 694 円と改定されました。28 年度は熊本地震の影響を県最賃にどう反映させるかを巡って労使が対立しましたが，審議の結果，目安額 21 円通りに落ち着き，715 円に改定されました。

なにが目安額や県最賃を決めるのか　前述しましたように，目安制度とは，47都道府県を4ランクに分け，中央最低賃金審議会がランクごとに最賃引き上げの目安額を定め，地方最低賃金審議会はこれを目安に引き上げ額を審議・改正するという制度です。

中央最低賃金審議会目安に関する小委員会は，毎年7月下旬に地域別最低賃金改定の目安を審議・報告していますが，それでは，目安額はどのような要因によって決められるのでしょうか。それは，賃金決定の3要素（労働者の生計費，地域の類似した賃金，通常の事業の賃金支払能力）なのでしょうか（改正最賃法第9条第2項），あるいは厚生労働省「賃金改定状況調査」第4表にみるランク別の賃金上昇率なのでしょうか，それとも春季賃上げ率の高さなのでしょうか[10]。研究によれば，目安額の決定には賃金上昇率や有効求人倍率が正の影響を与えていることが明らかにされています[11]。

引き上げ額は目安額と強い相関　伝達された目安額をもとに，地方最低賃金審議会は労使の基本的見解や各種の資料等によって引き上げ額を審議するわけですが，どのような要因が地域別最低賃金を決めるのでしょうか。いうまでもなく，昨今の経済情勢や県経済の現況，賃金改定状況調査の結果をはじめ，労使の交渉力や駆け引きは県最賃の改定に大きな影響を与えていますが，決定の仕方を詳しく観察しますと，毎年，目安額またはこれにプラス1〜2円上乗せした金額で決定されていることがわかります（図表5-6）。県最賃の引き上げ額は各ランクの目安額と強い相関関係にあります。春季賃上げ率や労働市場の需給状態を示す有効求人倍率もまた最賃引き上げを左右する要因の一つですが，相関の程度はそれほど強くないようです。

全国加重平均との格差拡大　目安制度を基軸とした改定パターンが定着した一方で，近年，最低賃金制度が抱える問題も指摘されています。その中で最も大きな問題は，Dランクの最低賃金，とくに県最低賃金と全国加重平均との地域間格差が年々拡大している点です（図表5-3）。

平成14年度の県最低賃金は全国加重平均を57円下回り，格差は91.40とそ

120 第5章 賃金決定の制度的機構

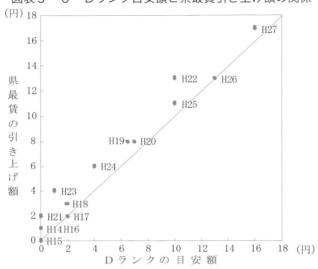

図表5－6　Dランク目安額と県最賃引き上げ額の関係

（資料）熊本労働局賃金室調べ。

れほど大きな格差ではなかったのですが，年を追うごとに，格差は徐々に大きくなっています。21年度は83円の開差，指数88.36に，26年度はさらに103円の開差，指数86.79に拡大しています。ランク間の格差拡大が中央最低賃金審議会でも問題となり，27年度は，格差是正に配慮しDランクの目安16円と答申，これにより格差指数は86.97とわずかに縮小しましたが，全国との開差は104円と開きました。28年度は，指数は86.88となり，格差も108円と過去最大となりました。

[注]

5) A. Marshall [1890] pp. 559～560（邦訳　第4分冊　77～103頁）。
6) 最低賃金制度のもう1つの課題は産業別最低賃金です。旧産業別最低賃金から新産業別最低賃金への転換は平成元年度から行われ，転換は急速に進みました。労使のイニシアティブにより，地域別最低賃金を上回る高い決定を基本とするのが

新産業別最低賃金です。
7) 安倍内閣は，日本経済の再生に向けた「3本の矢」のうちの3本目の矢である「成長戦略」において「日本再興戦略－JAPAN is BACK－」を閣議決定しました。
8) 「‥‥の好循環を実現できる」の文言は「‥‥の好循環を持続・拡大できる」に変わったのです。
9) Dランクである熊本県に伝達された目安額の推移をみますと（図表5－4），平成14年度，16年度は現行水準の維持を基本として目安額は示されず，15年度はゼロ円でありました。17年度，18年度の目安額は2年連続して2円，19年度は6～7円の幅で提示，20年度は7円でした。21年度は19年度のデータによる生活保護基準を下回る労働局以外の局（熊本労働局を含む全国35局）では，現行水準の維持を基本として，目安額は示されなかったのです。22年度は雇用戦略対話の合意を踏まえ，生活保護基準を下回る労働局以外の局（全国35局）では，10円引き上げの目安額が示されました。23年度は東日本大震災の影響など厳しい経済を反映して，目安額1円に止まり，24年度も低迷する経済情勢により4円に止まったのです。25年度はアベノミクスによるデフレ脱却への強い期待を踏まえ，10円と3年ぶりの2桁の提示，26年度も13円，27年度は16円，28年度はさらに21円と最高の目安提示となったのです。
10) 厚生労働省「賃金改定状況調査」は，地方最低賃金審議会における最低賃金の決定・改正の審議・資料とするため，統計報告調整法にもとづく統計調査として，全国の各労働局において毎年実施しているものです。同調査は，目安制度の始まりとともに，昭和53年から開始されました。同調査の第4表は，目安額・地域別最賃引き上げの審議において最も重要な参考資料として使用されている賃金上昇率の表です。
11) 玉田桂子［2009］「最低賃金はどのように決まっているのか」『日本労働研究雑誌』No. 593 December.

4．春季賃上げ・一時金

（1）春季賃上げの妥結状況

春闘とはなにか　わが国においては，毎年，労働組合が春季（3～4月）に集中して産業別統一要求を掲げ，賃金の引き上げなどを労使で交渉する賃金闘争が行われています。この春季に行われる賃上げ交渉は「春闘」といわれています。春闘は，欧米先進諸国にみられないわが国独特の賃金決定機構の一つです。昭和29年に5単産（産業別単一組合：炭労・私鉄総連・合化労連・電産・紙

パ労連)によって共闘会議を設立,30年に3単産(全国金属・化学同盟・電機労連)が加わり,「8単産共闘会議」が結成されました。ここに8単産共闘による「春闘」方式がはじまり,今日に至っています。

春闘による賃上げ交渉は,30年代後半に定着し,春季に大手企業中心の主要な産業をパターンセッターとして,その妥結額が中央,そして地方の他の産業や中小企業の賃金,さらに公務員給与に波及させていく賃上げ闘争として発展していったのです。しかし,40年代後半の石油危機,平成初頭のバブル経済の崩壊を契機に,春闘は大きく変容していきました。また,62年末に発足した連合(日本労働組合総連合会)は,春闘を「春季生活闘争」と呼び方を変え,日本経団連(日本経済団体連合会)はこれを「春季労使交渉」とよんでいます。平成27年は「春闘」がはじまって60年目の節目にあたる年です。

平成27年の全国の妥結額7,367円,賃上げ率2.38％ はじめに,全国の主要企業(資本金10億円以上かつ従業員1000人以上の労働組合がある企業)の賃上げの妥結状況をみます(図表5-7)[12]。平成2年の春季賃上げの妥結額は,経済の好景気を反映して1万5,026円,賃上げ率5.94％,いずれも平成期として最高の妥結額と賃上げ率を記録しました。3年にバブル経済は崩壊し,わが国経済は平成不況(第1次(平3/2～平5/10))に落ち込みましたが,その後,5年連続して妥結額,賃上げ率とも下落を続け,7年には8,376円(賃上げ率2.83％)まで低下しました。政府は景気回復策による経済の下支え効果を行ったのですが,10年は8,323円(賃上げ率2.66％)の低い妥結額に止まったのです。

このように,「失われた10年」の中で,平成不況(第2次(平9/5～平11/1),第3次(平12/1～平14/1))が続き,妥結額,賃上げ率はさらに低下をたどり,14年は5,265円(1.66％),15年は5,233円(1.63％)と,バブル経済の崩壊後として,最低の妥結額と賃上げ率を記録しました。その後,経済は上向きに転じ,73か月にわたる「いざなみ景気」(平14/2～平20/2)を迎え,妥結額,賃上げ率はともに上昇を続け,20年は6,149円(1.99％)と13年以来の高い妥結額となったのです。しかし,サブプライム・ローン問題に端を発した世界金

図表5―7　春季賃上げの妥結状況（熊本県・全国）

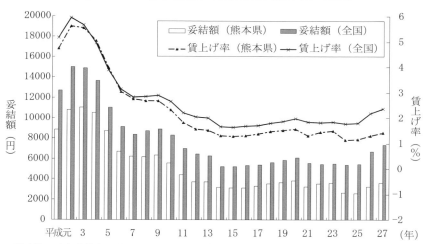

（資料）　厚生労働省・熊本県労働雇用課「春季賃上げ要求・妥結状況」
（注）1）　調査対象企業は労働組合のある企業。
　　　2）　妥結額（定期昇給分を含む）は1企業あたりの額です。
　　　3）　賃上げ率（％）＝妥結額／妥結前平均賃金×100％として計算されます。
　　　4）　全国の主要企業とは，原則として資本金10億円以上かつ従業員1000人以上の労働組合がある企業。

融危機，さらに20年秋のリーマン・ショックの勃発とそれに続く世界同時不況（平20/2～平21/3）の影響は，春季賃金交渉に強い影を落とし，妥結額，賃上げ率は低下傾向をたどったのです。

　25年は5,478円（1.80％）で24年の5,400円（1.78％）をわずかに上回ったものの，政府が期待する賃上げの効果がみられず，経済はデフレ的状況から抜け出すには至らなかったのです。アベノミクスの推進や円安による輸出の増加など経済の好循環が期待される中，26年は6,711円（2.19％），さらに27年は7,367円（2.38％）と10年以来17年ぶりの高い水準となったのです。

　ベア率は賃上げ率とパラレルに推移　春季賃上げ率の推移を鳥瞰しますと，バブル崩壊後の数年間，2％台で上下していました。その後，経済の低迷により，企業業績が悪化したため，平成20年代に入って，賃上げ率は徐々に低下

し，2％を下回る水準を続けているのです。平成の春季賃上げはほとんど定期昇給（定昇）のみで行われてきたといえるでしょう。

経団連が毎年調査している「昇給・ベースアップ実施状況調査結果」によりますと（図表5−8），賃上げ率は2年の6.2％から12年には2.0％まで急降下し，その後も2％前後で推移しています。定昇などの昇給率は賃上げ率が低下を続けた10年代初頭までは2％をやや上回って，その後は今日まで2％をやや下回って推移しています。要約しますと，この20数年間，昇給率はほぼ一定の高さで推移しているといえるでしょう。これと対照的な動きを示しているのがベースアップ（ベア）率です。賃上げ率から昇給率を差し引いた率，すなわちベア率はバブル崩壊直後3％台にありましたが，12年以降ほとんど皆無の状態を続けています。ベア率は昇給率の大きさだけ賃上げ率を下回り，パラレルに推移していることがわかります。

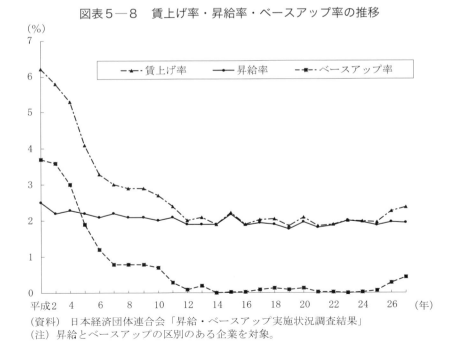

図表5−8　賃上げ率・昇給率・ベースアップ率の推移

（資料）　日本経済団体連合会「昇給・ベースアップ実施状況調査結果」
（注）　昇給とベースアップの区別のある企業を対象。

なにが賃上げ率を決定するのか　近年，景気は徐々に上向き，それにともない企業収益の改善，労働需給の逼迫が進み，さらに経済の好循環をめざす政府の賃上げ要請が加わるなど，大企業を中心に数年ぶりにベアが行われ，上記の同調査によりますと，2％台の賃上げが行われました[13]。ここ2年，ベア率も0.30〜0.44％とわずかにプラスを維持しています。

それでは，賃上げ率を決定するのはどのような要因なのでしょうか。主な決定要因は，企業の業績，労働力の需給，物価の動向です。企業の業績の具体的な指標として売上高経常利益率が，労働力の需給には有効求人倍率や完全失業率が，そして物価の動向には消費者物価指数（生鮮食品を除く総合　コア指数）が利用されています[14]。その他の要因に世間相場，経済・景気の動向，労使関係の安定，雇用の維持，親会社または関連会社の改定の動向などがあります。

平成27年の熊本県の妥結額3,599円，賃上げ率1.43％　次に，熊本県内における労働組合のある企業を対象に春季賃上げ状況をみますと（図表5−7），熊本県の妥結額は，バブル経済を反映して平成3年には平成期として最高の1万1,067円を記録しましたが，バブル経済崩壊後，20年頃までは全国と同様に下落の途を歩み続けたのです。熊本県における春季賃上げ率は10年頃までは全国の動きと同様に上下していましたけれども，リーマン・ショック後は全国の動きとやや違った動きを示しています。

21年から25年までほぼ1.8％で推移した全国の賃上げ率と違って，熊本県の賃上げ率は21年の1.29％から23年には1.49％へとわずかに上昇しましたが，24年は1.14％と最低を記録し，妥結額も2,638円で3,000円を割りました。25年は1.17％とわずかにアップしましたものの，妥結額は前年を下回り最低の2,584円となりました。26年は3年ぶりに3,000円を超える3,225円，賃上げ率も1.27％に上昇し，27年はさらにこれを上回る3,599円，1.43％で妥結したのです。

以上観察しましたように，熊本県の春季賃上げの妥結額，そして賃上げ率は4年，5年の賃上げ率を除き一貫して全国を下回って推移しています。熊本県の妥結額は全国をほぼ2,000円から2,600円下回っており，景気が上向いてき

126 第5章 賃金決定の制度的機構

たこの2年間をみても，26年は3,500円，27年は3,800円近くも全国よりも低いのです。

（2）夏季・年末一時金の推移

平成27年の夏季一時金45万6,791円　熊本県内における労働組合のある企業の夏季一時金の妥結額をみますと（図表5－9），平成元年の40万7,687円から，バブル崩壊後も基調的には増加傾向をたどり，9年は51万2,916円と過去最高を記録しました。その後，第2次平成不況（平9/5～平11/1）の影響を受け，10年代前半の妥結額は下落を続けましたが，「いざなみ景気」（平14/1～平20/2）を迎えた後半には増加に転じ，19年には48万8,856円に回復しました。

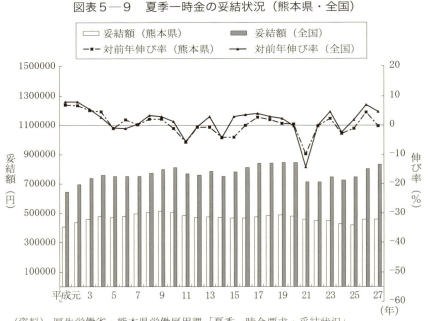

図表5－9　夏季一時金の妥結状況（熊本県・全国）

（資料）　厚生労働省・熊本県労働雇用課「夏季一時金要求・妥結状況」
（注）　対前年伸び率は，全調査企業のうち前年度と比較できる同一企業についてのみ集計して伸び率を算出したものであり，前年の妥結額とは一致していません。

しかし，翌20年秋，熊本県経済もリーマン・ショックに端を発した世界同時不況に見舞われ，21年は減少率9.6％と過去最大，妥結額も45万8,419円と大幅に落ち込みました。その後も，欧州債務危機や東日本大震災の影響，さらに円高が加わり，県経済の動きは一進一退を続けたのです。妥結額は今日まで50万円を大幅に下回って推移しており，対前年伸び率もプラス・マイナスを繰り返しています。26年は5年ぶりに妥結額45万7,699円に回復，27年も45万6,791円と前年並みを維持したのです。

　全国主要企業の夏季一時金の妥結額もまた，元年の64万5,864円から増加を続け19年には84万3,779円と過去最高に達しましたが，21年は71万0,844円と，減少率14.33％と最大の落ち込みを記録したのです。全国の妥結額もほとんど増えず，ここ2年，やっと増加に転じ，26年は80万0,653円と6年ぶりに80万円台に回復，27年は83万2,292円とリーマン・ショック前の水準に戻りつつあります。

平成27年の年末一時金49万4,994円　熊本県内の労働組合のある企業の年末一時金の妥結状況を観察しても（図表5－10），その動きは夏季一時金の動きとほぼ同様に推移しており，妥結額，対前年伸び率は景気の動向を反映して増減していることがわかります。夏季一時金と同じく，年末一時金は平成9年には57万5,279円と過去最高を記録しました。その後，長期にわたって県経済が揺れ動く中で，妥結額は50万円前後と一進一退の動きを示し，24年は44万8,103円と最も落ち込み，25年も低額で妥結しましたが，26年は49万3,044円，27年は49万4,994円とリーマン・ショック前の水準に戻りつつあります。

　全国の年末一時金もまた，9年に84万8,575円と過去最高に達しました。その後，妥結額は，熊本県の動きとやや異なり，「いざなみ景気」の下で増加をたどり，19年には84万5,119円に回復しました。しかし，リーマン・ショックにより，妥結額は落ち込んだものの，その後，景気への期待感に円安による大手企業の業績回復が加わり，26年には80万0,638円，27年はさらに83万0,434円と増加しました。

　ところで，夏季一時金と年末一時金の各妥結額を一括して年間で決めるのか，

図表5—10 年末一時金の妥結状況(熊本県・全国)

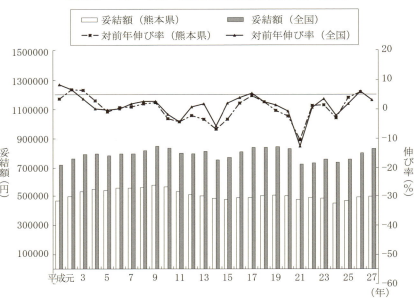

(資料) 厚生労働省・熊本県労働雇用課「年末一時金要求・妥結状況」
(注) 対前年伸び率は、全調査企業のうち前年度と比較できる同一企業についてのみ集計して伸び率を算出したものであり、前年の妥結額とは一致していません。

それとも夏と冬を分離して決定するのかは、企業によって、また景気の好不況によって異なりますが、一時金を年間で決定する企業は、年々増加して10年代には8割近い割合でありました。リーマン・ショック後、その割合は徐々に減少して、27年には6割強に低下しています。また一時金の年間決定実施状況をみますと、昭和50~60年代は「冬夏型」による決定方式が4割程度ありましたが、平成になりますと、3割から2.5割に減少し、平成10年以降は「夏冬型」がほぼ100％の割合となっています[15]。

[注]

12) 連合は、中央闘争委員会または中央執行委員会の下、毎年、「〇〇〇〇年春季生活闘争方針」、また全労連(全国労働組合総連合)は、国民春闘共闘委員会の下で

「○○○○年国民春闘方針」を取りまとめ発表しています。
　これに対して，経団連は，経営労働政策委員会を設置し，毎年，経営側の春季労使交渉に臨む取り組みを中心に，雇用・労働問題に関する基本的な考え方を発表しています。
13）バブル期（昭61/11～平3/2）の賃上げ率は4～5％で推移し，定昇込みベアの時代でありました。日経連「昇給・ベースアップ実施状況調査結果」によりますと，リーマン・ショック前には「昇給・ベアともに実施」した大手企業は3～4割（賃上げ率1.86～2.09％に対して，ベア率はわずか0.10～0.14％）を数え，平成26,27年は5割を超え6割に達しています。
14）コア指数とは，消費者物価指数から生鮮食品を除く総合指数をいいます。
15）「冬夏型」とは，秋季闘争の時期に年末一時金および翌年の夏季一時金をあわせて決定する方式をいい，「夏冬型」とは，春季または夏季闘争の時期に夏季一時金および年末一時金をあわせて決定する方式をいいます。

5．賃金不払残業と是正支払

（1）賃金不払残業の背景

熊本県の年間総実労働時間は平成27年1,826時間　わが国の年間総実労働時間は，高度成長期の昭和30年代後半から短縮しはじめ，石油危機後は2,000～2,100時間とほぼ横ばいで推移し，労働時間はほとんど短縮しませんでした。50年代に入り，貿易摩擦に端を発した欧米諸国との労働時間の格差が大きな社会問題となり，政府は時短を主要な政策課題と位置づけ，また62年には労働基準法を改正，法定労働時間を週48時間から段階的に週40時間に短縮すると定めました。

　全国の年間総実労働時間は，平成4年1,972時間と2,000時間を下回り，その後，急速に短縮していきました（図表5－11）。10年には1,900時間を下回る1,879時間に，リーマン・ショック後の21年には1,800時間を割る1,768時間と過去最低を記録し，ここ最近においても1,780時間前後で推移しています。

　次に，熊本県の年間総実労働時間の動きをみますと，法改正により元年から着実に減少を続け，5年には初めて2,000時間を割りました。その後，9年から本格的な週40時間制の適用により，11年には1,849時間と1,900時間を下

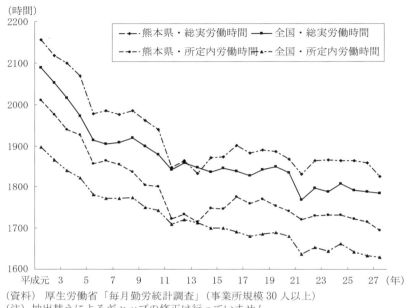

図表5―11　年間労働時間の推移（熊本県・全国）

（資料）　厚生労働省「毎月勤労統計調査」（事業所規模30人以上）
（注）　抽出替えによるギャップの修正は行っていません。

回りました。その後，増減しながらも基調的には時短は進み，27年には1,826時間と過去最低となりましたが，全国（27年1,784時間）と比較しますと，依然として42時間も長いのです。

　ところで，総実労働時間が長期的に減少していった一方で，長時間労働が大きな社会問題となっています。安倍晋三首相は，28年3月25日，一億総活躍国民会議で「時間外労働規制の在り方を再検討する」―長時間労働是正のため，残業規制を見直すように指示しました。労働基準法を改正し残業時間に上限を設けて，違反した際の罰則を設けることを検討するというものです。これによって，過労死の防止をはじめ，家庭と仕事の両立支援を推進できると期待されています。

　周知のように，労働基準法は1日8時間，1週40時間として法定労働時間を定めていますが，労使で「三六協定」を締結すれば，法定労働時間を超えて

労働者を残業させることができます。厚生労働省の大臣告示では，残業時間の基準は月45時間（年360時間）までとされています。しかし，問題は「三六協定」には繁忙期の例外を認める「特別条項」があり，定められる残業時間には上限がなく，長時間労働が常態化する恐れがあります。また残業が過労死ラインといわれる月80時間を超えますと，過労死や労働災害が増加する傾向があります。事実上の青天井となっている長時間労働に歯止めが必要であると，首相は判断したのです。

労働基準法の改正　労働基準法において，時間外労働とは，法定労働時間（法第32条）を超えて働くことをいい，時間外労働を行わせるには，労使の間で時間外労働協定（いわゆる三六協定）を書面で締結することが必要です（法第36条）。

労働者が時間外労働を行った場合，通常の労働時間または労働日の賃金の2割5分以上5割以下の率で計算した割増賃金を支払わなければならないのです（法第37条第1項）。また使用者が労働者を深夜労働（午後10時から翌日の午前5時までの間）させた場合，通常の労働時間における賃金の2割5分以上の率で計算した割増賃金を支払わなければならない（法第37条第3項）と規定しています。

総実労働時間が短縮している一方で，週60時間以上働く労働者も増えています。とりわけ深刻な問題の一つは長時間労働により脳・心臓疾患やうつ病などの精神疾患等を発症し，最悪の場合には死に至る過労死や過労自殺であります。また働き盛りの30代，40代は仕事に長時間拘束され，家事・子育てや地域の奉仕活動にあてる十分な時間が確保できないという状況にあります。このため，労働者の健康を確保するとともに，ワークライフバランス（仕事と生活の調和）を実現するという観点から長時間労働を抑制し，労働時間に関する基準を見直すことを目的として，平成20年12月に労働基準法を改正，22年4月から施行しました。主な改正は，① 時間外労働の限度に関する基準の見直し，② 法定割増賃金率の引き上げ，③ 年次有給休暇の時間単位付与，であります。

法定割増賃金率の引き上げ　法定労働時間を超えて時間外労働を行わせるためには，労使で時間外労働に関する三六協定を締結する必要があります。三六協定は，①1日，②1日を超え3か月以内の期間，③1年間のそれぞれについて協定しなければならないのです。法律の改正によって，基準の見直しが行われ，臨時的に限度時間を超えて時間外労働を行ったという特別の事情が生じた場合にかぎり，「特別条項付き三六協定」を結ぶことにより，限度時間を超える時間を延長時間とすることができるとしました。

割増賃金の支払は，時間外労働に対する労働者への補償を行うとともに，企業への経済的負担によって時間外労働を抑制する狙いをもっています。また現在，労働者が健康を保持しながら労働以外の生活時間を確保して働くことができるよう労働環境の整備が重要な課題となっています。このため，法改正によって，とくに長い時間外労働を強力に抑制することを目的に，1か月に60時間を超える時間外労働に対して（第37条第1項ただし書），これを超えた時間の労働に法定割増賃金率を現行の2割5分以上から5割以上に引き上げました。また，深夜の時間帯（午後10時から翌朝5時まで）に月60時間を超える時間外労働を行わせた場合，割増賃金率は，深夜割増賃金率2割5分以上に時間外割増賃金率5割以上を加算した7割5分以上となるとしました[16]。

賃金不払残業とはなにか　労働基準法は，働く労働者の労働時間，休日，深夜業等に関する規定を設けており，使用者は，働く労働者の労働時間を適正に把握するなど，労働時間を適切に管理する責務を有しています。しかし，現実には使用者が労働時間を適切に管理していない状況が数多くみられ，賃金不払残業や過重労働の一因となっています。

賃金不払残業とは，「所定外の労働時間の一部または全部に対して，所定の賃金または割増賃金を支払うことなく労働を行わせること」をいいます[17]。このような残業は世間ではサービス残業といわれていますが，こうした残業は労働基準法第37条に違反していますから，サービス残業とよぶのは必ずしも適切な表現とはいえないでしょう[18]。

厚生労働省は，平成13年に「労働時間の適正な把握のために使用者が講ず

べき措置に関する基準」を策定し，使用者に労働時間を適切に管理する責務があることを改めて明らかにしました[19]。また 15 年に「賃金不払残業総合対策要綱」を策定し，賃金不払残業の解消を図るために，労使一体となった取り組みを求めました。さらに同日，厚生労働省は「賃金不残業の解消を図るために講ずべき措置等に関する指針」を策定し，この指針の集中的な周知を図り，賃金不払残業の解消に努めるとしたのです。

賃金不払残業に関係する一つの問題は「ブラック企業」です。ブラック企業とは，新卒者や若者を数多く採用して，過重労働や過酷な長時間労働，残業代の不払い，さらに暴言，パワーハラスメントなど心理的・暴力的強制などを強いて，退職や精神疾患に追い込んだりする企業をいいます。近年，ブラック企業による違法かつ過重な時間外労働，残業代の不払いなど労働問題が急増しています。

ここ数年減少する不払残業時間　わが国の労働時間は，全体として減少傾向にある中で二極化しつつあります。週 35 時間未満の労働者が増加している一方で，週 60 時間以上働く者も増加しています。

実際，不払残業時間はどれだけ行われているのでしょうか。これを直接測定した統計調査はありませんから，これを推計せざるを得ないのです。一般に利用されている推計方法とは，総務省「労働力調査」と厚生労働省「毎月勤労統計調査」を用いて推計する方法です。その方法とは，労働者本人の申告にもとづき，労働者個人を対象とする「労調」の就業時間数から，事業所の賃金台帳にもとづき，事業主が申告する「毎勤」の労働時間数を差し引くことで，不払残業時間を推計する方法です[20]。

「労調」の週間就業時間を 52.143（＝365 日／7 日）倍して年間就業時間を計算し，また「毎勤」の月間総実労働時間に 12 か月乗じて年間総実労働時間を計算して，年間の不払残業時間を求めます（図表 5−12）。これによりますと，平成 9 年以降，不払残業時間は増減しているものの，男性雇用者は 1 人平均で年間 370〜480 時間，女性雇用者は年間 220〜270 時間で推移していると推計されるのです。女性雇用者にはパート労働が多く，また残業そのものも少ないた

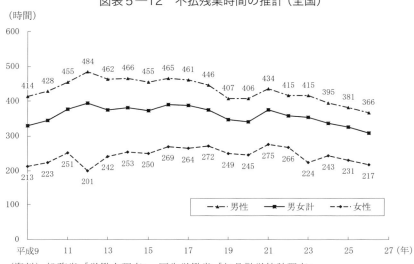

図表5—12 不払残業時間の推計(全国)

(資料) 総務省「労働力調査」,厚生労働省「毎月勤労統計調査」
(注)1) 付属統計表 表—44をもとに年間就業時間,年間総実労働時間を計算。
   2)「労調」の平均週間就業時間を52.143(=365日/7日(1週間))倍すると,年間の数値となります。
   3)「毎勤」の月間総実労働時間に12か月を乗じると,年間の数値となります。

め,不払残業時間は男性に比べて短いのです。10年代前半,男性と女性の不払残業時間は増加しましたが,20年代になりますと,行政の監督指導が強まったことなど,減少する傾向をたどり,ここ最近,男性雇用者は400時間,女性雇用者は250時間を下回っています。

(2) 賃金不払残業の現況

平成26年度全国の是正支払額は142億円　厚生労働省は,大きな社会問題となった賃金不払残業に対処するため,労働基準監督官の「監督指導による賃金不払残業の是正結果」の統計を平成13年4月から取りはじめました。全国における賃金不払残業を行った企業数,対象労働者数,そして是正支払額は年度によって大幅に変化していますが,100万円以上の割増賃金の是正支払状況をみますと(図表5—13),19年度は企業1,728社,対象労働者17万9,543

図表5—13　賃金不払残業に係る是正支払の状況

[熊本県]

年度	100万円以上の割増賃金の是正支払状況			割増賃金の是正支払状況		
	事業場数（場）	対象労働者数（人）	是正支払額（千円）	事業場数（場）	対象労働者数（人）	是正支払額（千円）
平成18	36	2,624	171,876	210	4,182	204,845
19	41	1,943	159,731	176	2,982	185,558
20	31	1,571	154,924	207	3,050	192,501
21	27	1,598	127,365	174	3,241	157,127
22	46	4,436	502,144	261	6,571	539,594
23	46	3,302	314,655	246	5,019	347,323
24	51	6,636	911,990	275	8,934	960,827
25	34	1,707	105,034	235	3,562	144,827
26	50	3,986	417,293	263	6,017	464,596

[全　国]

年度	100万円以上の割増賃金の是正支払状況			1000万円以上の割増賃金の是正支払状況		
	企業数（社）	対象労働者数（人）	是正支払額（万円）	企業数（社）	対象労働者数（人）	是正支払額（万円）
平成15	1,184	194,653	2,387,466	236	147,660	2,102,737
16	1,437	169,111	2,261,314	298	108,752	1,886,060
17	1,524	167,958	2,329,500	293	106,790	1,961,494
18	1,679	182,561	2,271,485	317	120,123	1,815,200
19	1,728	179,543	2,724,261	275	103,836	2,124,016
20	1,553	180,730	1,961,351	240	126,172	1,584,914
21	1,221	111,889	1,160,298	162	55,361	851,174
22	1,386	115,231	1,232,358	200	57,885	885,305
23	1,312	117,002	1,459,957	117	44,319	830,223
24	1,277	102,379	1,045,693	178	54,812	722,259
25	1,417	114,880	1,234,198	201	60,049	873,142
26	1,329	203,507	1,424,576	196	156,740	1,097,010

（資料）熊本県は熊本労働局調べ、全国は厚生労働省労働基準局「賃金不払残業に係る是正支払の状況」
　（注）同調査は、全国の労働基準監督署（および熊本県下6つの労働基準監督署）が当該年度の4月から翌年の3月までの間に、定期監督および申告にもとづく監督等を行い、その是正を指導した結果、不払になっていた割増賃金の支払を行った事案の状況を取りまとめたものです。

人,是正支払額272億4,261万円と過去最悪の結果となりました。

厚生労働省が監督指導を強化した結果,賃金不払残業は基調的には減少してきており,25年度は1,417社,対象労働者11万4,880人,是正支払額は123億4,198万円と19年度に比べ5割強と半減しました。26年度は是正支払を受けた企業数は減少しましたが,対象労働者数は20万3,507人と大幅に増加し,是正支払額も142億4,576万円と15.8％増と増加しました。1,000万円以上の大型の賃金不払残業は,25年度は201社,6万0,049人,総額87億3,142万円でした。26年度をみますと,是正支払の企業数は変わりませんが,対象労働者数は15万6,740人と倍増し,是正支払額も109億7,010万円と25.6％増と急増しています。

15年度から26年度の12年間における1企業あたりの是正支払額をみますと,平均1,262万円（1,000万円以上では6,168万円),また1労働者あたりの是正支払額は平均12万円（同15万円）となっています（図表5－14）。

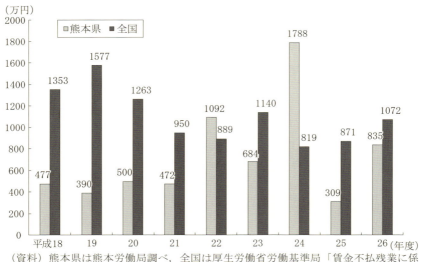

図表5－14 賃金不払残業に係る是正支払の状況
（1事業場平均額・1企業平均額）

（資料）熊本県は熊本労働局調べ,全国は厚生労働省労働基準局「賃金不払残業に係る是正支払の状況」

このように，1,000万円以上の是正支払額は，100万円以上の是正支払額の7～8割を占めており，これが賃金不払残業の最大の病根であると思われます。近年，行政の監督指導が強化され，全体として減少傾向にありますが，ここに公表されている是正支払の状況は氷山の一角にすぎないのです。水面下には，まだまだ大きな氷山の塊が隠れているのではないでしょうか。

　平成26年度の熊本県は4億6,460万円　熊本労働局がまとめた「賃金不払残業の是正結果」によりますと（図表5−13，図表5−14），平成18年度以降，全体として増加傾向をたどっていましたが，25年度，労働基準監督官の監督指導を受けたのは事業場235場，対象労働者3,562人，是正支払額1億4,483万円と，過去最悪だった24年度の9億6,083万円に比べて7分の1近くに急減しました。しかし，26年度は，事業場263場，対象労働者6,017人，是正支払額4億6,460万円と再び大幅に増加しました。支払われた割増賃金が100万円以上の是正結果もまた，26年度は事業場50場，対象労働者3,986人，是正支払額4億1,729万円と，前年度に比べ激増しています。これは保健衛生業が2億8,905万円と高額な是正支払を行った結果です。

　熊本県の是正支払状況は隔年毎に増加と減少を繰り返しており，全体として減少傾向にあるとは必ずしもいえないのです。そのためには恒常的な監督指導が不可欠となります。

　是正結果を規模別にみますと，監督指導を受けた事業場は労働者9人以下の事業場が圧倒的に多く，全体の6割以上を占めています。26年度の是正支払額を業種別に観察しますと，前述した2億8,905万円といった高額の保健衛生業をはじめとして，製造業3,513万円，接客娯楽業3,233万円，商業2,809万円，建設業・鉱業1,434万円などが多いのです。

[注]

16）改正はまた，1か月に60時間を超えて時間外労働を行わせた労働者に労使協定により，法定割増賃金率の引き上げ分の割増賃金の支払いに代えて，有給休暇を与えることができるとしました。いわゆる代替休暇の措置であります。

17) 使用者は，労働者と三六協定を締結しないで時間外労働を行わせた場合（法第32条違反），あるいは法定の手当を支払わずに時間外労働や休日労働を行わせた場合（法第37条違反），ともに労働基準法の違反になります。
18) サービス残業は概念的には賃金不払残業よりももっと広い言葉です。サービス残業には賃金不払残業のほかに，明日の会議資料を作成するために居残ってするただ働き残業や，製造装置の調子を確かめるために朝早くから出勤する早朝出勤，さらに自宅に持ち帰って資料を整理するといった風呂敷残業などがあります。
19) 基準とは，① 始業・終業時刻の確認および記録，② 労働時間の記録に関する書類の保存などです。
20) 「労調」でいう週間就業時間とは月末1週間の就業時間をいい，調査期間中，実際に仕事に従事した時間をいいます。これに対して，「毎勤」でいう実労働時間とは調査期間中に労働者が実際に労働した時間数をいいます。

［付論－3］ 同一労働同一賃金の実現に向けての取り組み

「同一労働同一賃金推進法」の制定　「同一労働同一賃金推進法」は，正式には「労働者の職務に応じた待遇の確保等のための施策の推進に関する法律」といい，平成27年6月19日に衆院本会議で可決，同年9月9日に参院本会議で可決成立，公布日の16日から施行された議員立法です。同一労働同一賃金の原則にもとづき，正社員と派遣社員との賃金や待遇の格差を是正するための法律です。

同一労働同一賃金とは，どのような賃金の原則なのでしょうか。「同一労働同一賃金（equal pay for equal work）」とは，同一の職種や仕事（職務）に従事する労働者に性別，雇用形態，人種，宗教，国籍などに関係なく，同一の賃金が支払われるという原則をいいます。一般に，欧米諸国における「職務給」のように「仕事」に対して決定される賃金をいいます[1]。

同法の審議については，当初，民主，維新，みんな，生活の野党4党が労働者派遣法改正案の対案として共同提出していましたが，自民，公明の与党が維新と協議を行って修正案を再提出し，可決されたという紆余曲折をたどった法律です。修正の結果，事業主への法的拘束力は弱まり，賃金格差の解消という当初の狙いは大幅に後退したのです。

同法案は，もともと「職務に応じた待遇の均等の実現」という表現が「業務の内容及び当該業務に伴う責任の程度その他の事情に応じた均等な待遇及び均衡のとれた待遇の実現」に変更されたのです。これによって，たとえ同じ仕事に従事していても，同一の賃金を支払わなくてもよいという解釈が可能となったといわれています。野党は，「本来の法案の精神を骨抜きするもの」だと厳しく批判しました。

　安倍首相が「同一労働同一賃金」を表明　ところで，安倍晋三首相は，平成28年1月22日の第190回国会における施政方針演説において，正社員と非正規社員の賃金格差を是正する「同一労働同一賃金の実現に踏み込む」と表明しました[2]。首相のいう「同一労働同一賃金」は同じ仕事に従事していれば同一の賃金が得られるというものですが，正社員とか非正規社員といった雇用形態にかかわらず，同一の賃金とする「均等待遇」をいうのか，仕事の責任度や困難度などを考慮して賃金を支給する「均衡待遇」なのかは必ずしも明らかではないのです[3]。

　それでは，なぜいま，同一労働同一賃金が問題なのかということです。その先駆けとなったのが，先に述べた27年9月に施行された「同一労働同一賃金推進法」です。

　安倍首相は，一億総活躍国民会議の場で「同一労働同一賃金」の実現に向けて，法制化の検討に入ることを明らかにし，また法制化に先立ち，正当でない賃金格差の事例となるガイドライン（指針）の策定について，有識者の検討会の立上げを指示しました。そこで，厚生労働省は，同一労働同一賃金の実現に向けた具体的方策について検討するため，「同一労働同一賃金の実現に向けた検討会」を設置し，28年3月23日に第1回を開催しました（第2回4月13日，第3回4月22日，第4回5月24日，第5回6月14日，第6回6月29日，第7回7月20日）。検討会は，4月中に論点をまとめ，5月に公表する中長期の工程表「ニッポン一億総活躍プラン」に方向性を盛り込む方針の予定です[4]。

　衆院本会議における首相の答弁　安倍首相は同一労働同一賃金の実現を表明

しましたが，その表明はやや唐突であり，その取り組みにも，また動きにも，なにか拙速さが目立ちます。唐突や拙速さの理由は一体どこにあるのでしょうか。

　派遣労働の期限制限を一部撤廃する労働者派遣法の改正案が，平成27年5月12日の第189回通常国会衆院本会議で審議入りしました。改正案をめぐる民主，維新など野党と与党との攻防の中で，維新の党の井坂信彦衆院議員は，法改正における三つの懸念を指摘し，懸念の二つ目として同一労働同一賃金の問題を取り上げ，「………同一労働同一賃金が実現しないまま派遣先企業が派遣の雇用枠をふやし続ける限り，望まない派遣労働者はふえます。………難しい課題を乗り越えて，同一労働同一賃金の実現をめざすとはっきり言っていただけませんでしょうか。総理の明快な答弁を求めます。」と質問しました。

　これに対して，安倍首相は，「………同一労働同一賃金をめざすべきとのお尋ねがありました。同一労働に対して同一賃金が支払われるという仕組みは一つの重要な考え方と認識しています。しかし，………さまざまな仕事を経験し，責任ある労働者と経験が浅い労働者との間で賃金を同一にすることについて，直ちに広い理解を得ることは難しいと考えています。このため，改正案では，………まずは派遣先の労働者との均衡待遇を進めることとしています。」と答弁しました。

　さらに，首相は，同一労働同一賃金の実現に向けた解決策やビジョンについて，「労働者派遣は，仕事の内容が派遣契約等で明確となっており，………均等待遇の前提となる職務給に適した面もあると考えられます。しかし，わが国では能力や経験など，さまざまな要素を考慮して働き方の処遇が決定される職能給が採用されていることが多く，直ちにそうした派遣先の労働者との間で賃金を同一にしていくことは困難であると考えます。………同一労働同一賃金への課題の解決に向けて今後具体的な検討を行っていくためにも，諸外国において均等待遇の前提となる職務給が広く普及している背景を含め，まずは詳細な調査研究を進めていく必要があると考えています。」と答弁しました。

　「一億総活躍プラン」に法制化への道筋明記　政府は，平成28年5月に策定する「一億総活躍プラン」の内容を明らかにしました。「働き方改革」の一つ

に「同一労働同一賃金」の実現を掲げ，非正規労働者の賃金を正社員の8割程度に引き上げて，格差を欧州並みに縮小すると表明しました。「同一労働同一賃金」実現に向けた指針を年内に策定，今後3年間で労働者派遣法，パート労働法，労働契約法の一括改正を検討し，雇用形態による賃金の不合理な差別を禁じるとの考えを明らかにしたのです[5]。

[注]

1) これとよく似た言葉に「同一価値労働同一賃金」があります。「同一価値労働同一賃金 (equal pay for the equal value of work)」とは，異なった職種や仕事（職務）であっても，同じ「価値」や同じ「質」をもっている労働であるならば，同一の賃金が支払われるという原則です。昭和26年のILO総会は，「同一価値労働同一報酬条約──ILO 100号条約」を採択し，わが国も49年に批准しました。批准しましたものの，わが国はいまだ「同一価値労働同一賃金」の原則を明文化していないのです。

2) 平成28年1月22日の第190回国会の施政方針演説において，安倍首相は，一億総活躍への挑戦の一つ「多様な働き方改革」の中で「非正規雇用の皆さんの均衡待遇の確保に取り組みます。……更に，本年取りまとめる「ニッポン一億総活躍プラン」では同一労働同一賃金の実現に踏み込む考えであります。」と表明しました。

3) 問題は，「仕事」という概念です。欧米諸国では，仕事の範囲や内容である「職務 (job)」が明確で，職務にもとづいて賃金が決定されるのが一般的です。しかし，わが国では仕事の範囲や内容が必ずしも明確ではなく，そのため賃金の決定にあたって，仕事的要素に加えて勤続年数や経験など年功的な要素が重視されるのです。

4) 政府は，5月に策定する「一億総活躍プラン」の概要を4月26日に固めました。「働き方改革」の一つとして「同一労働同一賃金」を掲げ，非正規社員の賃金を正社員の8割程度に引き上げて格差を欧州並みに縮小することをめざすとし，また正社員と非正規社員の不合理な賃金格差を解消する「同一労働同一賃金」実現に向けた指針を年内に策定，来年の通常国会での法整備をめざすとしました。

5) 策定される「働き方改革」の内容は，「同一労働同一賃金」の実現のほかに，①長時間労働の解消に向け，「三六協定」の規定を見直す，②最低賃金は年3％引き上げ，全国平均で時給1,000円をめざす，③65歳以上の継続雇用延長などを実施する企業を支援する，というものです。

第 5 章　賃金決定の制度的機構

[資料]

1) 解説アーカイブス　時論公論（NHK）「"同一労働同一賃金"法改正を検討」
（竹田忠解説委員）2016 年 02 月 25 日（木）
(http://www.nhk.or.jp/kaisetsu-blog/100/238623.html)
2) 同一労働同一賃金の実現に向けた検討会／厚生労働省
(http://www.mhlw.go.jp/stf/shingi/other-syokuan.html?tid)
3) 本会議の全議事録議事情報一覧——衆議院　第 189 回国会本会議　第 22 号
平成 27 年 5 月 12 日（火）
(http://www.shugiin.go.jp/internet/itdb_kaigiroku.nsf/html/kaigiroku/kaigi_l.htm)

まとめ：
30年間の軌跡・変化

　『熊本県の賃金』を出版したのは昭和57年でした。34年の歳月が流れた平成28年に再び『熊本県の賃金―再訪（Revisited）』を上梓しました。この間，県内外にさまざまな出来事が起こりました。生涯忘れることのできない最も悲惨な出来事は，今年4月，2回にわたって熊本県を襲った未曾有の大地震，各地に甚大な被害をもたらしました。

　最後に，本書を終えるにあたって，熊本県の賃金実態から明らかになった点，また，この30数年間に起こった賃金構造や制度的機構などの変化をピックアップしてまとめとします。

1．平成期にみる熊本県の賃金水準

（1）対全国格差は縮小したのか

　熊本県の賃金水準（現金給与総額）は，バブル経済の崩壊後も「失われた10年」の中で上昇を続け，昭和60年の25万3,200円から平成9年には35万1,557円と上昇し，平成期としてピークに達しました。しかし，賃金は9年を境に下落を続け，リーマン・ショックの影響を受けた21年は29万8,265円と平成期の最低を記録し，9年のピークに比べ5万円強も落ち込んだのです。デフレ経済から脱し得ない中，賃金は一進一退を続けていますが，26年は31万4,460円とリーマン・ショック前の水準に戻りつつあります。

　熊本県の対全国格差（全国の賃金＝100）を追跡しますと，格差指数は昭和60年の79.9から平成14年には85.8に縮小しましたが，リーマン・ショック後の不況を反映して，21年は78.6に拡大した後，26年には再び86.5と縮小しています。この30年近くの対全国格差は拡大・縮小を繰り返しながらも

80〜85程度で推移しています。このような格差の動きから，熊本県賃金の対全国格差が傾向的に縮小していったとは，直ちに結論することはできないのです。

（2）全国・九州の中で低い熊本県の賃金

熊本県の賃金（所定内給与）は，平成21〜26年の6年間244.3〜258.4千円の範囲で推移しており，全国平均の賃金（294.5〜299.6千円）よりもおおよそ15％ほど下回っています。全国における順位を数えても，熊本県の賃金は30〜38位と相当に低いことがわかります。また，県民1人あたりの県民所得で比較しても，熊本県の所得水準は全国の中でもかなり低く30位台の後半に位置しているのです。

九州8県の各賃金（所定内給与）は，男女ともに全国平均の賃金を大幅に下回って推移しています。その中で，熊本県の賃金は男女ともおおむね九州各県の中位に位置しており，佐賀県，長崎県，大分県，鹿児島県とともに団子状態となって並んでいます。

このように，賃金の高さで観察しても，1人あたりの県民所得で比較しても，熊本県の分配構造は全国の中でもかなり下位に位置していることがわかります。

（3）なぜ賃金水準は低いのか

熊本県の賃金は長期的には上昇しているものの，全国都道府県の賃金に比べて低く，九州各県の中でも必ずしも高くないなど，対全国格差や地域間格差は縮小していったと必ずしも結論できないことを明らかにしました。それでは，なぜ熊本県の賃金は低いのでしょうか。最も主な原因は熊本県の労働生産性が低いからだと説明しました。労働生産性が低いという主張は，『熊本県の賃金』においてもすでに指摘したところです（同書506頁参照）。

平成時代においても，工業団地の整備や誘致企業の進出により企業が相次いで立地し，熊本県の製造業は大きく発展していきました。その結果，製造業の特化係数は着実に1に近づいてきており，労働生産性も順調に上昇するなど，産業全体としての労働生産性の対全国格差を徐々に縮小していきました。

しかし，生産性の対全国格差以上に賃金の対全国格差は依然として大きいのです。さらに，そこにはさまざまな要因が重なり，生産性の格差以上に賃金格差を拡大しているのです。熊本県の生産構造をみますと，完成品の生産よりも部品や仕掛品の生産が多く，また付加価値の低い製品の割合が高いなど，付加価値の低い生産構造となっています。財・サービス取引の域際構造においても，県外からの移入が県外への移出を上回り，域際収支は恒常的に赤字となっています。その結果，経済構造からの漏れが大きく，それだけ県内総生産の価値を縮めているのです。

　分配構造に影響を及ぼしているもう一つの要因は，労働市場にあります。労働者の組合組織率が低く，労使交渉において労働者側の交渉力が弱く，それが労働分配率を抑える働きをしているという供給側の弱さに加えて，熊本県の労働市場構造は，依然として雇用の受け皿となる労働需要の伸びに比べ労働供給の圧力が強く相対的に供給過剰となっています。このことが労働市場に参入しようとする人々の供給価格を押え，賃金の動きにマイナスに作用しているのです。

2．30数年間にみる賃金構造の変化

（1）フラット化が進む年齢階級別賃金カーブ

　熊本県男性の年齢階級別にみた賃金は，全国と同様に年齢の上昇にともなって高くなる，という年功的な賃金カーブを描いています。しかし，〜19歳の賃金に対する50〜54歳の賃金の最高−最低倍率をみますと，最高−最低倍率は長期的には低下しています。すなわち賃金カーブの山（ピーク）は低下し，谷（ボトム）は上昇するといったように，年齢階級別にみた年功的な賃金カーブの形状は徐々に崩れ，フラット化が進んでいることがわかります。

　女性の賃金カーブは，男性のように年齢とともに大きく上昇するといった年功的な形状が観察されず，これまで同様にほぼフラットな曲線を描いています。

（2）緩やかに縮小する男女間賃金格差

男女それぞれの賃金の動きはこの30年近くやや複雑な経路をたどっていますが，熊本県女性の賃金は男性の賃金100に対して52.0〜56.0の幅で推移してきました。リーマン・ショック直後，男女間賃金格差は62程度に縮小しましたが，ここ数年，格差拡大の兆しが観察されます。また全国における男女間の賃金格差は熊本県のそれよりも大きいことを明らかにしました。

以上の動きから，熊本県の男女間賃金格差は平成期に入って縮小していったのか，それとも拡大していったのかを早晩結論するのはむずかしいのですが，基調的には縮小する方向に動いていることを読み取ることができます。

（3）職種構造は大きく変化

労働者が従事する59職種を対象に，従事する労働者の平均年齢と平均勤続年数によって熊本県の職種構造を分析しますと，高齢化や定年延長，勤務延長などにともない，おおかたの職種において平均年齢が上昇し，平均勤続年数が大きく伸長しました。年齢の低い職種（30歳未満）や勤続年数の短い職種（6年未満）は皆無となりました。これと反対に，男女いずれの職種とも年齢の高い職種（40歳以上）が5割を超え，勤続年数の長い職種（8年以上）が約7割を占めるなど，職種構造はこの30年間に大きく変化したことがわかります。

3．30数年間に起こった新たな変化

（1）地域別最低賃金を中心とした最低賃金制度の進化

昭和40年代半ば以降，最低賃金制制度は大きく変化しました。最低賃金法は43年に改正され，審議会方式を中心とする制度改革が行われ，51年には地域別最低賃金が都道府県すべてに設定されました。さらに53年には47都道府県を4つのランクに分けて最賃引き上げの目安額を提示する目安制度が導入され，地域別最低賃金は目安制度を軸に発展していったのです。目安制度の導入に加え，パートタイマー，契約社員など非正規労働者の増加を反映して，平成14年に最低賃金の金額表示は日額・時間額から時間額一本に変更されました。

20年に最低賃金法は抜本的に改定され、地域別最低賃金は生活保護基準との整合性に配慮することが規定されました。同時に、地域別最低賃金を労働者すべての賃金の最低額を保障するセーフティネットとして、行政による最賃決定の義務づけを行いました。また、特定（産業別）最低賃金を地域別最低賃金の補完的役割を果たすものとして位置づけ、労使のイニシアティブより審議するものとしたのです。

このように、最低賃金制度は、この30数年間に地域別最低賃金を中心に大きく進化していったのです。

（2）非正規雇用者にみる低い賃金

昭和50年代後半に入りますと、パートタイマーなど非正規雇用者は徐々に増加していく状況にありましたが、バブル経済の崩壊後、非正規雇用者は急速に増加し、大きな社会問題となっていきました。平成14年には20.8万人であった熊本県の非正規雇用者は、24年には25.8万人と14年に比べ5.0万人の増加、雇用者総数（役員を除く）に占める非正規雇用者の割合も31.6％から5.3ポイント上昇して36.9％となりました。

問題は、非正規雇用者の賃金が正規雇用者の賃金に比べて相当に低く、全国の男女いずれをみても6～7割にすぎないという点です。熊本県においても全国と同様に、非正規雇用者の賃金は正規雇用者の6割程度と考えられます。その上、男性の正規雇用者の賃金カーブは年齢とともに上昇しているのに対して、非正規雇用者の賃金カーブは年齢が高まってもほとんど上昇していないのです。非正規雇用者の雇用は不安定であって、同じ仕事に就業していても、賃金は正規雇用者の6～7割と低く、しかも年齢の上昇とともに賃金格差はますます拡大して、40代半ばから50代では5割と正規雇用者の半分にすぎないのです。こうした大きな賃金格差が非正規雇用者のワーキングプアを生み出しているのです。

政府は、同一労働同一賃金の実現を掲げ、非正規労働者の賃金を正規社員の8割程度に引き上げて、格差を欧州並みに縮小すると表明しました。早い実現が待たれるところです。

（3）時短が進む中の賃金不払残業

　熊本県の年間総実労働時間は，平成に入って着実に減少を続け，平成5年には初めて2,000時間を割り，11年には1,849時間と1,900時間を下回り，27年には1,826時間と過去最低となっています。労働時間が短縮する一方で，週60時間以上働く労働者も増え，脳・心臓疾患やうつ病などの精神疾患の発症が深刻な問題の一つとなっています。

　もう一つの大きな社会問題は，残業を行ったにも関わらず，残業手当が支給されないという賃金不払残業の問題です。このような残業は労働基準法に違反していますが，不払残業時間を推計しますと，男性雇用者で年間370〜480時間，女性雇用者は年間220〜270時間と考えられています。厚生労働省によりますと，全国の賃金不払残業の是正支払額（100万円以上の是正結果）は19年度272億4,261万円と過去最悪でありましたが，26年度は142億4,576万円と19年度に比べ半減しています。これに対して，熊本県（全事業場の是正結果）は18年度以降増加傾向にありましたが，25年度は1億4,483万円に激減しました。しかし，26年度は再び4億6,460万円と大幅に増加しています。

　近年，行政の監督指導が強化され，賃金不払残業は基調的には減少傾向をたどっているものの，ここに公表されている是正支払の状況は氷山の一角にすぎないのです。

[参考文献]

1) 荒井勝彦［2013］『現代の労働経済学』梓出版社
2) 荒井勝彦・髙田英［1982］『熊本県の賃金―賃金の管理と実態』熊本県労働基準協会
3) 今野浩一郎［2013］『日経文庫　人事管理入門（第2版）』日本経済新聞出版社
4) 大湾秀雄・須田敏子［2009］「なぜ退職金や賞与制度はあるのか」『日本労働研究雑誌』No. 585
5) 熊本県商工観光労働部［2014］『平成25年版　くまもとの労働（熊本県労働白書）』
6) 玉田桂子［2009］「最低賃金はどのように決まっているのか」『日本労働研究雑誌』No. 593
7) 平野光俊［2000］「社会格付制度の変容」『日本労働研究雑誌』No. 597

8) 藤井得三［1967］『退職金の話』日本経済新聞社
9) Marshall, A., [1890] Principles of Economics. 9th.（馬場敬之助訳）［1965－1967］『マーシャル経済学原理 Ⅰ』（77～103頁）
10) 労働調査会出版局編［2009］『改訂3版　最低賃金法の詳解』労働調査会

主要な賃金統計一覧表

	調査名	調査機関	調査時期	調査の目的・内容
1	毎月勤労統計調査	厚生労働省	毎月末調査	雇用、給与および労働時間について、全国・都道府県別の変動を毎月明らかにすることを目的とする。「全国調査」「地方調査」。
2	賃金構造基本統計調査	厚生労働省	毎年7月調査	主要産業に雇用される労働者について、その賃金の実態を労働者の雇用形態、就業形態、職種、性、年齢、学歴、勤続年数等を明らかにすることを目的とする。
3	屋外労働者職種別賃金調査	厚生労働省	毎年8月調査	平成16年調査をもって中止。
4	林業労働者職種別賃金調査	厚生労働省	毎年10月~11月調査	平成16年調査をもって廃止。
5	賃金引上げ等の実態に関する調査	厚生労働省	毎年8月調査	民間企業(労働組合のない企業を含む)における賃金・賞与の改定額、改定率、賃金・賞与の改定方法、改定に至るまでの経緯等を把握することを目的とする。
6	就労条件総合調査	厚生労働省	毎年1月1日現在において調査	主要産業における企業の労働時間制度、定年制等および賃金制度等について総合的に調査し、民間企業における就労条件の現状を明らかにすることを目的とする。
7	最低賃金に関する実態調査	厚生労働省	原則として毎年6月1日から7月31日に調査	最低賃金の改定、改正等の審議に資するため、低賃金労働者の賃金実態を把握することを目的とする。「最低賃金に関する基礎調査」「賃金改定状況調査」。
8	民間主要企業春季賃上げ要求・妥結状況	厚生労働省		労使交渉の実情を把握するため、民間主要企業の春季賃上げ要求・妥結状況、夏季一時金および年末一時金妥結状況を毎年調査・集計することを目的とする。
9	民間主要企業夏季一時金妥結状況	厚生労働省		
10	民間主要企業年末一時金妥結状況	厚生労働省		
11	労務費率調査	厚生労働省	3年毎5月~6月調査	建設産業における賃金実態を把握することで、労災保険料の算定に用いる労務費率の見直しを目的とする。
12	民間給与実態統計調査	国税庁	毎年12月31日現在で調査	民間事業所における年間の給与の実態を給与階級別、事業所規模別、企業規模別に明らかにし、併せて租税収入の見積り、租税負担の検討および税務行政運営等の基礎資料とすることを目的とする。
13	職種別民間給与実態調査	人事院	毎年5月1日から6月中旬に調査	国家公務員および地方公務員の給与を民間の従業員の給与と比較検討するための基礎資料の作成を目的とする。
14	国家公務員給与等実態調査	人事院	毎年1月15日現在で調査	給与法適用職員の給与等の実態を把握し、人事行政の基礎資料とすることを目的とする。
15	地方公務員給与実態調査	総務省	5年毎に実施 4月1日現在で調査	地方公務員の給与の実態を明らかにし、あわせて地方公務員の給与に関する制度の基礎資料を得ることを目的とする。
16	賃金事情等総合調査	中央労働委員会	毎年6月分賃金締切日現在で調査	中央労働委員会が取扱う労働争議の調整の参考資料とするために情報収集することを目的とする。「賃金事情調査」「退職金、年金及び定年制事情調査」ほか。
17	福利厚生費調査	日経連	毎年	福利厚生費の実態を把握し、今後の福利厚生を含む人事・労務管理の運営に資することを目的とする。

付属統計表　目次

- 表－1　　　賃金水準の推移（産業計・企業規模計・年間）
- 表－2　　　賃金水準の推移（産業計・企業規模計・男女計・月間）
- 表－3　　　賃金水準の推移（産業計・企業規模計・月間）
- 表－4　　　賃金水準の推移（産業計・企業規模計・月間）
- 表－5　　　労働生産性・1人あたり所得と対全国格差の推移
- 表－6(1)　産業別総生産からみた特化係数の推移
- 表－6(2)　就業者数からみた特化係数の推移
- 表－7　　　名目賃金指数と実質賃金指数の推移（年平均・事業所規模30人以上・熊本県）
- 表－8　　　名目賃金指数と実質賃金指数の推移（年平均・事業所規模30人以上・全国）
- 表－9　　　名目賃金指数と実質賃金指数の推移（年度平均・事業所規模30人以上・全国）
- 表－10　　名目賃金指数と実質賃金指数の推移（年平均・事業所規模5人以上・全国）
- 表－11(1)　現金給与総額の推移（産業計・男女計・事業所規模30人以上）
- 表－11(2)　現金給与総額の推移（産業計・男女計・事業所規模5人以上）
- 表－12　　月別にみた名目賃金指数の推移（全国）
- 表－13　　月別にみた実質賃金指数の推移（全国）
- 表－14(1)　現金給与総額の推移（調査産業計・月間・全国）
- 表－14(2)　現金給与総額の推移（調査産業計・月間・熊本県）
- 表－15(1)　賃金支払別・年齢階級別にみた男女間賃金格差（産業計・企業規模計・熊本県）
- 表－15(2)　賃金支払別・年齢階級別にみた男女間賃金格差（産業計・企業規模計・全国）
- 表－16　　年齢階級別にみた非正規雇用者の割合（熊本県・平成24年）
- 表－17　　雇用形態別・年齢階級別にみた所定内給与（全国）
- 表－18　　雇用形態別・男女別にみた所定内給与等の推移（産業計・熊本県・全国）
- 表－19　　1時間あたりの賃金の比較（熊本県）
- 表－20　　賃金支払別にみた一般労働者とパートタイム労働者の賃金格差の

	推移（産業計・企業規模計・男女計・全国）
表−21	分析対象職種の平均年齢・平均勤続年数および平均所定内給与の一覧
表−22	年齢階級別・役職別にみたきまって支給する給与（産業計・企業規模計・男女計・全国）
表−23	役職別・産業別にみたきまって支給する給与（企業規模計・男女計・全国・平成26年）
表−24	役職別にみたきまって支給する給与の推移（産業計・企業規模計・男女計・全国）
表−25(1)	年齢階級別にみた所定内給与（産業計・企業規模計・熊本県）
表−25(2)	年齢階級別にみた所定内給与（産業計・企業規模計・全国）
表−26(1)	年齢階級別・企業規模別にみた所定内給与（産業計・熊本県）
表−26(2)	年齢階級別・企業規模別にみた所定内給与（産業計・全国）
表−27(1)	企業規模別にみた所定内給与と賃金格差（産業計・年齢計・男性・月間・熊本県）
表−27(2)	企業規模別にみた所定内給与と賃金格差（産業計・年齢計・女性・月間・熊本県）
表−28(1)	産業別・男女別にみた現金給与総額（熊本県）
表−28(2)	産業別・男女別にみた現金給与総額（全国）
表−29(1)	産業別・男女別にみた所定内給与（熊本県）
表−29(2)	産業別・男女別にみた所定内給与（全国）
表−30	産業別・年齢階級別にみた所定内給与（企業規模計・男性・熊本県）
表−31	九州各県における所定内給与（産業計・企業規模計・年齢計）
表−32	都道府県別にみた所定内給与（産業計・企業規模計・男女計）
表−33	全国平均の賃金以上の都府県と労働者の割合
表−34	都道府県別にみた人口1人あたり県民所得（平成20年度〜24年度）
表−35(1)	学歴別にみた初任給の推移（男性）
表−35(2)	学歴別にみた初任給の推移（女性）
表−36	熊本県最低賃金と全国加重平均の推移
表−37	Dランク目安額と県最賃引き上げ額の関係
表−38	ランク別影響率と未満率の推移

表－39	春季賃上げの妥結状況（熊本県・全国）	
表－40	夏季一時金と年末一時金の妥結状況（熊本県・全国）	
表－41	月例賃金の引き上げ状況の推移（全国）	
表－42	賃上げ率・昇給率・ベースアップ率の推移（全国）	
表－43	年間労働時間の推移（熊本県・全国）	
表－44	労調と毎勤の労働時間の推移（全国）	
表－45	不払残業時間の推計（全国）	
表－46(1)	賃金不払残業に係る是正支払の状況（熊本県・全国）	
表－46(2)	賃金不払残業に係る是正支払の状況（1事業場平均額・1企業平均額・1労働者平均額）	

表-1 賃金水準の推移（産業計・企業規模計・年間）

(単位：万円)

年次	男女計			男性			女性			男女間賃金格差	
	現金給与総額		対全国賃金格差	現金給与総額		対全国賃金格差	現金給与総額		対全国賃金格差		
	熊本県	全国		熊本県	全国		熊本県	全国		熊本県	全国
昭和60年	304	381	79.9	365	453	80.5	216	235	92.1	59.2	51.9
61	320	392	81.6	383	467	82.0	229	243	94.4	59.9	52.1
62	332	403	82.4	398	480	82.9	239	251	95.2	60.1	52.3
63	342	409	83.5	428	492	86.9	222	250	88.9	51.9	50.7
平成元年	351	428	82.0	440	516	85.3	225	260	86.7	51.1	50.4
2	352	444	79.1	462	540	85.6	233	268	87.0	50.4	49.6
3	368	462	79.8	477	559	85.3	248	284	87.5	52.0	50.8
4	381	471	80.8	479	570	84.0	251	292	86.0	52.4	51.2
5	384	472	81.4	475	573	82.8	261	292	89.5	54.9	51.0
6	398	481	82.7	491	584	84.0	271	299	90.6	55.2	51.2
7	401	491	81.6	498	595	83.6	273	303	89.9	54.8	50.9
8	411	496	82.8	507	600	84.5	283	308	92.0	55.8	51.3
9	422	506	83.4	519	613	84.7	295	313	94.2	56.8	51.1
10	414	499	83.0	509	605	84.1	290	309	93.8	57.0	51.1
11	398	476	83.8	498	590	84.5	279	290	96.2	56.0	49.2
12	404	478	84.6	508	593	85.6	282	291	97.0	55.5	49.1
13	396	477	83.1	499	592	84.4	275	292	94.2	55.1	49.3
14	399	465	85.8	500	576	86.9	272	287	94.9	54.4	49.8
15	400	468	85.6	500	578	86.5	272	289	94.2	54.4	50.0
16	376	452	83.0	466	567	82.2	263	280	94.0	56.4	49.4
17	374	457	81.9	466	572	81.6	264	283	93.2	56.7	49.5
18	381	461	82.5	477	577	82.8	265	287	92.3	55.6	49.7
19	365	453	80.6	468	566	82.7	247	285	86.7	52.8	50.4
20	367	455	80.7	469	567	82.7	250	287	86.9	53.3	50.6
21	358	426	84.0	431	531	75.9	270	276	93.8	62.6	52.0
22	366	432	84.5	439	541	81.2	272	279	97.7	62.0	51.6
23	369	435	84.9	445	544	81.7	273	281	97.1	61.3	51.7
24	366	428	85.8	456	536	85.2	268	280	95.8	58.8	52.2
25	369	430	85.9	463	537	86.2	270	282	95.8	58.3	52.5
26	377	436	86.5	478	546	87.5	273	286	95.5	57.1	52.4

(資料) 厚生労働省「毎月勤労統計調査」(事業所規模30人以上，パートタイム労働者を含む。)
(注) 1) 熊本県の数値は抽出替えによるギャップ修正を行っていない。
 2) 対全国賃金格差は全国の賃金（年間）＝100とした熊本県の賃金指数。
 3) 男女間賃金格差は男性の賃金（年間）＝100とした女性の賃金指数。

表－2　賃金水準の推移（産業計・企業規模計・男女計・月間）

(単位：円)

年次	きまって支給する給与			特別に支払われた給与			現金給与総額		
	熊本県	全国	対全国格差	熊本県	全国	対全国格差	熊本県	全国	対全国格差
昭和60年	194,512	236,587	82.2	58,688	80,504	72.9	253,200	317,091	79.9
61	203,230	244,216	83.2	63,555	82,825	76.7	266,785	327,041	81.6
62	210,586	251,298	83.8	66,360	84,646	78.4	276,946	335,944	82.4
63	218,597	254,865	85.8	66,212	86,295	76.7	284,809	341,160	83.5
平成元年	223,391	264,427	84.5	69,428	92,652	74.9	292,819	357,079	82.0
2	230,523	271,496	84.9	76,475	98,673	77.5	306,998	370,169	82.9
3	238,091	281,943	84.4	79,138	102,844	76.9	317,229	384,787	82.4
4	243,594	288,805	84.3	75,995	103,803	73.2	319,589	392,608	81.4
5	241,725	293,410	82.4	78,249	99,814	78.4	319,974	393,224	81.4
6	254,016	300,992	84.4	77,624	100,136	77.5	331,640	401,128	82.7
7	256,390	308,023	83.2	77,412	100,841	76.8	333,802	408,864	81.6
8	262,851	312,034	84.2	79,311	101,062	78.5	342,162	413,096	82.8
9	270,291	316,622	85.4	81,266	104,762	77.6	351,557	421,384	83.4
10	269,870	315,829	85.4	75,251	99,846	75.4	345,121	415,675	83.0
11	259,053	306,167	84.6	73,014	90,124	81.0	332,067	396,291	83.8
12	263,122	308,930	85.2	73,700	89,139	82.7	336,822	398,069	84.6
13	261,544	309,254	84.6	68,598	88,112	77.9	330,142	397,366	83.1
14	268,842	305,700	87.9	63,824	81,938	77.9	332,666	387,638	85.8
15	271,801	307,471	88.4	61,562	82,193	74.9	333,363	389,664	85.6
16	256,378	299,380	85.6	56,639	77,584	73.0	313,017	376,964	83.0
17	253,990	300,918	84.4	57,533	79,520	72.4	311,523	380,438	81.9
18	257,039	302,746	84.9	60,154	81,655	73.7	317,193	384,401	82.5
19	251,016	299,782	83.7	53,532	77,949	68.7	304,548	377,731	80.6
20	250,530	300,694	83.3	55,649	78,803	70.6	306,179	379,497	80.7
21	250,467	288,478	83.3	47,798	66,745	60.7	298,265	355,233	78.6
22	253,178	291,210	86.9	51,423	69,066	74.5	304,601	360,276	84.5
23	254,541	291,783	87.2	53,172	70,513	75.4	307,713	362,296	84.9
24	253,383	289,794	87.4	51,382	66,855	76.9	304,765	356,649	85.5
25	255,504	289,147	88.4	52,121	68,825	75.7	307,625	357,972	85.9
26	258,576	291,475	88.7	55,884	71,863	77.8	314,460	363,338	86.5

(資料) 厚生労働省「毎月勤労統計調査」（事業所規模30人以上，パート労働者を含む。）
　　　昭和60年～平成2年の数値は労働政策研究・研修機構の労働統計データ検索システムによる。
(注)1) 熊本県の数値は抽出替えによるギャップ修正を行っていない。
　　2) 対全国格差は全国の賃金（月間）＝100とした熊本県の賃金指数。
　　3) 平成2年以前の現金給与総額は旧産業分類による数値である。

表－3 賃金水準の推移（産業計・企業規模計・月間）

(単位：円)

年次	男女計 現金給与総額 熊本県	男女計 現金給与総額 全国	男女計 対全国賃金格差	男性 現金給与総額 熊本県	男性 現金給与総額 全国	男性 対全国賃金格差	女性 現金給与総額 熊本県	女性 現金給与総額 全国	女性 対全国賃金格差	男女間賃金格差 熊本県	男女間賃金格差 全国
昭和60年	253,200	317,091	79.9	303,890	377,602	80.5	180,334	195,728	92.1	59.3	51.8
61	266,785	327,041	81.6	318,961	388,899	82.0	191,215	202,664	94.4	59.9	52.1
62	276,946	335,944	82.4	331,487	399,682	82.9	199,113	209,063	95.2	60.1	52.3
63	284,809	341,160	83.5	356,435	410,106	86.9	184,855	207,979	88.9	51.9	50.7
平成元年	292,819	357,079	82.0	366,662	429,911	85.3	187,630	216,426	86.7	51.2	50.3
2	306,998	370,169	82.9	384,963	449,709	85.6	194,171	223,089	87.0	50.4	49.6
3	317,229	384,787	82.4	397,252	465,720	85.3	207,060	236,505	87.5	52.1	50.8
4	319,589	392,608	81.4	399,347	475,344	84.0	209,005	243,067	86.0	52.3	51.1
5	319,974	393,224	81.4	395,730	477,709	82.8	217,705	243,234	89.5	55.0	50.9
6	331,640	401,128	82.7	408,773	486,442	84.0	225,641	249,089	90.6	55.2	51.2
7	333,802	408,864	81.6	414,591	496,049	83.6	227,248	252,837	89.9	54.8	51.0
8	342,162	413,096	82.8	422,550	499,972	84.5	235,910	256,396	92.0	55.8	51.3
9	351,557	421,384	83.4	432,371	510,470	84.7	245,496	260,599	94.2	56.8	51.1
10	345,121	415,675	83.0	423,896	503,843	84.1	241,345	257,185	93.8	56.9	51.0
11	332,067	396,291	83.8	415,297	491,437	84.5	232,453	241,597	96.2	56.0	49.2
12	336,822	398,069	84.6	423,020	494,466	85.6	235,087	242,359	97.0	55.6	49.0
13	330,142	397,366	83.1	415,852	492,937	84.4	229,388	243,433	94.2	55.2	49.4
14	332,666	387,638	85.8	416,804	479,826	86.9	227,058	239,146	94.9	54.5	49.8
15	333,363	389,664	85.6	416,742	481,772	86.5	226,904	240,795	94.2	54.4	50.0
16	313,017	376,964	83.0	388,546	472,573	82.2	219,529	233,588	94.0	56.5	49.4
17	311,523	380,438	81.9	388,589	476,334	81.6	219,838	235,917	93.2	56.6	49.5
18	317,193	384,401	82.5	397,731	480,589	82.8	220,665	239,164	92.3	55.5	49.8
19	304,548	377,731	80.6	389,824	471,556	82.7	205,866	237,449	86.7	52.8	50.4
20	306,179	379,497	80.7	390,560	472,177	82.7	207,980	239,330	86.9	53.3	50.7
21	298,265	355,233	78.6	358,806	442,826	75.9	224,608	230,347	93.8	62.6	52.0
22	304,601	360,276	84.5	366,045	450,913	81.2	227,075	232,442	97.7	62.0	51.5
23	307,713	362,296	84.9	370,707	453,609	81.7	227,299	234,150	97.1	61.3	51.6
24	304,765	356,649	85.5	380,338	446,403	85.2	223,285	233,031	95.8	58.7	52.2
25	307,625	357,972	85.9	385,864	447,578	86.2	225,042	234,963	95.8	58.3	52.5
26	314,460	363,338	86.5	398,073	455,258	87.4	227,201	238,406	95.3	57.1	52.4

（資料）厚生労働省「毎月勤労統計調査」（事業所規模30人以上，パートタイム労働者を含む。）
（注）1）熊本県の数値は抽出替えによるギャップ修正を行っていない。
   2）対全国賃金格差は全国の賃金（月間）＝100とした熊本県の指数。
   3）男女間賃金格差は男性の賃金（月間）＝100とした女性の賃金指数。

表－4 賃金水準の推移
(単位：千円)

年次	男性			女性			男女間格差	
	熊本県	全国	対全国格差	熊本県	全国	対全国格差	熊本県	全国
	所定内給与							
平成元年	231.2	276.1	83.7	142.5	166.3	85.7	61.6	60.2
2	238.4	290.5	82.1	152.9	175.0	87.4	64.1	60.2
3	247.7	303.8	81.5	159.7	184.4	86.6	64.5	60.7
4	259.3	313.5	82.7	165.0	192.8	85.6	63.6	61.5
5	269.1	319.9	84.1	172.4	197.0	87.5	64.1	61.6
6	273.4	327.4	83.5	176.5	203.0	86.9	64.6	62.0
7	278.7	330.0	84.5	178.3	206.2	86.5	64.0	62.5
8	279.1	334.0	83.6	184.6	209.6	88.1	66.1	62.8
9	283.0	337.0	84.0	185.8	212.7	87.4	65.7	63.1
10	284.4	336.4	84.5	180.9	214.9	84.2	63.6	63.9
11	282.6	336.7	83.9	187.5	217.5	86.2	66.3	64.6
12	287.7	336.8	85.4	192.5	220.6	87.3	66.9	65.5
13	279.7	340.7	82.1	189.4	222.4	85.2	67.7	65.3
14	283.2	336.2	84.2	196.7	223.6	88.0	69.5	66.5
15	291.5	335.5	86.9	194.3	224.2	86.7	66.7	66.8
16	279.7	333.9	83.8	196.8	225.6	87.2	70.4	67.6
17	281.9	337.8	83.5	194.4	222.5	87.4	69.0	65.9
18	281.1	337.7	83.2	194.4	222.6	87.3	69.2	65.9
19	278.4	336.7	82.7	193.7	225.2	86.0	69.6	66.9
20	281.1	333.7	84.2	197.0	226.1	87.1	70.1	67.8
21	267.3	326.8	81.8	205.4	228.0	90.1	76.8	69.8
22	287.0	328.3	87.4	198.0	227.6	87.0	69.0	69.3
23	280.7	328.3	85.5	213.4	231.9	92.0	76.0	70.6
24	289.7	329.0	88.1	213.2	233.1	91.5	73.6	70.9
25	270.3	326.0	82.9	202.6	232.6	87.1	75.0	71.3
26	281.6	329.6	85.4	203.0	238.0	85.3	72.1	72.2
	きまって支給する給与							
平成元年	255.9	310.0	82.5	150.4	176.7	85.1	58.8	57.0
2	265.4	326.2	81.4	161.2	186.1	86.6	60.7	57.1
3	273.9	340.6	80.4	168.2	195.7	85.9	61.4	57.5
4	284.1	345.6	82.2	174.6	203.6	85.8	61.5	58.9
5	294.2	349.4	84.2	181.8	207.5	87.6	61.8	59.4
6	300.8	357.1	84.2	186.8	213.7	87.4	62.1	59.8
7	306.4	361.3	84.8	188.3	217.5	86.6	61.5	60.2
8	304.7	366.1	83.2	193.7	221.3	87.5	63.6	60.4
9	311.1	371.8	83.7	196.4	225.3	87.2	63.1	60.6
10	309.1	367.9	84.0	191.2	226.8	84.3	61.9	61.6
11	305.2	367.2	83.1	197.2	230.7	85.5	64.6	62.8
12	314.2	370.3	84.9	205.3	235.1	87.3	65.3	63.5
13	306.3	373.5	82.0	200.8	237.1	84.7	65.6	63.5
14	308.3	367.7	83.8	211.1	238.8	88.4	68.5	64.9
15	322.0	368.6	87.4	208.1	239.4	86.9	64.6	64.9
16	306.5	367.7	83.4	208.4	241.7	86.2	68.0	65.7
17	308.2	372.1	82.8	206.4	239.0	86.4	67.0	64.2
18	308.8	372.7	82.9	207.4	238.6	86.9	67.2	64.0
19	306.7	372.4	82.4	203.6	241.7	84.2	66.4	64.9
20	307.3	369.3	83.2	208.1	243.1	85.6	67.7	65.8
21	290.7	354.6	82.0	215.4	243.2	88.6	74.1	68.6
22	313.8	360.0	87.2	210.6	243.6	86.5	67.1	67.7
23	307.3	360.2	85.3	226.3	248.8	91.0	73.6	69.1
24	317.3	362.3	87.6	223.4	249.7	89.5	70.4	68.9
25	301.7	359.8	83.9	217.0	249.4	87.0	71.9	69.3
26	310.9	365.7	85.0	215.6	255.6	84.4	69.3	69.9

(産業計・企業規模計・月間)

年次	男性			女性			男女間格差	
	熊本県	全国	対全国格差	熊本県	全国	対全国格差	熊本県	全国
	年間賞与その他特別給与額							
平成元年	779.7	1,075.3	72.5	396.2	532.7	74.4	50.8	49.5
2	855.2	1,154.2	74.1	437.5	567.1	77.1	51.2	49.1
3	910.8	1,248.9	72.9	478.5	611.9	78.2	52.5	49.0
4	946.3	1,294.2	73.1	493.8	649.8	76.0	52.2	50.2
5	982.9	1,298.8	75.7	508.9	665.3	76.5	51.8	51.2
6	1,021.2	1,287.6	79.3	548.5	680.0	80.7	53.7	52.8
7	973.3	1,264.2	77.0	543.2	684.2	79.4	55.8	54.1
8	960.3	1,278.4	75.1	565.5	695.9	81.3	58.9	54.4
9	970.0	1,289.2	75.2	570.0	698.5	81.6	58.8	54.2
10	987.1	1,282.0	77.0	557.8	696.3	80.1	56.5	54.3
11	944.9	1,217.5	77.6	557.2	685.1	81.3	59.0	56.3
12	851.6	1,162.4	73.3	558.5	677.0	82.5	65.6	58.2
13	855.3	1,177.1	72.7	544.3	677.2	80.4	63.6	57.5
14	855.1	1,142.2	74.9	549.3	652.6	84.2	64.2	57.1
15	833.0	1,054.9	79.0	498.3	617.5	80.7	59.8	58.5
16	721.8	1,014.6	71.1	502.9	601.8	83.6	69.7	59.3
17	757.7	1,057.8	71.6	491.0	566.4	86.7	64.8	53.5
18	760.7	1,082.2	70.3	432.8	569.3	76.0	56.9	52.6
19	773.6	1,078.4	71.7	460.3	568.4	81.0	59.5	52.7
20	761.3	1,072.3	71.0	503.0	582.7	86.3	66.1	54.3
21	681.1	1,043.0	65.3	464.5	570.6	81.4	68.2	54.7
22	720.4	910.2	79.1	444.8	536.2	83.0	61.7	58.9
23	736.4	945.2	77.9	489.6	573.4	85.4	66.5	60.7
24	749.3	949.2	79.0	451.8	550.8	82.0	60.3	58.0
25	702.7	923.4	76.1	441.7	546.5	80.8	62.9	59.2
26	723.2	972.0	74.4	481.9	574.0	84.0	66.6	59.5

(資料) 厚生労働省「賃金構造基本統計調査」(企業規模10人以上)
(注)1) 対全国格差は全国の賃金=100とした熊本県の賃金指数。
  2) 男女間格差は熊本県・全国とも男性の賃金=100とした各女性の賃金指数。

表-5　労働生産性・1人あたり所得と対全国格差の推移

(単位：千円／人)

年度	就業者1人あたり労働生産性			人口1人あたり所得水準		
	全国	熊本県	対全国格差	全国	熊本県	対全国格差
平成13	7,704	6,425	83.4	2,883	2,390	82.9
14	7,720	6,264	81.1	2,855	2,326	81.5
15	7,753	6,313	81.4	2,883	2,356	81.7
16	7,723	6,322	81.9	2,897	2,342	80.8
17	7,704	6,305	81.8	2,928	2,360	80.6
18	7,730	6,447	83.4	2,957	2,394	81.0
19	7,762	6,579	84.8	2,978	2,432	81.7
20	7,457	6,362	85.3	2,773	2,277	82.1
21	7,337	6,273	85.5	2,690	2,231	82.9
22	7,445	6,473	86.9	2,755	2,346	85.2
23	7,362	6,583	89.4	2,733	2,417	88.4
24	7,338	6,684	91.1	2,754	2,442	88.7

(資料)　内閣府「平成24年度国民経済計算年報」
　　　　熊本県「平成24年度県民経済計算報告書」
(注)1)　就業者1人あたり労働生産性とは名目国内(県内)総生産を就業地ベースの就業者数で除したもの。
　　2)　人口1人あたり所得水準とは国民(県民)所得を全国(熊本県)の総人口で除したもの。

(参考表)

年度	熊本県			全国		
	県内総生産 (百万円)	就業者数 (人)	労働生産性 (千円／人)	国内総生産 (10億円)	就業者数 (万人)	労働生産性 (千円／人)
平成13	5,846,833	909,950	6,425	501,711	6,513	7,704
14	5,676,621	906,187	6,264	498,009	6,451	7,720
15	5,714,627	905,178	6,313	501,889	6,473	7,753
16	5,723,165	905,216	6,322	502,761	6,510	7,723
17	5,658,002	897,364	6,305	505,349	6,559	7,704
18	5,727,921	888,467	6,447	509,106	6,587	7,730
19	5,784,616	879,192	6,579	513,023	6,609	7,762
20	5,538,748	870,560	6,362	489,520	6,565	7,457
21	5,398,907	860,717	6,273	473,934	6,459	7,337
22	5,535,451	855,141	6,473	480,233	6,450	7,445
23	5,639,576	856,717	6,583	473,669	6,434	7,362
24	5,639,540	843,687	6,684	472,597	6,441	7,338

(資料)　内閣府「平成24年度国民経済計算年報」
　　　　熊本県「平成24年度県民経済計算報告書」
(注)　就業者数は就業地ベースでの数値である。

表−6(1) 産業別総生産からみた特化係数の推移

年度	第1次産業	第2次産業	第3次産業	製造業	金融・保険業	情報通信業
平成13	2.40	0.87	1.02	0.76	0.72	−
14	2.64	0.82	1.04	0.76	0.76	−
15	2.50	0.83	1.03	0.82	0.74	−
16	2.54	0.87	1.02	0.86	0.62	−
17	2.75	0.86	1.02	0.84	0.77	0.71
18	2.50	0.89	1.01	0.85	0.75	0.70
19	2.73	0.87	1.02	0.84	0.78	0.68
20	2.82	0.84	1.03	0.81	0.76	0.65
21	2.50	0.85	1.02	0.87	0.76	0.66
22	2.50	0.86	1.02	0.82	0.74	0.65
23	2.58	0.94	0.99	0.94	0.76	0.62
24	2.83	0.96	0.98	0.96	0.74	0.61

(資料) 内閣府「平成24年度国民経済計算年報」
(注) 1) 特化係数とは熊本県の産業別構成比を全国の産業別構成比で除したものをいう。
 2) 情報通信業の構成比は平成16年度までは熊本県が通信業のみであることから、同産業の特化係数は17年度から求めた。

表−6(2) 就業者数からみた特化係数の推移

年度	第1次産業	第2次産業	第3次産業
昭和30	1.35	0.59	0.86
35	1.55	0.50	0.91
40	1.76	0.53	0.91
45	1.91	0.53	0.97
50	2.06	0.63	0.95
55	2.17	0.69	0.96
60	2.30	0.72	0.96
平成2	2.42	0.77	0.97
7	2.39	0.81	0.97
12	2.41	0.83	0.97
17	2.38	0.86	0.97
22	2.47	0.83	0.98

(資料) 総務省「国勢調査」
(注) 特化係数とは熊本県の産業3部門の就業者数の割合を全国の同割合で除したもの。

表－7　名目賃金指数と実質賃金指数の推移
（年平均・事業所規模30人以上・熊本県）

平成22年平均＝100

年次	名目賃金指数		実質賃金指数	
	指数	対前年増減率（％）	指数	対前年増減率（％）
昭和45年	19.5	―	56.7	―
46	22.4	14.9	61.7	8.8
47	25.9	15.6	68.0	10.2
48	28.9	11.6	68.0	0.0
49	36.8	27.3	69.8	2.6
50	45.9	24.7	77.5	11.0
51	51.9	13.1	81.0	4.5
52	55.9	7.7	80.7	－0.4
53	60.6	8.4	84.5	4.7
54	66.3	9.4	89.6	6.0
55	72.6	9.5	91.2	1.8
56	75.9	4.5	91.7	0.5
57	73.6	－3.0	87.5	－4.6
58	75.0	1.9	87.3	－0.2
59	78.5	4.7	89.2	2.2
60	83.1	5.9	92.1	3.3
61	87.6	5.4	97.0	5.3
62	90.9	3.8	101.1	4.2
63	93.5	2.9	100.8	－0.3
平成元年	96.1	2.8	103.6	2.8
2	96.2	0.1	100.2	－3.3
3	100.8	4.8	101.8	1.6
4	104.1	3.3	103.4	1.6
5	105.0	0.9	102.9	－0.5
6	108.9	3.7	106.2	3.2
7	109.6	0.6	107.2	0.9
8	112.3	2.5	109.8	2.4
9	115.4	2.8	111.3	1.4
10	113.3	－1.8	108.4	－2.6
11	109.0	－3.8	104.4	－3.7
12	110.6	1.5	106.8	2.3
13	108.4	－2.0	105.8	－0.9
14	109.2	0.7	107.2	1.3
15	109.4	0.2	108.2	0.9
16	102.8	－6.0	101.9	－5.8
17	102.3	－0.5	102.1	0.2
18	104.1	1.8	103.9	1.8
19	100.0	－3.9	100.0	－3.8
20	100.5	0.5	99.1	－0.9
21	97.9	－2.6	97.4	－1.7
22	100.0	2.1	100.0	2.7
23	101.0	1.0	101.5	1.5
24	100.1	－1.0	101.0	－0.5
25	101.0	0.9	101.9	0.9
26	103.2	2.2	100.7	－1.2
27	103.2	0.0	99.6	－1.1

（資料）厚生労働省「毎月勤労統計調査」
（注）1）就業形態計・調査産業計・事業所規模30人以上。
　　　2）実質賃金指数＝現金給与総額の賃金指数(名目)／消費者物価指数(帰属家賃を除く総合)。

表-8　名目賃金指数と実質賃金指数の推移
（年平均・事業所規模30人以上・全国）

平成22年平均＝100

年次	名目賃金指数		実質賃金指数	
	指数	対前年増減率（％）	指数	対前年増減率（％）
昭和45年	20.1	―	60.2	
46	23.0	14.6	65.0	8.0
47	26.7	16.0	72.2	11.1
48	32.4	21.5	78.3	8.4
49	41.3	27.2	80.2	2.4
50	47.4	14.8	82.3	2.6
51	53.3	12.5	84.7	2.9
52	57.8	8.5	85.1	0.5
53	61.6	6.4	87.3	2.6
54	65.2	6.0	89.2	2.2
55	69.3	6.3	87.8	－1.6
56	73.1	5.3	88.3	0.6
57	76.1	4.1	89.5	1.4
58	78.2	2.7	90.3	0.9
59	81.1	3.6	91.6	1.4
60	83.3	2.8	92.2	0.7
61	85.5	2.7	94.3	2.3
62	87.2	1.9	96.4	2.2
63	90.3	3.5	99.2	2.9
平成元年	94.0	4.2	101.1	1.9
2	98.5	4.7	102.7	1.6
3	101.8	3.5	102.7	0.0
4	103.7	1.7	103.0	0.3
5	104.3	0.6	102.5	－0.5
6	106.2	1.8	103.7	1.2
7	108.1	1.8	105.9	2.1
8	109.8	1.6	107.5	1.5
9	111.9	2.0	107.9	0.4
10	110.5	－1.4	105.8	－1.9
11	109.0	－1.4	104.8	－0.9
12	108.7	－0.3	105.4	0.6
13	107.6	－0.9	105.4	0.0
14	104.5	－2.9	103.5	－1.8
15	104.4	－0.1	103.7	0.2
16	103.6	－0.8	102.9	－0.8
17	104.6	1.0	104.3	1.4
18	105.7	1.0	105.1	0.8
19	104.8	－0.9	104.1	－1.0
20	104.2	－0.5	101.9	－2.1
21	99.0	－5.0	98.2	－3.6
22	100.0	1.1	100.0	1.8
23	100.2	0.2	100.5	0.5
24	99.3	－0.9	99.6	－0.9
25	99.0	－0.3	98.8	－0.8
26	99.9	0.9	96.4	－2.4
27	99.9	0.0	95.5	－0.9

（資料）厚生労働省「毎月勤労統計調査」
（注）1）就業形態計・調査産業計・事業所規模30人以上。
　　　2）実質賃金指数＝現金給与総額の賃金指数(名目)／消費者物価指数(帰属家賃を除く総合)。

表－9　名目賃金指数と実質賃金指数の推移
（年度平均・事業所規模30人以上・全国）

平成22年平均＝100

年次	名目賃金指数		実質賃金指数	
	指数	対前年増減率（％）	指数	対前年増減率（％）
昭和45年	20.7	—	61.2	—
46	23.6	13.7	65.9	7.7
47	27.6	16.5	73.2	11.1
48	33.4	21.9	76.4	4.4
49	43.2	29.1	81.1	6.2
50	48.6	12.4	82.7	2.0
51	54.3	11.8	84.4	2.1
52	58.7	8.1	85.4	1.2
53	62.3	5.9	87.7	2.7
54	66.0	6.1	88.7	1.1
55	70.0	6.0	87.3	－1.6
56	73.7	5.1	88.3	1.1
57	76.8	4.3	89.8	1.7
58	78.7	2.4	90.4	0.7
59	81.5	3.5	91.6	1.3
60	83.9	3.1	92.6	1.1
61	85.8	2.3	94.9	2.5
62	87.8	2.0	96.7	1.9
63	90.9	3.8	99.7	3.1
平成元年	94.8	4.2	101.0	1.3
2	99.1	4.6	102.4	1.4
3	102.4	3.3	102.9	0.5
4	103.8	1.4	102.8	－0.1
5	104.8	0.9	102.6	－0.2
6	106.7	1.9	104.2	1.6
7	108.3	1.4	106.2	1.9
8	110.7	2.3	108.4	2.1
9	111.9	1.1	107.3	－1.0
10	110.1	－1.6	105.5	－1.7
11	109.0	－1.1	105.0	－0.5
12	108.7	－0.2	105.5	0.5
13	107.1	－1.4	105.3	－0.2
14	104.3	－2.6	103.4	－1.8
15	104.0	－0.3	103.3	－0.1
16	103.6	－0.3	102.9	－0.4
17	104.9	1.2	104.6	1.7
18	105.7	0.8	105.1	0.5
19	104.9	－0.7	103.9	－1.1
20	103.3	－1.6	101.0	－2.8
21	99.1	－4.1	98.6	－2.4
22	100.1	1.1	100.2	1.6
23	100.2	0.1	100.4	0.2
24	99.1	－1.1	99.5	－0.9
25	99.0	－0.1	98.3	－1.2
26	100.0	1.0	95.9	－2.4
27	100.2	0.2	95.8	－0.1

（資料）厚生労働省「毎月勤労統計調査」
（注）1）就業形態計・調査産業計・事業所規模30人以上。
　　　2）実質賃金指数＝現金給与総額の賃金指数(名目)／消費者物価指数(帰属家賃を除く総合)。

表-10　名目賃金指数と実質賃金指数の推移
（年平均・事業所規模5人以上・全国）

平成22年平均＝100

年次	名目賃金指数		実質賃金指数	
	指数	対前年増減率（％）	指数	対前年増減率（％）
平成2年	100.9	―	105.2	―
3	105.4	4.4	106.4	1.1
4	107.5	2.0	106.8	0.4
5	107.7	0.3	105.8	−0.9
6	109.4	1.5	106.8	0.9
7	110.6	1.1	108.3	1.4
8	111.8	1.1	109.5	1.1
9	113.6	1.6	109.5	0.0
10	112.1	−1.3	107.4	−1.9
11	110.4	−1.5	106.2	−1.1
12	110.5	0.1	107.2	0.9
13	108.8	−1.6	106.6	−0.6
14	105.6	−2.9	104.6	−1.9
15	104.8	−0.7	104.1	−0.5
16	104.1	−0.7	103.4	−0.7
17	104.7	0.6	104.4	1.0
18	105.0	0.3	104.4	0.0
19	103.9	−1.0	103.2	−1.1
20	103.6	−0.3	101.3	−1.8
21	99.5	−3.9	98.7	−2.6
22	100.0	0.5	100.0	1.3
23	99.8	−0.2	100.1	0.1
24	98.9	−0.9	99.2	−0.9
25	98.5	−0.4	98.3	−0.9
26	98.9	0.4	95.5	−2.8
27	99.0	0.1	94.6	−0.9

（資料）厚生労働省「毎月勤労統計調査」
（注）1）調査産業計・事業所規模5人以上。
　　2）実質賃金指数＝現金給与総額の賃金指数(名目)／消費者物価指数(帰属家賃を除く総合)。

表−11(1) 現金給与総額の推移
(産業計・男女計・事業所規模30人以上)

(単位:円)

年次	熊本県 金額	全国 金額(年次数値)	全国 金額(年度数値)
昭和45年	59,346	75,670	
46	68,307	86,834	
47	78,927	100,586	
48	88,021	122,545	
49	112,236	154,967	
50	139,674	177,213	
51	158,051	200,242	
52	170,310	219,620	
53	184,563	235,378	
54	202,057	247,909	
55	221,062	263,386	
56	231,151	279,096	
57	224,186	288,738	
58	228,311	297,269	
59	238,989	310,463	
60	253,200	317,091	
61	266,785	327,041	
62	276,946	335,944	
63	284,809	341,160	
平成元年	292,819	357,079	
2	292,946	370,169	
3	306,998	384,787	
4	317,229	392,608	393,177
5	319,974	393,224	395,126
6	331,640	401,128	403,387
7	333,802	408,864	409,517
8	342,162	413,096	416,579
9	351,557	421,384	421,342
10	345,121	415,675	409,275
11	332,067	396,291	397,155
12	336,822	398,069	399,119
13	330,142	397,366	396,091
14	332,666	387,638	387,744
15	333,363	389,664	385,825
16	313,017	376,964	377,209
17	311,523	380,438	381,102
18	317,193	384,401	383,040
19	304,548	377,731	378,875
20	306,179	379,497	375,056
21	298,265	355,223	355,814
22	304,601	360,276	360,987
23	307,713	362,296	361,162
24	304,765	356,649	356,473
25	307,625	357,972	358,257
26	314,460	363,338	362,467
27	314,351	357,949	358,806

(資料) 厚生労働省「毎月勤労統計調査」(全国調査・地方調査)
(注)1) 全国データの平成8~27年は「毎勤調査」(全国調査)に,熊本県データの平成9~27年は「同調査」(地方調査)による。
    2) 全国データの昭和45~平成7年は労働政策研究・研修機構(JILPT)の「労働統計データ検索システム」による。
    3) 熊本県データの昭和45~54年は総務省「(検索)統計局ホームページ/第19章労働・賃金」に,昭和55~平成8年は労働政策研究・研修機構(JILPT)の「労働統計データ検索システム」による。

表－11(2) 現金給与総額の推移
（産業計・男女計・事業所規模5人以上）

(単位：円)

年次	熊本県 金額	全国 金額
昭和45年		
46		
47		
48		
49		
50		
51		
52		199,118
53		212,119
54		223,175
55		238,175
56		250,847
57		259,967
58		267,312
59		279,624
60		285,371
61		295,099
62		301,520
63		308,974
平成元年		323,395
2		329,443
3		345,358
4		352,333
5		352,744
6		358,455
7		362,510
8		365,810
9	305,789	371,670
10	306,919	366,481
11	294,804	353,679
12	292,961	355,474
13	283,393	351,335
14	282,364	343,480
15	295,761	341,898
16	283,956	332,784
17	273,031	334,910
18	269,609	335,774
19	270,179	330,313
20	269,679	331,300
21	264,489	315,294
22	270,440	317,321
23	272,770	316,791
24	274,948	314,126
25	274,232	314,048
26	275,739	316,567
27	278,562	313,801

（資料）厚生労働省「毎月勤労統計調査」
　　　　（全国調査・地方調査）
（注）表－11(1)と同じ。

表-12　月別にみた名目賃金指数の推移（全国）

平成22年平均＝100

年次	月	事業所規模5人以上		事業所規模30人以上	
		指数	前年比(％)	指数	前年比(％)
平成22年		100.0	0.5	100.0	1.1
23		99.8	−0.2	100.2	0.2
24		98.9	−0.9	99.3	−0.9
25		98.5	−0.4	99.0	−0.3
26		98.9	0.4	99.9	0.9
27		99.0	0.1	99.9	0.0
平成25年	1月	84.9	−0.2	83.1	0.2
	2	82.5	−1.2	80.9	−1.3
	3	86.4	−1.3	85.1	−1.7
	4	85.6	−0.3	84.1	−0.5
	5	84.0	−0.5	82.6	−0.4
	6	136.9	0.2	147.1	1.0
	7	113.2	−0.4	112.7	−1.1
	8	85.1	−1.3	82.3	−1.1
	9	83.0	−0.6	81.4	−0.5
	10	83.6	−0.6	82.2	−0.1
	11	86.8	0.2	85.9	0.9
	12	170.4	0.2	181.0	0.3
平成26年	1月	84.4	−0.6	82.5	−0.7
	2	82.1	−0.5	80.6	−0.4
	3	86.7	0.3	85.7	0.7
	4	85.9	0.4	84.6	0.6
	5	84.2	0.2	83.0	0.5
	6	137.7	0.6	149.3	1.5
	7	115.4	1.9	116.5	3.4
	8	85.6	0.6	83.1	1.0
	9	83.3	0.4	82.0	0.7
	10	83.5	−0.1	82.3	0.1
	11	86.6	−0.2	85.9	0.0
	12	171.9	0.9	183.6	1.4
平成27年	1月	84.9	0.6	82.8	0.4
	2	82.2	0.1	80.6	0.0
	3	86.7	0.0	85.8	0.1
	4	86.5	0.7	85.2	0.7
	5	84.8	0.7	84.0	1.2
	6	134.3	−2.5	144.3	−3.3
	7	116.4	0.9	117.7	1.0
	8	85.9	0.4	83.4	0.4
	9	83.6	0.4	82.3	0.4
	10	84.1	0.7	83.2	1.1
	11	86.6	0.0	86.1	0.2
	12	171.9	0.0	183.0	−0.3

（資料）厚生労働省「毎月勤労統計調査」（全国調査）
　　　── 長期時系列表・月次（5人以上・10人以上・現金給与総額・調査産業計）
（注）前月比（％）とは前年同月比のこと。

表－13　月別にみた実質賃金指数の推移（全国）

平成22年平均＝100

年次	月	事業所規模5人以上		事業所規模30人以上	
		指数	前年比(％)	指数	前年比(％)
平成22年		100.0	1.3	100.0	1.8
23		100.1	0.1	100.5	0.5
24		99.2	−0.9	99.6	−0.9
25		98.3	−0.9	98.8	−0.8
26		95.5	−2.8	96.4	−2.4
27		94.6	−0.9	95.5	−0.9
平成25年	1月	85.4	0.0	83.6	0.6
	2	83.2	−0.5	81.6	−0.6
	3	86.9	−0.3	85.6	−0.8
	4	85.8	0.4	84.3	0.2
	5	84.1	−0.1	82.7	0.0
	6	137.0	−0.1	147.2	0.6
	7	113.0	−1.3	112.5	−1.9
	8	84.7	−2.3	81.9	−2.2
	9	82.2	−1.9	80.6	−1.8
	10	82.7	−2.0	81.3	−1.6
	11	85.9	−1.6	85.0	−0.9
	12	168.4	−1.7	178.9	−1.5
平成26年	1月	83.6	−2.1	81.7	−2.3
	2	81.2	−2.4	79.7	−2.3
	3	85.5	−1.6	84.5	−1.3
	4	82.7	−3.6	81.4	−3.4
	5	80.7	−4.0	79.5	−3.9
	6	132.0	−3.6	143.1	−2.8
	7	110.6	−2.1	111.7	−0.7
	8	81.8	−3.4	79.4	−3.1
	9	79.4	−3.4	78.2	−3.0
	10	79.9	−3.4	78.8	−3.1
	11	83.2	−3.1	82.5	−2.9
	12	165.0	−2.0	176.2	−1.5
平成27年	1月	81.7	−2.3	79.7	−2.4
	2	79.3	−2.3	77.7	−2.5
	3	83.2	−2.7	82.3	−2.6
	4	82.6	−0.1	81.4	0.0
	5	80.7	0.0	79.9	0.5
	6	128.1	−3.0	137.7	−3.8
	7	111.2	0.5	112.4	0.6
	8	81.9	0.1	79.5	0.1
	9	79.6	0.3	78.4	0.3
	10	80.2	0.4	79.3	0.6
	11	82.9	−0.4	82.4	−0.1
	12	164.7	−0.2	175.3	−0.5

（資料）厚生労働省「毎月勤労統計調査」（全国調査）
　　　―長期時系列表・月次（5人以上・10人以上・現金給与総額・調査産業計）
（注）1）実質賃金指数＝名目賃金指数／消費者物価指数（帰属家賃を除く総合）として算出。
　　2）前年比（％）とは前年同月比のこと。

表－14(1)　現金給与総額の推移（調査産業計・月間・全国）

(単位：円, %)

年次	月	事業所規模5人以上 指数	前年比(%)	事業所規模30人以上 指数	前年比(%)
平成22年		317,321	0.6	360,276	1.4
23		316,791	−0.2	362,296	0.6
24		314,126	−0.7	356,649	−0.6
25		314,048	0.0	357,972	0.3
26		316,567	0.8	363,338	1.5
27		313,801	0.1	357,949	0.0
平成25年	1月	269,937	0.1	299,270	0.8
	2	262,355	−0.8	291,539	−0.7
	3	274,764	−0.9	307,091	−1.2
	4	273,406	0.0	303,216	0.1
	5	267,408	−0.1	297,852	0.1
	6	435,735	0.6	531,109	1.5
	7	360,388	−0.1	407,341	−0.4
	8	271,231	−0.9	297,656	−0.5
	9	264,447	−0.2	294,452	0.1
	10	266,712	−0.1	297,414	0.4
	11	276,699	0.6	310,846	1.5
	12	543,597	0.5	655,363	0.9
平成26年	1月	269,203	−0.2	298,937	−0.1
	2	262,020	−0.1	292,084	0.2
	3	276,688	0.7	310,777	1.3
	4	274,241	0.7	306,807	1.2
	5	268,859	0.6	301,208	1.1
	6	440,280	1.0	542,093	2.1
	7	369,097	2.4	423,174	4.0
	8	273,569	0.9	302,373	1.6
	9	266,328	0.7	298,197	1.3
	10	267,212	0.2	299,584	0.7
	11	277,152	0.1	312,692	0.6
	12	550,332	1.3	669,187	2.1
平成27年	1月	268,902	0.6	296,696	0.4
	2	280,171	0.1	288,596	0.0
	3	274,536	0.0	307,364	0.1
	4	273,873	0.7	304,981	0.7
	5	268,520	0.7	300,799	1.2
	6	425,201	−2.5	516,839	−3.3
	7	368,547	0.9	421,387	1.0
	8	271,913	0.4	298,598	0.4
	9	264,645	0.4	294,592	0.4
	10	266,426	0.7	297,816	1.1
	11	274,414	0.0	308,248	0.2
	12	544,269	0.0	655,571	−0.3

(資料) 厚生労働省「毎月勤労統計調査」（全国調査）
(注)1) 各年各月の数値は年次結果・各月結果の確報による。
　　2) 前年比（%）とは前年同月比のこと。

表-14(2)　現金給与総額の推移(調査産業計・月間・熊本県)

(単位：円，％)

年次	月	事業所規模5人以上		事業所規模30人以上	
		指数	前年比(％)	指数	前年比(％)
平成22年		270,440	2.3	304,601	2.1
23		272,770	0.8	307,713	1.0
24		274,948	0.7	304,765	−0.8
25		274,232	−0.3	307,625	0.9
26		275,739	0.6	314,460	2.2
27		278,562	0.2	314,351	−1.5
平成25年	1月	256,689	−0.9	298,507	2.1
	2	230,534	0.2	254,042	−0.6
	3	237,225	−2.8	262,586	−1.5
	4	239,179	1.5	262,120	0.6
	5	240,783	3.1	272,736	4.8
	6	357,198	−4.6	409,642	−5.9
	7	316,768	0.5	352,734	2.4
	8	243,493	−1.3	261,946	0.0
	9	234,880	−0.5	256,613	1.1
	10	234,299	0.6	257,017	1.4
	11	239,371	0.4	257,998	1.7
	12	458,025	1.5	542,862	4.6
平成26年	1月	258,829	0.8	297,271	−0.4
	2	227,057	−1.5	257,143	1.2
	3	235,628	−0.7	266,615	1.5
	4	236,282	−1.2	266,486	1.6
	5	236,862	−1.7	270,594	−0.8
	6	374,644	4.9	460,734	12.5
	7	318,861	0.6	364,130	3.2
	8	246,264	1.1	265,470	1.4
	9	235,560	0.3	260,092	1.3
	10	237,271	1.3	260,651	1.4
	11	237,746	−0.7	262,374	1.8
	12	463,397	1.2	540,165	−0.5
平成27年	1月	254,845	−2.1	271,846	−9.5
	2	237,689	4.0	264,232	1.6
	3	241,696	1.9	267,553	−0.8
	4	237,972	0.1	263,090	−2.5
	5	238,258	0.2	268,545	−2.1
	6	394,028	4.4	476,834	2.1
	7	299,085	−6.8	339,653	−8.0
	8	248,724	0.2	264,787	−1.8
	9	235,884	−0.7	257,798	−2.4
	10	236,183	−1.2	259,832	−1.8
	11	238,661	−0.5	265,103	−0.7
	12	475,272	1.7	568,131	3.5

(資料) 厚生労働省「毎月勤労統計調査」(地方調査)
(注)1) 各年各月の数値は年次結果・各月結果の確報による。
　　2) 前年比(％)とは前年同月比のこと。

表－15(1)　賃金支払別・年齢階級別にみた男女間賃金格差（産業計・企業規模計・熊本県）

(単位：千円)

区　分		きまって支給する給与			所定内給与			年間賞与その他特別給与額		
		男性	女性	賃金格差	男性	女性	賃金格差	男性	女性	賃金格差
平成24年	年齢計	317.3	223.4	70.4	289.7	213.2	73.6	749.3	451.8	60.3
	～19歳	171.1	158.8	92.8	158.1	150.2	95.0	104.0	54.0	52.0
	20～24	209.1	177.8	85.0	184.8	168.4	91.1	370.8	252.9	68.2
	25～29	241.0	207.3	86.0	215.1	193.3	89.9	518.4	431.6	83.3
	30～34	270.5	245.3	90.7	239.1	233.5	97.7	579.8	425.3	73.4
	35～39	322.1	234.4	72.8	283.4	222.7	78.6	788.2	476.8	60.5
	40～44	362.6	232.5	64.1	330.3	221.3	67.0	965.9	543.0	56.2
	45～49	383.1	242.3	63.2	354.6	230.3	64.9	1050.1	599.8	57.1
	50～54	398.4	238.8	59.9	377.0	230.9	61.2	947.9	543.6	57.3
	55～59	355.9	231.6	65.1	333.6	223.4	67.0	918.4	472.0	51.4
	60～64	255.8	200.5	78.4	235.1	196.9	83.8	360.9	335.0	92.8
	65～69	246.2	180.5	73.3	235.8	178.0	75.5	436.5	279.2	64.0
平成25年	年齢計	301.7	217.0	71.9	270.3	202.6	75.0	702.7	441.7	62.9
	～19歳	179.4	173.5	96.7	165.4	155.4	94.0	87.7	49.0	55.9
	20～24	203.6	183.9	90.3	179.4	169.6	94.5	338.4	249.3	73.7
	25～29	239.4	199.6	83.4	207.4	182.8	83.1	490.7	420.5	85.7
	30～34	279.2	207.1	74.2	245.7	193.1	78.6	632.4	459.5	72.7
	35～39	308.0	218.9	71.1	267.7	205.6	76.8	691.2	475.8	68.8
	40～44	329.4	251.3	76.3	292.8	235.7	80.5	809.7	486.0	60.0
	45～49	351.0	240.5	68.5	315.6	221.1	70.1	909.3	503.8	55.4
	50～54	359.1	233.5	65.0	333.7	219.7	65.8	1026.2	570.4	55.6
	55～59	340.4	216.4	63.6	310.0	203.2	65.5	842.7	442.4	52.5
	60～64	248.9	173.9	69.9	235.5	169.0	71.8	348.2	218.5	62.8
	65～69	228.4	204.6	89.6	217.3	201.1	92.5	226.1	419.3	185.4
平成26年	年齢計	310.9	215.6	69.3	281.6	203.0	72.1	723.2	481.9	59.7
	～19歳	184.7	158.5	85.8	164.1	146.4	89.2	76.7	39.5	51.5
	20～24	212.9	188.9	88.7	188.7	175.0	92.7	348.3	322.5	92.6
	25～29	245.1	206.3	84.2	215.8	192.4	89.2	526.2	499.7	95.0
	30～34	274.3	202.8	73.9	239.1	189.9	79.4	585.8	453.6	77.4
	35～39	303.8	222.6	73.3	265.8	210.6	79.2	707.4	473.9	67.0
	40～44	344.7	226.2	65.6	312.6	210.5	67.3	813.3	545.8	67.1
	45～49	366.9	229.5	62.6	336.4	217.1	64.5	999.2	560.3	56.1
	50～54	365.8	223.2	61.0	339.4	209.6	61.8	1013.6	538.7	53.1
	55～59	355.8	232.2	65.3	330.4	222.5	67.3	943.9	576.8	61.1
	60～64	262.5	202.0	77.0	246.6	194.3	78.8	436.4	337.9	77.4
	65～69	303.4	222.7	73.4	291.5	216.7	74.3	298.6	356.4	89.4

(資料)　厚生労働省「賃金構造基本統計調査」（企業規模10人以上）
(注)1)　年齢階級の各賃金は産業計・企業規模計・学歴計における賃金。
　　2)　各年齢階級の賃金格差は各年齢階級の男性の賃金＝100とした場合の女性の賃金指数。

表－15(2)　賃金支払別・年齢階級別にみた男女間賃金格差（産業計・企業規模計・全国）

(単位：千円)

区　分		きまって支給する給与			所定内給与			年間賞与その他特別給与額		
		男性	女性	賃金格差	男性	女性	賃金格差	男性	女性	賃金格差
平成24年	年齢計	362.3	249.7	68.9	329.0	233.1	70.9	949.2	550.8	58.0
	～19歳	189.8	170.8	90.0	169.4	161.3	95.2	115.2	82.0	71.2
	20～24	229.2	205.8	89.8	200.5	190.5	95.0	365.1	318.7	87.3
	25～29	275.8	237.9	86.3	237.1	216.7	91.4	609.4	532.5	87.4
	30～34	319.8	251.4	78.6	278.3	232.7	83.6	762.8	565.2	74.1
	35～39	361.2	262.1	72.6	319.6	244.2	76.4	929.4	597.6	64.3
	40～44	400.3	272.9	68.2	363.3	254.9	70.2	1134.2	660.7	58.3
	45～49	441.3	272.5	61.7	408.1	256.6	62.9	1324.7	650.7	49.1
	50～54	450.9	268.0	59.4	423.7	252.7	59.6	1373.7	641.2	46.7
	55～59	423.6	252.8	59.7	398.7	240.4	60.3	1209.4	590.6	48.8
	60～64	293.9	220.4	75.0	278.1	211.3	76.0	566.1	371.0	65.5
	65～69	272.7	212.6	78.0	260.7	205.6	78.9	351.9	308.4	87.6
平成25年	年齢計	359.8	249.4	69.3	326.0	232.6	71.3	923.4	546.5	59.2
	～19歳	190.2	170.1	89.4	170.0	159.3	93.7	130.1	80.9	62.2
	20～24	230.8	205.9	89.2	200.7	190.4	94.9	365.6	301.9	82.6
	25～29	275.3	235.9	85.7	236.5	215.2	91.0	608.6	528.6	86.9
	30～34	316.4	249.8	79.0	275.2	230.5	83.8	743.2	559.8	75.3
	35～39	357.0	263.0	73.7	314.5	244.6	77.8	896.5	604.2	67.4
	40～44	396.5	267.0	67.3	357.3	249.8	69.9	1093.2	642.2	58.7
	45～49	431.6	274.0	63.5	397.6	256.9	64.6	1256.7	659.6	52.5
	50～54	445.5	269.9	60.6	417.7	254.2	60.9	1335.3	642.0	48.1
	55～59	420.9	258.2	61.3	394.8	245.2	62.1	1184.9	590.5	49.8
	60～64	296.3	218.4	73.7	281.1	209.0	74.4	543.3	367.8	67.7
	65～69	276.2	214.2	77.6	263.7	208.1	78.9	357.2	290.8	81.4
平成26年	年齢計	365.7	255.6	69.9	329.6	238.0	72.2	972.0	574.0	59.1
	～19歳	193.5	174.1	90.0	171.7	161.9	94.0	118.4	100.2	84.6
	20～24	234.1	208.8	89.2	202.5	192.9	95.3	377.0	314.8	83.5
	25～29	278.7	239.4	85.9	238.2	218.4	91.7	644.5	546.5	84.8
	30～34	320.6	255.4	79.7	276.3	235.1	85.1	787.1	578.6	73.5
	35～39	361.9	266.7	73.7	316.8	247.9	78.3	933.3	619.3	66.4
	40～44	396.8	274.1	69.1	355.0	255.4	71.9	1104.2	673.8	61.0
	45～49	437.8	282.2	64.5	400.4	263.5	65.8	1316.4	691.3	52.5
	50～54	454.0	276.7	60.9	422.6	260.2	61.6	1408.8	671.0	47.6
	55～59	432.6	266.7	61.6	406.1	252.7	62.2	1277.8	640.6	50.1
	60～64	300.5	225.7	75.1	284.7	216.0	75.9	606.3	400.1	66.0
	65～69	280.5	217.7	77.6	268.6	210.6	78.3	347.4	310.6	89.4

(資料)　厚生労働省「賃金構造基本統計調査」（企業規模10人以上）
(注)1)　年齢階級の各賃金は産業計・企業規模計・学歴計における賃金。
　　2)　各年齢階級の賃金格差は各年齢階級の男性の賃金＝100とした場合の女性の賃金指数。

表－16 年齢階級別にみた非正規雇用者の割合（熊本県・平成24年）

(単位：百人，％)

年齢階級	男性				女性			
	雇用者総数	正規雇用者	非正規雇用者	非正規雇用者比率	雇用者総数	正規雇用者	非正規雇用者	非正規雇用者比率
15～19歳	44	17	28	63.6	57	17	40	70.2
20～24	235	135	100	42.6	249	134	115	46.2
25～29	380	296	84	22.1	358	224	134	37.4
30～34	408	336	72	17.6	355	175	180	50.7
35～39	442	393	49	11.1	401	200	201	50.1
40～44	396	354	42	10.6	405	195	210	51.9
45～49	368	335	32	8.7	399	186	213	53.4
50～54	377	346	31	8.2	412	195	217	52.7
55～59	388	324	64	16.5	391	189	202	51.7
60～64	281	127	154	54.8	281	97	183	65.1
65～69	104	31	73	70.2	117	40	77	65.8
70～74	41	13	28	68.3	54	26	28	51.9
75歳以上	19	11	8	42.1	33	21	12	36.4

（資料）総務省「就業構造基本調査」
（注）正規雇用者と非正規雇用者の合計は雇用者総数（役員を除く）と必ずしも一致しない。

表-17 雇用形態別・年齢階級別にみた所定内給与（全国）

（単位：千円）

区分		男女計			男性			女性		
		正社員・正職員	正社員・正職員以外	賃金格差	正社員・正職員	正社員・正職員以外	賃金格差	正社員・正職員	正社員・正職員以外	賃金格差
平成24年	年齢計	317.0	196.4	62.0	343.8	218.4	63.5	252.2	174.8	69.3
	～19歳	169.8	150.9	88.9	172.5	153.5	89.0	164.7	147.1	89.3
	20～24	200.4	171.7	85.7	204.1	178.2	87.3	196.0	165.9	84.6
	25～29	235.9	188.2	79.8	242.4	197.8	81.6	225.5	179.3	79.5
	30～34	272.7	200.6	73.6	285.0	216.7	76.0	245.0	185.9	75.9
	35～39	310.7	200.3	64.5	327.4	220.5	67.3	261.9	184.4	70.4
	40～44	349.1	196.6	56.3	373.7	221.0	59.1	278.3	180.2	64.8
	45～49	385.9	193.4	50.1	420.6	225.7	53.7	285.7	175.7	61.5
	50～54	398.9	191.2	47.9	438.4	229.1	52.3	284.7	169.7	59.6
	55～59	384.4	194.0	50.5	418.3	225.2	53.8	272.4	167.4	61.5
	60～64	297.4	215.5	72.5	311.2	235.5	75.7	255.2	165.0	64.7
	65～69	281.6	198.0	70.3	295.5	214.7	72.7	245.0	154.6	63.1
平成25年	年齢計	314.7	195.3	62.1	340.4	216.9	63.7	251.8	173.9	69.1
	～19歳	168.7	150.4	89.2	172.4	151.9	88.1	161.9	148.9	92.0
	20～24	200.9	168.2	83.7	205.0	172.3	84.0	196.2	164.9	84.0
	25～29	235.1	188.0	80.0	242.4	196.1	80.9	223.0	179.2	80.4
	30～34	270.4	197.8	73.2	281.9	213.0	75.6	243.2	183.4	75.4
	35～39	306.0	198.6	64.9	321.5	222.4	69.2	262.8	181.2	68.9
	40～44	342.1	195.8	57.2	365.5	226.3	61.9	272.3	177.7	65.3
	45～49	378.3	192.4	50.9	409.5	224.3	54.8	286.7	174.7	60.9
	50～54	394.7	193.8	49.1	431.8	229.0	53.0	285.2	173.5	60.8
	55～59	380.3	191.5	50.4	412.4	225.4	54.7	279.4	165.5	59.2
	60～64	300.8	215.8	71.7	318.0	234.5	73.7	248.3	167.9	67.6
	65～69	296.4	195.3	65.9	313.4	207.1	66.1	248.0	159.9	64.5
平成26年	年齢計	317.7	200.3	63.0	343.2	222.2	64.7	256.6	179.2	69.8
	～19歳	170.0	155.0	91.2	172.7	161.4	93.5	164.7	148.7	90.3
	20～24	202.4	170.1	84.0	205.9	176.9	85.9	198.3	164.4	82.9
	25～29	236.8	187.8	79.3	243.2	195.1	80.2	226.3	181.2	80.1
	30～34	271.6	200.9	74.0	282.4	214.8	76.1	247.1	188.6	76.3
	35～39	307.9	203.0	65.9	323.9	224.0	69.2	264.5	187.1	70.7
	40～44	341.6	200.8	58.8	363.7	226.5	62.3	277.3	184.6	66.6
	45～49	379.3	198.7	52.4	411.1	231.3	56.3	291.0	181.7	62.4
	50～54	398.7	197.0	49.4	435.8	234.1	53.7	291.5	177.0	60.7
	55～59	390.3	198.8	50.9	424.7	231.4	54.5	285.5	173.1	60.6
	60～64	306.3	220.2	71.9	321.9	238.9	74.2	258.5	173.7	67.2
	65～69	295.8	205.2	69.4	310.4	219.9	70.8	253.0	167.5	66.2

（資料）厚生労働省「賃金構造基本統計調査」（企業規模10人以上）
（注）1）年齢階級の各賃金は産業計・企業規模計・学歴計における一般労働者の所定内給与である。
   2）各年齢階級の賃金格差は各年齢階級の正社員・正職員の賃金＝100とした場合の正社員・正職員以外の賃金指数である。

表-18 雇用形態別・男女別にみた所定

区　分		一般労働者						パートタイ		
		男性			女性			男性		
		所定内給与	年齢	勤続年数	所定内給与	年齢	勤続年数	所定内給与	年齢	勤続年数
		千円	歳	年	千円	歳	年	円	歳	年
熊本県	平成11	282.6	40.6	12.2	187.5	39.0	8.7	—	—	—
	12	287.7	41.3	12.4	192.5	39.9	9.3	831	32.6	2.3
	13	279.7	41.4	12.1	189.4	40.5	9.2	947	35.1	2.5
	14	283.2	41.0	12.2	196.7	38.7	8.4	826	33.0	2.3
	15	291.5	41.2	12.6	194.3	38.6	8.4	821	34.5	2.8
	16	279.7	40.8	12.0	196.8	40.4	9.0	826	35.6	3.1
	17	281.9	40.8	12.1	194.4	40.7	9.4	925	39.5	3.9
	18	281.1	41.9	12.2	194.4	40.7	9.1	940	42.6	3.8
	19	278.4	40.9	11.7	193.7	40.1	8.6	911	40.0	3.8
	20	281.1	42.1	12.3	197.0	42.0	9.2	962	38.8	4.3
	21	267.3	41.8	11.6	205.4	40.4	9.8	951	40.8	4.4
	22	287.0	42.0	13.2	198.0	40.2	9.5	930	41.8	4.7
	23	280.7	42.1	12.6	213.4	40.7	9.6	950	41.0	4.4
	24	289.7	42.8	12.6	213.2	41.3	9.3	951	44.7	6.1
	25	270.3	42.4	12.5	202.6	41.9	9.8	921	44.3	5.3
	26	281.6	42.7	12.4	203.0	41.7	9.2	933	40.9	4.6
全国	平成11	336.7	40.6	13.2	217.5	37.6	8.5	1,025	36.8	2.9
	12	336.8	40.8	13.3	220.6	37.6	8.8	1,026	38.1	3.1
	13	340.7	40.9	13.6	222.4	37.7	8.9	1,029	38.8	3.1
	14	336.2	41.1	13.5	223.6	37.9	8.8	991	36.8	3.1
	15	335.5	41.2	13.5	224.2	38.1	9.0	1,003	38.3	3.2
	16	333.9	41.3	13.4	225.6	38.3	9.0	1,012	38.5	3.6
	17	337.8	41.6	13.4	222.5	38.7	8.7	1,069	40.1	3.7
	18	337.7	41.8	13.5	222.6	39.1	8.8	1,057	39.6	3.7
	19	336.7	41.9	13.3	225.2	39.2	8.7	1,085	40.0	4.0
	20	333.7	41.7	13.1	208.1	42.0	9.2	1,071	39.7	3.9
	21	326.8	42.0	12.8	228.0	39.4	8.6	1,086	40.3	4.1
	22	328.3	42.1	13.3	227.6	39.6	8.9	1,087	41.4	4.4
	23	328.3	42.3	13.3	231.9	39.9	9.0	1,092	41.5	4.8
	24	329.0	42.5	13.3	233.1	40.0	8.9	1,094	41.4	4.7
	25	326.0	42.8	13.3	232.6	40.4	9.1	1,095	42.7	5.0
	26	329.6	42.4	13.5	238.0	40.6	9.3	1,120	43.4	5.1

(資料) 厚生労働省「賃金構造基本統計調査」(企業規模10人以上)
(注) 1) 一般労働者の所定内給与は1か月あたりの額。
　　 2) パートタイム労働者の所定内給与は1時間あたりの額。

内給与等の推移（産業計・熊本県・全国）

ム労働者			一般労働者					
女性			男性			女性		
所定内給与	年齢	勤続年数	所定内給与	所定内労働時間	時間あたり賃金	所定内給与	所定内労働時間	時間あたり賃金
円	歳	年	千円	時間	円	千円	時間	円
―	―	―	282.6	169	1,672	187.5	169	1,109
775	42.3	4.9	287.7	173	1,663	192.5	170	1,132
773	42.9	5.0	279.7	169	1,655	189.4	168	1,127
787	41.9	4.1	283.2	168	1,686	196.7	168	1,171
781	42.1	4.3	291.5	168	1,735	194.3	168	1,157
779	42.7	4.9	279.7	169	1,655	196.8	166	1,186
802	44.3	4.6	281.9	170	1,658	194.4	167	1,164
843	44.6	4.4	281.1	167	1,683	194.4	165	1,178
826	43.9	4.7	278.4	170	1,638	193.7	169	1,146
843	44.1	5.0	281.1	169	1,663	197.0	167	1,180
827	44.1	4.7	267.3	170	1,572	205.4	167	1,230
874	44.3	5.3	287.0	168	1,708	198.0	165	1,200
853	44.4	5.3	280.7	170	1,651	213.4	167	1,278
863	44.9	5.1	289.7	168	1,724	213.2	168	1,269
843	45.6	5.7	270.3	166	1,628	202.6	165	1,228
883	46.0	5.4	281.6	168	1,676	203.0	165	1,230
887	43.4	4.9	336.7	167	2,016	217.5	165	1,318
889	43.6	4.9	336.8	168	2,005	220.6	166	1,329
890	43.9	5.1	340.7	168	2,028	222.4	166	1,340
891	43.1	5.0	336.2	166	2,025	223.6	163	1,372
893	43.3	5.1	335.5	167	2,009	224.2	165	1,359
904	43.6	5.1	333.9	167	1,999	225.6	164	1,376
942	43.5	5.0	337.8	166	2,035	222.5	163	1,365
940	43.8	4.9	337.7	168	2,010	222.6	165	1,349
962	43.9	5.0	336.7	167	2,016	225.2	164	1,373
975	44.2	5.0	333.7	166	2,010	208.1	163	1,277
973	44.4	5.1	326.8	165	1,981	228.0	163	1,399
979	45.1	5.4	328.3	166	1,978	227.6	163	1,396
988	45.0	5.6	328.3	167	1,966	231.9	167	1,389
1,001	45.1	5.6	329.0	166	1,982	233.1	163	1,430
1,007	45.5	5.8	326.0	164	1,988	232.6	161	1,445
1,012	45.6	5.8	329.6	164	2,010	238.0	162	1,469

表-19 1時間あたりの賃金の比較（熊本県）

(単位：円)

年次	男性				女性			
	一般男性労働者の賃金	パートタイム男性労働者の賃金	高卒男子の初任給	熊本県最低賃金	一般女性労働者の賃金	パートタイム女性労働者の賃金	高卒女子の初任給	熊本県最低賃金
平成14年	1,686	826	813	606	1,171	787	794	606
15	1,735	821	872	606	1,156	781	775	606
16	1,655	826	864	607	1,185	779	798	607
17	1,658	925	866	609	1,164	802	861	609
18	1,643	940	871	612	1,150	843	786	612
19	1,637	911	897	620	1,146	826	827	620
20	1,663	962	906	628	1,179	836	843	628
21	1,572	951	914	630	1,229	827	810	630
22	1,708	930	844	643	1,200	874	898	643
23	1,651	950	847	647	1,278	853	760	647
24	1,724	951	877	653	1,269	863	840	653
25	1,628	921	929	664	1,228	843	896	664
26	1,676	933	887	677	1,230	883	833	677

(資料) 厚生労働省「賃金構造基本統計調査」（企業規模10人以上）
(注) 1) 時間あたり初任給は初任給額を〜19歳の月間所定内実労働時間数で除したもの。
   2) 一般労働者の時間あたりの賃金は月間所定内給与額を所定内実労働時間数で除したもの。

表－20 賃金支払別にみた一般労働者とパートタイム労働者の賃金格差の推移
（産業計・企業規模計・男女計・全国）

(単位：円)

年次	現金給与総額			きまって支給する給与			所定内給与		
	一般労働者	パートタイム労働者	賃金格差	一般労働者	パートタイム労働者	賃金格差	一般労働者	パートタイム労働者	賃金格差
	A	B	B／A	C	D	D／C	E	F	F／E
平成5年	431,592	99,219	23.0	319,686	92,062	28.8	294,827	89,756	30.4
6	440,359	101,269	23.0	328,012	94,468	28.8	302,900	92,149	30.4
7	448,862	102,684	22.9	335,755	95,741	28.5	308,969	93,216	30.2
8	454,208	101,622	22.4	340,697	94,874	27.8	312,529	92,324	29.5
9	465,762	102,125	21.9	347,317	95,803	27.6	317,894	93,060	29.3
10	462,025	102,583	22.2	348,266	96,716	27.8	320,880	93,978	29.3
11	456,811	97,808	21.4	349,460	92,648	26.5	321,727	89,933	28.0
12	460,566	99,547	21.6	353,807	94,573	26.7	324,575	91,640	28.2
13	460,767	99,331	21.6	354,890	94,728	26.7	326,511	91,693	28.1
14	455,961	99,502	21.8	355,545	95,488	26.9	326,524	92,015	28.2
15	457,982	100,702	22.0	357,293	96,741	27.1	326,908	92,951	28.4
16	452,052	100,513	22.2	354,412	96,770	27.3	323,111	93,083	28.8
17	456,549	101,364	22.2	356,395	97,502	27.4	324,730	93,614	28.8
18	460,977	103,406	22.4	358,075	99,716	27.8	325,736	95,414	29.3
19	454,108	105,135	23.2	355,310	101,599	28.6	323,054	97,212	30.1
20	455,502	105,871	23.2	355,872	102,048	28.7	324,467	97,736	30.1
21	430,858	103,774	24.1	345,026	100,482	29.1	318,261	96,698	30.4
22	438,453	105,146	24.0	349,231	101,858	29.2	319,267	97,890	30.7
23	441,079	105,759	24.0	349,958	102,349	29.2	319,862	98,411	30.8
24	436,562	107,002	24.5	349,347	103,750	29.7	319,011	99,651	31.2
25	439,788	106,581	24.2	349,597	103,405	29.6	318,509	99,136	31.1
26	447,677	106,946	23.9	353,222	103,763	29.4	320,864	99,282	30.9

（資料）厚生労働省「毎月勤労統計調査」（事業所規模30人以上）

表-21 分析対象職種の平均年齢・平均勤続年齢

コード番号	分析対象の職種	性別	平均年齢 歳	平均勤続年数 年	所定内給与 千円
	男性の平均賃金				279.0
	専門的・技術的関連職業従事者				
11	一級建築士	M	49.7	12.0	348.8
15	医師	M	40.2	4.3	943.2
22	看護師	M	33.7	6.3	238.1
25	看護補助者	M	35.1	3.2	170.2
41	高等学校教員	M	47.7	18.5	406.9
42	大学教授	M	56.2	18.0	632.9
	販売関連従事者				
54	百貨店店員	M	40.2	9.6	258.5
56	販売店員（百貨店店員を除く）	M	39.1	9.0	213.9
59	自動車外交販売員	M	38.2	11.8	288.4
60	保険外交員	M	44.5	12.0	334.6
	サービス関連・保安関連職業従事者				
63	調理士	M	40.7	6.0	222.5
65	給仕従事者	M	35.7	4.8	187.7
67	娯楽接客員	M	34.6	6.9	225.4
69	警備員	M	47.5	5.8	152.1
	運輸・通信関連従事者				
72	自家用貨物自動車運転者	M	43.3	9.5	200.5
73	タクシー運転者	M	58.6	8.9	157.0
74	営業用バス運転者	M	49.6	11.9	220.7
75	営業用大型貨物自動車運転者	M	46.3	10.0	224.4
76	営業用普通小型貨物自動車運転者	M	43.1	8.8	207.5
	生産工程・労務関連作業者				
77	鋳物工	M	40.4	17.2	290.8
79	一般化学工	M	38.1	12.9	255.2
82	金属プレス工	M	38.9	12.4	227.2
83	鉄工	M	39.0	10.7	222.8
84	板金工	M	39.8	12.0	219.6
86	溶接工	M	44.3	16.5	262.9
87	機械組立工	M	39.8	11.5	242.4
88	機械検査工	M	43.0	18.1	293.8
89	機械修理工	M	38.0	11.3	244.1
95	自動車整備工	M	35.6	10.1	222.7
96	パン・洋生菓子製造工	M	37.5	8.2	192.9
101	製紙工	M	42.2	19.8	278.5
102	紙器工	M	39.7	14.4	221.6
103	オフセット印刷工	M	39.2	13.6	256.2
104	合成樹脂製品成形工	M	33.0	9.2	217.9
105	金属・建築塗装工	M	40.4	14.5	245.1
106	機械製図工	M	37.5	10.3	253.1
109	建設機械運転工	M	49.2	15.6	226.1
112	電気工	M	39.8	12.5	237.3
126	配管工	M	41.6	13.2	246.5
134	ビル清掃員	M	47.1	6.2	167.7

および平均所定内給与の一覧

コード番号	分析対象の職種	性別	平均年齢 歳	平均勤続年数 年	所定内給与 千円
	女性の平均賃金				206.5
	専門的・技術的関連職業従事者				
16	医師	F	36.7	3.6	858.5
21	薬剤師	F	41.6	8.5	367.7
23	看護師	F	38.9	8.3	263.1
24	准看護師	F	45.6	11.2	203.9
26	看護補助者	F	47.2	7.5	157.5
29	栄養士	F	33.8	7.7	204.5
31	保育士	F	35.8	9.0	200.0
40	幼稚園教諭	F	34.6	8.7	199.6
	販売関連・サービス関連職業従事者				
55	百貨店店員	F	41.0	10.3	179.5
57	販売店員(百貨店店員を除く)	F	37.2	7.7	166.0
58	スーパー店チェッカー	F	40.5	7.6	137.2
61	保険外交員	F	47.4	10.6	240.0
64	調理士	F	48.8	7.6	163.2
66	給仕従事者	F	41.2	6.0	152.4
68	娯楽接客員	F	38.1	8.4	187.8
	生産工程・労務関連作業者				
93	半導体チップ製造工	F	37.5	15.8	252.0
97	パン・洋生菓子製造工	F	38.0	6.9	154.3
98	ミシン縫製工	F	47.0	12.6	123.8
135	ビル清掃員	F	59.3	8.6	130.1

(資料)厚生労働省「賃金構造基本統計調査」(企業規模10人以上)
(注)1)平成21~25年における5年間の調査対象の128職種をもとに一覧表を作成。
2)平均年齢・平均勤続年数・平均所定内給与の各数値は5か年の平均値である。
3)男性・女性の平均賃金は平成21~25年における5年間の所定内給与の平均値(産業計・企業規模計)である。

表−22 年齢階級別・役職別にみたきまって支給する給与
（産業計・企業規模計・男女計・全国）

(単位：千円)

年齢階級	役職計	部長級	課長級	係長級	非役職
平成25年					
年齢計	496.0	661.3	517.5	423.6	324.9
20～24歳	283.4	546.9	395.7	272.1	232.0
25～29	315.4	463.2	416.0	311.4	277.8
30～34	380.1	599.4	428.7	382.1	311.5
35～39	426.7	598.9	462.3	408.0	340.5
40～44	474.8	618.4	513.7	428.3	361.1
45～49	530.1	668.6	537.1	449.0	378.4
50～54	551.8	684.8	536.8	455.7	383.9
55～59	537.1	655.2	513.8	421.1	373.7
60～64	558.4	638.6	436.2	359.9	298.9
65～69	647.5	627.7	410.4	275.1	292.8
70歳～	595.1	499.5	307.6	309.5	328.1
平成26年					
年齢計	500.3	659.7	527.8	438.8	329.0
20～24歳	257.0	265.6	295.5	228.0	234.4
25～29	326.0	408.8	359.4	337.0	280.1
30～34	381.9	471.8	444.1	388.6	316.1
35～39	428.5	610.3	474.5	413.5	343.9
40～44	473.6	607.7	515.3	439.3	364.5
45～49	530.5	674.0	548.7	469.4	384.7
50～54	553.8	672.8	552.2	473.9	388.5
55～59	549.6	660.1	529.6	451.9	381.2
60～64	560.0	664.1	449.1	376.5	307.7
65～69	635.3	634.0	330.9	384.7	304.1
70歳～	782.9	855.6	776.0	333.8	286.2

（資料）厚生労働省「賃金構造基本統計調査」（企業規模10人以上）
（注）役職別にみた各年齢階級の給与は企業規模100人以上の企業を調査対象としている。

表-23 役職別・産業別にみたきまって支給する給与
(企業規模計・男女計・全国・平成26年)

(単位：千円)

分類		産業	役職計	部長	課長	係長	非役職
1	T	調査産業計	500.3	659.7	527.8	438.8	329.0
2	D	建設業	508.2	625.9	526.2	415.2	352.5
3	E	製造業	491.4	641.4	527.0	449.8	329.8
4	F	電気・ガス・熱供給・水道業	646.0	798.2	660.5	632.4	424.6
5	G	情報通信業	542.5	682.8	557.0	476.3	379.2
6	H	運輸業，郵便業	461.5	559.5	481.1	420.6	331.4
7	I	卸売業，小売業	473.4	638.9	512.3	402.8	320.4
8	J	金融業，保険業	602.2	843.9	680.5	486.1	330.0
9	K	不動産業，物品賃貸業	549.6	731.1	580.8	469.6	340.1
10	L	学術研究，専門・技術サービス業	569.3	718.8	563.2	471.7	397.1
11	M	宿泊業，飲食サービス業	381.7	522.5	410.1	376.1	260.4
12	N	生活関連サービス業，娯楽業	422.5	556.5	449.2	364.3	272.8
13	O	教育，学習支援業	508.6	599.7	535.5	439.1	453.9
14	P	医療，福祉	500.8	772.9	470.3	396.8	296.2
15	Q	複合サービス事業	450.2	531.7	473.2	428.8	331.4
16	R	サービス業	452.0	550.7	473.7	412.1	294.2

（資料）厚生労働省「賃金構造基本統計調査」（企業規模10人以上）
（注）役職別にみた各年齢階級の給与は企業規模100人以上の企業を調査対象としている。

表-24 役職別にみたきまって支給する給与の推移
（産業計・企業規模計・男女計・全国）

（単位：千円）

年次	部長級	課長級	係長級	非役職
平成13年	636.3	526.2	436.6	318.7
14	636.9	518.5	428.9	316.5
15	631.3	514.0	430.8	318.8
16	637.6	517.5	424.9	318.0
17	647.6	531.3	436.2	326.9
18	648.2	521.6	438.1	324.5
19	661.1	531.3	437.3	324.5
20	654.3	522.7	438.7	325.4
21	638.5	517.1	416.7	315.7
22	643.6	516.4	424.9	320.5
23	653.6	524.1	430.8	323.7
24	678.4	527.7	432.5	325.7
25	661.3	517.5	423.6	324.9
26	659.7	527.8	438.8	329.0

（資料）厚生労働省「賃金構造基本統計調査」（企業規模10人以上）
（注）1）平成16年まで「職階」、平成17年から「役職」で表示。
　　 2）役職別にみた各年齢階級の給与は企業規模100人以上の企業を調査対象としている。

表－25(1) 年齢階級別にみた所定内給与（産業計・企業規模計・熊本県）

(単位：千円)

性別	年次	年齢計	19歳	20～24	25～29	30～34	35～39	40～44	45～49	50～54	55～59	60～64
男性	平成18年	281.1	162.8	185.4	216.8	246.2	295.5	335.5	325.3	331.7	311.1	247.1
	19年	278.4	161.5	184.9	213.1	243.3	280.7	321.1	349.4	330.0	325.6	239.3
	20年	281.1	157.6	182.6	211.5	248.4	280.9	314.7	337.1	339.6	324.6	244.3
	21年	267.3	162.0	176.1	209.0	230.8	284.2	296.9	321.6	336.2	293.7	222.9
	22年	287.0	163.5	181.1	211.5	255.9	278.7	313.3	360.6	355.3	313.7	242.8
	23年	280.7	151.9	173.4	215.4	237.7	288.1	305.3	350.9	343.9	310.4	287.6
	24年	289.7	158.1	184.8	215.1	239.1	283.4	330.3	354.6	377.0	333.6	235.1
	25年	270.3	165.4	179.4	207.4	245.7	267.7	292.8	315.6	333.7	310.0	235.5
	26年	281.6	164.1	188.7	215.8	239.4	265.8	312.6	336.4	339.4	330.4	246.6
女性	平成18年	194.4	144.2	170.3	183.4	197.8	202.8	208.7	208.5	198.4	203.2	166.6
	19年	193.7	148.8	166.8	185.0	202.9	205.8	211.3	203.2	193.0	198.4	188.0
	20年	197.0	146.4	168.9	183.5	195.6	206.1	211.4	207.2	208.1	203.5	185.3
	21年	205.4	151.5	172.8	192.4	204.6	212.4	235.9	210.7	236.3	204.5	171.3
	22年	198.0	145.9	174.3	191.1	206.6	205.0	210.0	207.1	198.6	209.1	183.2
	23年	213.4	142.1	175.0	195.8	205.5	264.5	230.5	208.8	236.3	205.2	183.7
	24年	213.2	150.2	168.4	193.3	233.5	222.7	221.3	230.3	230.9	223.4	196.9
	25年	202.6	155.4	169.6	182.8	193.1	205.6	235.7	221.1	219.7	203.2	169.0
	26年	203.0	146.4	175.0	192.4	189.9	210.6	210.5	217.1	209.6	222.5	194.3

（資料）厚生労働省「賃金構造基本統計調査」（企業規模10人以上）
（注）年齢階級19歳の中に～17歳を含んでいるので注意。

表－25(2) 年齢階級別にみた所定内給与（産業計・企業規模計・全国）

(単位：千円)

性別	年次	年齢計	19歳	20～24	25～29	30～34	35～39	40～44	45～49	50～54	55～59	60～64
男性	平成24年	329.0	169.4	200.5	237.1	278.3	319.8	363.3	408.1	423.7	398.7	278.1
	25年	326.0	170.0	200.7	236.5	275.2	314.5	357.3	397.6	417.7	394.8	281.1
	26年	329.6	171.7	202.5	238.2	276.3	316.8	355.0	400.4	422.6	406.1	284.6
女性	平成24年	233.1	161.3	190.5	216.7	232.7	244.2	254.9	256.6	252.7	240.4	211.3
	25年	232.6	159.3	190.4	215.2	230.5	244.6	249.8	256.9	254.2	245.2	209.0
	26年	238.0	161.9	192.9	218.4	235.1	247.9	255.4	263.5	260.2	252.7	216.0

（資料）厚生労働省「賃金構造基本統計調査」（企業規模10人以上）
（注）年齢階級19歳の中に～17歳を含んでいるので注意。

表－26(1) 年齢階級別・企業規模別にみた所定内給与（産業計・熊本県）

(単位：千円)

性別	年次	企業規模	年齢計	19歳	20～24	25～29	30～34	35～39	40～44	45～49	50～54	55～59	60～64
男性	平成18年	1000人以上	335.8	174.0	189.6	228.7	275.3	330.9	389.0	415.6	427.8	387.8	322.4
		100～999人	278.3	155.5	186.2	214.4	246.9	293.5	351.3	317.4	312.7	306.3	262.5
		10～99人	253.4	163.1	182.0	213.3	227.0	273.0	265.9	280.4	299.4	284.4	218.8
	20年	1000人以上	354.7	170.1	195.2	241.9	287.2	344.5	422.4	446.6	433.2	417.0	319.1
		100～999人	274.5	157.2	183.9	215.5	242.8	268.6	297.2	330.6	335.4	353.7	255.9
		10～99人	247.0	146.8	173.0	199.7	235.2	248.1	267.0	280.2	289.6	261.8	217.8
	22年	1000人以上	360.4	169.3	206.7	243.6	293.0	334.1	406.0	453.3	486.9	397.9	327.8
		100～999人	276.5	172.3	181.0	201.6	255.5	263.9	269.0	345.5	332.9	317.6	212.1
		10～99人	246.1	146.0	162.8	200.6	226.5	246.2	286.0	293.6	281.9	262.4	231.4
	24年	1000人以上	366.4	162.2	201.2	238.0	287.9	349.2	408.3	461.8	486.1	439.3	320.7
		100～999人	284.0	157.5	184.4	209.7	233.7	266.5	335.8	311.4	411.6	339.6	231.0
		10～99人	243.8	154.9	168.2	209.5	210.3	250.9	262.9	300.2	270.2	262.1	217.6
	25年	1000人以上	340.4	166.3	194.7	233.5	282.6	324.6	365.4	424.4	433.4	423.2	256.8
		100～999人	264.8	165.9	183.8	207.1	226.8	258.7	292.4	305.4	332.9	323.3	243.1
		10～99人	239.1	164.4	165.9	194.5	242.6	249.3	246.8	256.2	283.1	244.7	225.7
	26年	1000人以上	351.3	174.1	210.9	247.3	290.4	329.0	388.6	440.5	446.5	421.4	269.8
		100～999人	275.2	159.1	184.3	203.1	231.4	251.2	308.1	314.1	331.0	325.6	272.5
		10～99人	238.6	163.2	175.1	205.6	218.1	239.7	255.7	268.0	271.1	266.9	210.8
女性	平成18年	1000人以上	210.9	140.2	165.7	196.5	218.7	221.2	230.1	227.0	255.4	220.3	197.2
		100～999人	204.6	143.8	183.7	181.7	207.0	214.1	224.8	234.7	211.3	201.1	165.8
		10～99人	179.0	148.1	158.7	177.2	173.7	180.7	188.2	186.8	178.7	191.6	164.1
	20年	1000人以上	232.7	153.2	189.6	205.8	234.9	234.7	255.4	274.8	278.6	233.7	221.0
		100～999人	193.8	148.3	165.6	174.1	192.3	201.5	204.9	192.4	209.2	200.0	202.5
		10～99人	184.5	140.5	159.2	176.6	176.8	194.4	199.2	194.2	187.2	199.6	166.6
	22年	1000人以上	244.1	170.6	186.7	216.2	233.5	242.7	261.9	270.1	276.9	310.7	232.1
		100～999人	201.5	136.5	177.8	192.7	211.1	210.5	209.6	217.4	194.8	214.7	200.0
		10～99人	174.6	146.9	164.1	174.5	182.5	173.8	184.0	174.0	182.8	176.4	156.2
	24年	1000人以上	249.0	159.1	187.9	214.2	214.4	247.1	266.1	283.4	276.6	285.0	329.0
		100～999人	217.7	146.9	171.1	197.7	268.5	228.1	232.7	241.2	232.4	200.6	174.0
		10～99人	185.0	143.0	159.4	170.7	177.5	197.7	175.6	186.7	191.6	225.2	201.4
	25年	1000人以上	234.3	149.2	194.4	208.5	220.8	227.4	249.9	280.3	269.5	240.7	237.9
		100～999人	194.8	156.9	170.0	169.1	183.8	196.4	270.8	200.2	204.0	185.6	159.3
		10～99人	197.2	155.1	154.8	179.9	190.3	202.6	206.7	212.4	222.0	208.0	161.7
	26年	1000人以上	236.4	157.4	193.1	218.2	218.1	241.3	263.0	263.1	255.6	270.0	217.4
		100～999人	199.9	146.9	177.0	195.8	187.0	217.8	194.6	205.3	203.0	203.8	187.6
		10～99人	191.4	140.4	160.1	174.8	177.9	187.3	196.6	210.5	199.9	207.4	199.3

(資料）厚生労働省「賃金構造基本統計調査」（企業規模10人以上）
(注）年齢階級19歳の中に～17歳を含んでいるので注意。

表－26(2) 年齢階級別・企業規模別にみた所定内給与（産業計・全国）

(単位：千円)

性別	年次	企業規模	年齢計	19歳	20～24	25～29	30～34	35～39	40～44	45～49	50～54	55～59	60～64
男性	平成24年	1000人以上	380.6	170.1	207.4	253.4	303.4	356.3	422.6	481.0	513.7	472.8	295.9
		100～999人	316.5	170.9	200.0	230.4	268.8	310.6	345.6	389.3	403.7	389.0	280.0
		10～99人	282.2	166.4	191.4	223.1	260.9	287.1	306.0	322.3	323.4	326.1	264.9
	25年	1000人以上	378.6	174.7	209.6	254.3	303.4	355.4	414.9	474.4	504.2	469.8	288.5
		100～999人	309.4	168.6	197.4	288.4	262.7	300.2	337.5	370.0	389.9	382.6	288.2
		10～99人	285.7	166.9	193.4	222.7	258.4	286.1	312.1	326.3	335.8	327.7	270.1
	26年	1000人以上	381.9	173.9	210.3	254.7	303.3	357.4	405.5	473.3	501.3	485.1	306.1
		100～999人	312.1	171.0	200.9	231.1	266.6	301.9	339.1	373.6	399.3	384.5	280.9
		10～99人	285.9	169.0	194.0	222.9	255.2	285.6	309.8	323.6	333.4	333.7	273.3
女性	平成24年	1000人以上	258.1	163.2	205.3	232.3	250.9	264.6	283.7	295.9	299.1	274.8	241.4
		100～999人	231.7	163.7	190.4	214.8	233.2	245.4	255.3	249.7	246.0	238.3	209.7
		10～99人	210.2	156.9	175.4	198.0	209.6	220.3	221.1	230.2	226.1	217.8	198.1
	25年	1000人以上	259.4	163.4	202.6	232.1	252.7	269.5	276.1	295.6	294.1	279.4	245.0
		100～999人	229.7	160.0	191.0	213.1	227.7	241.1	244.4	253.5	251.7	243.2	201.6
		10～99人	211.9	160.2	179.2	198.2	211.4	233.7	229.4	224.0	225.5	223.7	197.8
	26年	1000人以上	265.2	166.3	206.0	237.3	257.7	274.4	284.1	301.3	301.4	288.4	246.5
		100～999人	233.8	163.1	192.3	215.4	230.4	245.7	251.1	259.0	250.5	249.7	211.2
		10～99人	214.6	156.7	179.3	196.8	212.4	220.6	228.3	228.9	235.4	227.0	201.5

(資料）厚生労働省「賃金構造基本統計調査」（企業規模10人以上）
(注）年齢階級19歳の中に～17歳を含んでいるので注意。

表-27(1)　企業規模別にみた所定内給与と賃金格差
（産業計・年齢計・男性・月間・熊本県）

年次	実数（千円）				賃金格差		
	企業規模計	1000人以上	100～999人	10～99人	1000人以上	100～999人	10～99人
昭和60年	204.9	241.7	199.1	188.7	100.0	82.4	78.1
61	212.6	264.8	216.2	185.5	100.0	81.6	70.1
62	216.9	275.8	225.4	186.1	100.0	81.7	67.5
63	223.8	275.7	230.1	195.0	100.0	83.5	70.7
平成元年	231.2	294.2	239.8	196.9	100.0	81.5	66.9
2	238.4	303.6	233.8	207.0	100.0	77.0	68.2
3	247.7	311.2	239.9	219.0	100.0	77.1	70.4
4	259.3	312.3	262.6	233.1	100.0	84.1	74.6
5	269.1	334.2	260.6	243.3	100.0	78.0	72.8
6	273.4	337.8	274.3	241.4	100.0	81.2	71.5
7	278.7	337.2	289.9	240.6	100.0	86.0	71.4
8	279.1	353.7	268.6	253.4	100.0	75.9	71.6
9	283.0	366.1	267.4	255.9	100.0	73.0	69.9
10	284.4	372.7	274.4	250.0	100.0	73.6	67.1
11	259.0	356.0	278.2	249.9	100.0	78.1	70.2
12	287.7	346.5	289.5	255.2	100.0	83.5	73.7
13	279.7	349.0	276.5	253.8	100.0	79.2	72.7
14	283.2	342.9	284.5	250.9	100.0	83.0	73.2
15	291.5	360.6	288.8	252.9	100.0	80.1	70.1
16	279.7	326.9	286.6	248.7	100.0	87.7	76.1
17	281.9	351.9	278.9	251.5	100.0	79.3	71.5
18	281.1	335.8	278.3	253.4	100.0	82.9	75.5
19	278.4	336.6	275.9	248.9	100.0	82.0	73.9
20	281.1	354.7	274.5	247.0	100.0	77.4	69.6
21	267.3	341.2	255.8	239.8	100.0	75.0	70.3
22	287.0	360.4	276.5	246.1	100.0	76.7	68.3
23	280.7	352.8	278.3	242.3	100.0	78.9	68.7
24	289.7	366.4	284.0	243.8	100.0	77.5	66.5
25	270.3	340.4	264.8	239.1	100.0	77.8	70.2
26	281.6	351.3	275.2	238.6	100.0	78.3	67.9
27	288.1	345.8	281.9	275.7	100.0	81.5	79.7

（資料）厚生労働省「賃金構造基本統計調査」（企業規模10人以上）

表-27(2)　企業規模別にみた所定内給与と賃金格差
（産業計・年齢計・女性・月間・熊本県）

年次	実数（千円）				賃金格差		
	企業規模計	1000人以上	100～999人	10～99人	1000人以上	100～999人	10～99人
昭和60年	129.0	166.4	119.0	121.6	100.0	71.5	73.1
61	132.2	185.9	122.8	121.7	100.0	66.1	65.5
62	134.6	187.1	136.2	121.3	100.0	72.8	64.8
63	138.6	179.4	138.2	126.0	100.0	77.0	70.2
平成元年	142.5	188.3	137.4	129.1	100.0	73.0	68.6
2	152.9	221.2	143.1	134.5	100.0	64.7	60.8
3	159.7	214.0	149.3	148.0	100.0	69.8	69.2
4	165.0	203.6	165.1	153.6	100.0	81.1	75.4
5	172.4	219.6	171.9	157.9	100.0	78.3	71.9
6	176.5	224.3	172.9	163.5	100.0	77.1	72.9
7	178.3	219.3	176.7	163.9	100.0	80.6	74.7
8	184.6	221.5	186.7	171.1	100.0	84.3	77.2
9	185.8	232.8	184.1	169.0	100.0	79.1	72.6
10	180.9	228.1	179.6	169.4	100.0	78.7	74.3
11	187.5	221.7	187.8	177.0	100.0	84.7	79.8
12	192.5	220.5	192.0	182.1	100.0	87.1	82.6
13	189.4	234.7	188.7	179.1	100.0	80.4	76.3
14	196.7	229.4	209.2	175.1	100.0	91.2	76.3
15	194.3	227.2	202.2	179.0	100.0	89.0	78.8
16	196.8	218.4	200.7	187.2	100.0	91.9	85.7
17	194.4	225.2	196.5	179.3	100.0	87.3	79.6
18	194.4	210.9	204.6	179.0	100.0	97.0	84.9
19	193.7	212.0	196.9	184.1	100.0	92.9	86.8
20	197.0	232.7	193.8	184.5	100.0	83.3	79.3
21	205.4	223.8	220.7	184.9	100.0	98.6	82.6
22	198.0	244.1	201.5	174.6	100.0	82.5	71.5
23	213.4	246.4	223.1	187.5	100.0	90.5	76.1
24	213.2	249.0	217.7	185.0	100.0	87.4	74.3
25	202.6	234.3	194.8	197.2	100.0	83.1	84.2
26	203.0	236.4	199.8	191.4	100.0	84.5	81.0
27	214.1	249.7	208.8	207.8	100.0	83.6	83.2

（資料）厚生労働省「賃金構造基本統計調査」（企業規模10人以上）

表-28(1)　産業別・男女別にみた現金給与総額（熊本県）

(単位：円)

分類		産業	平成22年	23年	24年	25年	26年
			男　性				
1	T	調査産業計	366,045	370,707	380,338	385,864	398,073
2	D	建設業	359,877	385,043	358,662	384,515	372,714
3	E	製造業	411,340	424,342	406,040	406,064	415,206
4	F	電気・ガス・熱供給・水道業	650,129	656,997	619,905	470,069	542,100
5	G	情報通信業	351,479	354,209	495,875	537,636	626,157
6	H	運輸業，郵便業	240,436	238,102	265,821	279,172	281,304
7	I	卸売業，小売業	286,235	290,577	261,963	259,740	248,882
8	J	金融業，保険業	561,254	567,308	547,460	627,200	653,381
9	K	不動産業，物品賃貸業	408,899	376,349	461,394	409,950	407,232
10	L	学術研究，専門・技術サービス業	509,112	509,840	416,509	421,992	451,126
11	M	宿泊業，飲食サービス業	167,431	169,680	184,001	182,355	184,008
12	N	生活関連サービス業，娯楽業	271,326	288,714	279,530	274,592	281,227
13	O	教育，学習支援業	566,948	546,340	528,321	548,120	589,660
14	P	医療，福祉	402,300	388,509	461,538	464,755	472,172
15	Q	複合サービス事業	354,317	360,711	415,152	408,881	418,721
16	R	サービス業	240,347	241,810	224,219	217,201	221,435
			女　性				
1	T	調査産業計	227,075	227,299	223,285	225,042	227,201
2	D	建設業	287,206	308,671	220,871	225,467	213,729
3	E	製造業	213,672	216,559	187,659	186,769	190,192
4	F	電気・ガス・熱供給・水道業	455,394	394,924	470,052	354,955	406,357
5	G	情報通信業	194,477	196,758	303,231	329,487	353,828
6	H	運輸業，郵便業	168,266	171,093	164,990	162,958	163,190
7	I	卸売業，小売業	120,583	118,509	126,227	125,324	128,648
8	J	金融業，保険業	324,332	324,138	319,409	310,167	305,622
9	K	不動産業，物品賃貸業	171,354	159,599	177,967	171,436	175,489
10	L	学術研究，専門・技術サービス業	188,092	188,409	228,296	209,999	213,199
11	M	宿泊業，飲食サービス業	94,361	89,261	105,427	97,670	97,881
12	N	生活関連サービス業，娯楽業	137,771	132,887	150,397	141,714	149,822
13	O	教育，学習支援業	368,394	360,512	426,236	386,586	408,211
14	P	医療，福祉	300,399	295,995	282,982	287,024	282,435
15	Q	複合サービス事業	267,664	288,096	282,892	231,950	243,775
16	R	サービス業	133,334	137,726	124,860	119,430	122,488

(資料) 厚生労働省「毎月勤労統計調査」（事業所規模30人以上，パートタイム労働者を含む。）

表-28(2) 産業別・男女別にみた現金給与総額(全国)

(単位:円)

分類		産業	平成22年	23年	24年	25年	26年
			男 性				
1	T	調査産業計	450,913	453,610	446,403	447,578	455,258
2	D	建設業	495,928	501,931	466,866	470,082	488,713
3	E	製造業	455,820	463,235	462,018	465,650	479,022
4	F	電気・ガス・熱供給・水道業	646,624	641,150	595,723	571,091	585,467
5	G	情報通信業	547,318	551,812	560,736	570,016	579,196
6	H	運輸業, 郵便業	372,952	372,441	383,634	391,129	394,357
7	I	卸売業, 小売業	433,711	435,475	450,896	446,641	452,583
8	J	金融業, 保険業	716,092	714,258	687,792	716,242	716,382
9	K	不動産業, 物品賃貸業	464,666	451,941	445,593	447,589	468,002
10	L	学術研究, 専門・技術サービス業	568,321	572,854	555,868	558,090	568,259
11	M	宿泊業, 飲食サービス業	221,359	219,918	222,476	217,524	217,919
12	N	生活関連サービス業, 娯楽業	293,342	290,442	318,132	311,322	308,689
13	O	教育, 学習支援業	515,856	517,925	505,598	503,461	509,331
14	P	医療, 福祉	469,900	470,503	451,135	446,905	453,205
15	Q	複合サービス事業	545,913	532,374	433,325	439,317	446,800
16	R	サービス業	334,306	336,191	316,823	314,333	314,615
			女 性				
1	T	調査産業計	232,442	234,150	233,030	234,963	238,406
2	D	建設業	299,742	302,658	290,184	299,347	311,180
3	E	製造業	222,476	226,216	233,073	235,689	242,087
4	F	電気・ガス・熱供給・水道業	411,719	400,931	382,378	383,315	384,980
5	G	情報通信業	344,563	350,225	345,310	356,598	361,538
6	H	運輸業, 郵便業	208,056	213,616	197,559	207,087	205,292
7	I	卸売業, 小売業	162,270	163,747	180,492	181,325	185,515
8	J	金融業, 保険業	323,217	325,939	311,795	314,662	313,931
9	K	不動産業, 物品賃貸業	239,130	240,965	248,743	247,696	252,315
10	L	学術研究, 専門・技術サービス業	329,358	328,518	342,952	343,828	352,002
11	M	宿泊業, 飲食サービス業	108,204	106,777	109,449	110,285	111,639
12	N	生活関連サービス業, 娯楽業	155,928	152,674	167,775	166,708	167,193
13	O	教育, 学習支援業	369,412	360,247	357,062	352,878	354,168
14	P	医療, 福祉	293,354	294,888	290,542	291,610	293,745
15	Q	複合サービス事業	300,488	300,884	247,883	255,271	264,606
16	R	サービス業	166,920	168,123	158,384	158,753	161,419

(資料)厚生労働省「毎月勤労統計調査」(事業所規模30人以上, パートタイム労働者を含む。)

表－29(1)　産業別・男女別にみた所定内給与（熊本県）

(単位：千円)

分類		産業	平成22年	23年	24年	25年	26年
			男　性				
1	T	調査産業計	287.0	280.7	289.7	270.3	281.6
2	D	建設業	297.1	278.5	247.4	265.8	257.0
3	E	製造業	277.6	271.6	278.1	286.0	276.6
4	F	電気・ガス・熱供給・水道業	435.6	432.6	442.0	401.8	418.5
5	G	情報通信業	396.1	379.6	396.5	371.1	359.8
6	H	運輸業，郵便業	214.4	219.4	233.4	222.4	208.3
7	I	卸売業，小売業	271.1	272.2	290.5	252.4	273.3
8	J	金融業，保険業	438.0	421.6	418.8	393.7	492.8
9	K	不動産業，物品賃貸業	255.8	242.1	292.9	267.8	295.1
10	L	学術研究，専門・技術サービス業	327.8	332.1	338.3	307.1	381.0
11	M	宿泊業，飲食サービス業	236.0	227.8	225.8	232.2	229.5
12	N	生活関連サービス業，娯楽業	242.5	246.9	232.6	238.4	237.9
13	O	教育，学習支援業	385.0	378.6	434.9	354.8	383.7
14	P	医療，福祉	366.6	336.6	369.2	256.8	313.8
15	Q	複合サービス事業	299.8	291.7	288.1	303.7	286.7
16	R	サービス業	242.3	229.4	217.4	230.8	242.3
			女　性				
1	T	調査産業計	198.0	213.4	213.2	202.6	203.0
2	D	建設業	182.4	195.7	183.4	236.2	205.5
3	E	製造業	171.9	170.1	188.8	181.5	185.2
4	F	電気・ガス・熱供給・水道業	339.1	362.5	339.2	325.0	322.3
5	G	情報通信業	221.7	262.7	228.8	257.8	230.3
6	H	運輸業，郵便業	165.9	180.7	169.9	182.1	164.3
7	I	卸売業，小売業	174.2	163.8	178.5	177.2	182.3
8	J	金融業，保険業	239.1	249.6	248.0	245.9	248.9
9	K	不動産業，物品賃貸業	174.3	188.7	203.5	177.2	184.1
10	L	学術研究，専門・技術サービス業	194.1	235.8	219.0	204.2	212.4
11	M	宿泊業，飲食サービス業	152.0	170.8	164.7	160.0	165.9
12	N	生活関連サービス業，娯楽業	177.2	184.3	176.4	190.6	187.2
13	O	教育，学習支援業	269.3	262.4	308.8	252.2	275.9
14	P	医療，福祉	217.1	245.7	229.2	223.0	211.7
15	Q	複合サービス事業	193.2	172.9	185.7	226.5	202.8
16	R	サービス業	174.6	164.7	166.7	159.5	176.5

(資料)　厚生労働省「賃金構造基本統計調査」（企業規模10人以上）

表－29(2) 産業別・男女別にみた所定内給与（全国）

(単位：千円)

分類		産業	平成22年	23年	24年	25年	26年
			男　性				
1	T	調査産業計	328.3	328.3	329.0	326.0	329.6
2	D	建設業	320.9	325.3	322.5	330.0	332.0
3	E	製造業	318.6	314.8	318.7	315.0	316.2
4	F	電気・ガス・熱供給・水道業	411.0	411.8	409.3	417.6	421.7
5	G	情報通信業	382.9	407.8	416.8	403.7	385.6
6	H	運輸業，郵便業	269.2	264.4	270.0	265.5	275.7
7	I	卸売業，小売業	333.5	323.4	331.7	326.7	338.4
8	J	金融業，保険業	467.1	492.3	465.3	459.9	465.5
9	K	不動産業，物品賃貸業	347.1	355.7	344.5	351.4	351.4
10	L	学術研究，専門・技術サービス業	407.6	402.5	396.2	399.1	402.1
11	M	宿泊業，飲食サービス業	267.5	268.2	265.8	263.7	272.3
12	N	生活関連サービス業，娯楽業	284.3	287.5	284.2	285.2	291.2
13	O	教育，学習支援業	445.8	449.3	442.4	440.8	436.0
14	P	医療，福祉	351.6	345.9	348.3	347.2	338.3
15	Q	複合サービス事業	310.3	318.7	331.4	315.5	317.4
16	R	サービス業	273.2	274.8	262.6	268.5	276.7
			女　性				
1	T	調査産業計	227.6	231.9	233.1	232.6	238.0
2	D	建設業	215.3	224.0	224.3	227.6	229.7
3	E	製造業	199.4	200.4	201.8	204.1	206.3
4	F	電気・ガス・熱供給・水道業	306.6	305.3	303.1	316.0	328.3
5	G	情報通信業	287.3	288.0	301.7	290.5	288.2
6	H	運輸業，郵便業	203.6	203.4	207.7	203.1	210.6
7	I	卸売業，小売業	217.8	213.4	219.9	218.1	232.6
8	J	金融業，保険業	252.0	268.2	265.9	265.5	269.4
9	K	不動産業，物品賃貸業	234.9	237.6	233.0	236.6	246.1
10	L	学術研究，専門・技術サービス業	273.2	282.7	277.2	281.0	276.1
11	M	宿泊業，飲食サービス業	187.1	186.9	188.1	185.7	195.4
12	N	生活関連サービス業，娯楽業	207.3	204.5	207.8	210.5	213.7
13	O	教育，学習支援業	299.6	307.4	310.5	307.1	312.4
14	P	医療，福祉	243.3	247.0	247.2	245.5	248.0
15	Q	複合サービス事業	210.6	213.6	222.3	216.2	221.1
16	R	サービス業	201.8	207.3	209.7	203.5	211.7

(資料) 厚生労働省「賃金構造基本統計調査」（企業規模10人以上）

表－30　産業別・年齢階級別にみた所定内給与
（企業規模計・男性・熊本県）

(単位：千円)

年齢階級	産業計	製造業	運輸業、郵便業	金融業、保険業	教育、学習支援業
平成25年					
年齢計	270.3	286.0	222.4	393.7	354.8
～19歳	165.4	174.3	144.7	―	―
20～24	179.4	187.1	222.4	189.7	201.1
25～29	207.4	211.3	198.9	253.7	208.4
30～34	245.7	246.8	234.8	351.6	279.7
35～39	267.7	282.2	244.7	367.3	337.5
40～44	292.8	313.1	232.3	450.1	335.5
45～49	315.6	346.6	225.3	498.2	413.4
50～54	333.7	363.1	231.4	500.1	409.6
55～59	310.0	340.0	221.2	409.6	417.6
60～64	235.5	221.1	180.0	277.9	381.9
65～69	217.3	240.4	189.1	252.3	299.6
平成26年					
年齢計	281.6	276.6	208.3	492.8	383.7
～19歳	164.1	160.1	167.9	―	―
20～24	188.7	186.8	180.7	199.9	195.2
25～29	215.8	211.8	191.3	337.8	204.2
30～34	239.1	241.5	208.7	425.2	299.3
35～39	265.8	260.6	226.2	507.4	326.7
40～44	312.6	290.3	223.3	585.8	401.7
45～49	336.4	325.9	236.4	734.5	403.2
50～54	339.4	355.8	216.0	517.1	434.4
55～59	330.4	347.9	202.9	438.1	466.0
60～64	246.6	238.1	177.0	411.7	365.2
65～69	291.5	200.5	170.0	220.8	463.1

(資料) 厚生労働省「賃金構造基本統計調査」（企業規模10人以上）

表－31　九州各県における所定内給与
（産業計・企業規模計・年齢計）

（単位：千円）

年次	全国	福岡県	佐賀県	長崎県	熊本県	大分県	宮崎県	鹿児島県	沖縄県
					男　性				
平成11年	336.7	315.9	280.5	274.2	282.6	286.5	276.0	281.1	259.1
12	336.8	321.1	286.8	283.8	287.7	285.6	277.6	280.8	265.6
13	340.7	332.7	278.2	288.0	279.7	286.5	271.1	273.9	271.4
14	336.2	316.5	283.7	279.7	283.2	285.8	273.2	281.4	251.9
15	335.5	323.4	280.4	280.3	291.5	285.0	267.7	275.5	257.1
16	333.9	330.1	272.8	274.1	279.7	275.5	269.2	281.7	255.5
17	337.8	312.4	275.9	283.2	281.9	279.0	278.4	278.7	255.6
18	337.7	315.0	278.8	279.7	281.1	289.9	262.7	281.9	251.5
19	336.7	307.5	281.0	281.6	278.4	284.3	267.6	281.2	251.1
20	333.7	310.4	276.9	288.6	281.1	281.7	265.5	286.9	244.9
21	326.8	303.0	277.6	287.7	267.3	275.5	266.9	273.0	247.0
22	328.3	310.3	276.2	269.4	287.0	276.3	263.9	278.2	242.7
23	328.3	307.3	268.1	272.0	280.7	272.6	265.0	276.2	247.9
24	329.0	303.2	265.6	273.2	289.7	275.6	265.4	286.8	255.1
25	326.0	311.7	264.2	271.8	270.3	269.6	258.7	275.2	251.7
26	329.6	308.6	267.5	276.4	281.6	283.8	267.6	283.0	251.4
					女　性				
平成11年	217.5	215.1	187.7	191.6	187.5	183.0	176.2	190.8	188.3
12	220.6	217.9	195.8	196.6	192.5	183.7	179.1	191.9	186.4
13	222.4	216.2	193.4	190.4	189.4	189.0	178.7	183.3	190.6
14	223.6	209.5	179.8	188.1	196.7	185.3	177.9	188.2	190.0
15	224.2	213.9	188.8	190.1	194.3	191.6	179.2	185.4	192.2
16	225.6	220.8	186.8	186.3	196.8	187.5	182.8	190.3	190.6
17	222.5	209.9	185.1	195.6	194.4	184.6	181.8	188.0	191.5
18	222.6	211.5	192.1	197.5	194.4	191.9	177.2	191.6	179.2
19	225.2	219.5	194.3	193.3	193.7	193.8	182.0	186.5	190.3
20	226.1	215.0	190.3	195.1	197.0	191.2	182.4	199.5	183.1
21	228.0	213.5	196.1	200.9	205.4	196.5	187.2	198.7	188.6
22	227.6	218.8	190.1	196.3	198.0	198.7	194.9	196.7	192.5
23	231.9	215.1	196.2	190.9	213.4	201.5	189.6	187.1	188.2
24	233.1	220.9	189.5	202.2	213.2	201.4	191.6	211.5	199.0
25	232.6	222.4	189.4	199.0	202.6	200.7	188.0	201.0	196.1
26	238.0	224.3	194.6	198.5	203.0	211.9	200.4	204.8	193.6

（資料）厚生労働省「賃金構造基本統計調査」（企業規模10人以上）

表－32　都道府県別にみた所定内給与（産業計・企業規模計・男女計）

(単位：千円)

	都道府県	平成26年		平成25年		平成24年		平成23年		平成22年		平成21年	
		金額	順位	金額	順位	金額	順位	金額	順位	金額	順位	金額	順位
0	全国	299.6	—	295.7	—	297.7	—	296.8	—	296.2	—	294.5	—
1	北海道	259.1	33	258.7	30	255.4	34	258.2	32	262.3	30	256.9	30
2	青森県	226.6	47	232.3	43	227.2	47	222.2	48	226.5	46	222.4	47
3	岩手県	234.6	45	229.1	45	231.2	46	234.6	43	236.8	43	238.5	41
4	宮城県	272.1	23	273.8	23	270.8	24	279.6	16	263.8	29	267.9	24
5	秋田県	241.4	43	231.0	44	235.2	44	233.9	44	229.4	45	230.2	45
6	山形県	242.5	41	238.6	41	241.1	41	232.7	46	237.2	42	237.9	42
7	福島県	260.1	32	262.2	28	251.4	35	261.6	31	255.1	33	249.9	34
8	茨城県	288.9	14	286.1	12	294.0	9	294.1	11	○298.0	5	292.0	8
9	栃木県	290.1	12	285.7	13	282.9	15	283.2	14	283.6	12	281.8	13
10	群馬県	277.3	18	278.7	17	279.0	16	279.4	17	273.9	18	274.2	17
11	埼玉県	294.7	8	○297.2	8	296.7	7	292.5	12	○296.2	9	294.3	7
12	千葉県	299.5	6	○297.4	7	293.0	10	○299.0	7	○297.4	6	○294.9	5
13	東京都	○377.4	1	○364.6	1	○365.2	1	○372.9	1	○364.8	1	○366.2	1
14	神奈川県	○336.0	2	325.0	2	○329.0	2	○329.8	2	○324.9	2	○318.3	3
15	新潟県	262.2	29	259.4	29	258.5	29	257.4	33	261.7	31	256.4	32
16	富山県	275.4	21	271.1	25	268.8	25	274.0	20	266.7	28	262.9	28
17	石川県	278.5	17	263.9	27	266.3	26	268.3	28	267.1	25	267.4	25
18	福井県	271.4	25	268.8	26	271.7	22	269.8	26	267.1	25	264.9	26
19	山梨県	283.8	15	272.8	24	272.0	21	277.5	19	273.6	19	275.7	16
20	長野県	276.4	20	274.2	22	274.7	19	273.6	21	271.9	21	271.5	21
21	岐阜県	275.2	22	276.3	18	271.1	23	272.9	23	280.0	14	274.2	17
22	静岡県	292.9	9	289.5	10	284.0	14	278.4	18	281.3	13	280.0	14
23	愛知県	○312.5	4	○312.0	4	○311.4	3	○308.9	4	○312.5	4	○307.6	4
24	三重県	290.3	11	283.6	14	286.7	11	291.4	13	○296.7	8	288.2	10
25	滋賀県	292.0	10	295.1	9	294.9	8	296.5	10	289.3	11	287.3	11
26	京都府	○301.5	5	○298.1	5	○305.2	5	308.3	5	○297.2	7	○294.7	6
27	大阪府	○321.9	3	○315.4	3	○305.9	4	○315.6	3	○316.9	3	○319.8	2
28	兵庫県	289.0	13	○297.5	6	○298.1	6	○299.5	6	294.0	10	○291.6	9
29	奈良県	294.9	7	286.4	11	286.0	12	○298.3	8	279.0	17	287.3	11
30	和歌山県	266.6	27	274.5	21	277.5	17	267.1	29	267.6	22	279.1	15
31	鳥取県	251.5	36	244.4	36	247.2	37	244.1	39	238.2	40	234.2	43
32	島根県	250.8	39	244.3	37	242.6	40	246.4	37	241.4	38	241.3	40
33	岡山県	271.9	24	276.1	19	277.1	18	269.6	27	267.5	23	273.4	19
34	広島県	283.6	16	280.7	15	285.0	13	281.7	15	279.7	16	272.5	20
35	山口県	264.2	28	256.7	31	261.8	28	261.9	30	272.8	20	264.1	27
36	徳島県	260.8	31	254.8	32	257.6	31	270.6	25	267.1	25	259.9	29
37	香川県	269.9	26	275.2	20	263.6	27	273.2	22	267.3	24	270.2	22
38	愛媛県	261.4	30	252.8	33	255.8	33	252.7	34	259.4	32	256.8	31
39	高知県	250.9	38	241.7	40	249.0	36	247.7	36	239.9	39	249.4	35
40	福岡県	277.3	18	280.6	16	273.9	20	272.6	24	279.8	15	269.2	23
41	佐賀県	241.8	42	234.7	42	236.8	43	241.2	40	241.8	37	244.9	37
42	長崎県	245.4	40	243.6	39	246.8	38	237.8	42	238.1	41	250.4	33
43	熊本県	251.5	36	245.5	34	258.4	30	252.2	35	251.3	34	244.3	38
44	大分県	256.5	34	244.5	35	245.0	39	244.2	38	249.0	35	245.7	36
45	宮崎県	238.2	44	227.7	47	237.2	42	233.8	45	235.5	44	231.5	44
46	鹿児島県	251.5	36	244.3	37	256.4	32	240.4	41	244.6	36	243.2	39
47	沖縄県	227.7	46	228.4	46	232.6	45	223.1	47	223.9	47	223.2	46

（資料）厚生労働省「賃金構造基本統計調査」（企業規模10人以上）
（注）金額の前に○印を付した都道府県は全国の平均賃金（所定内給与）を上回る都道府県である。

表-33 全国平均の賃金以上の都府県と労働者の割合

(単位:千円、%)

都道府県		平成26年 金額	平成25年 金額	平成24年 金額	平成23年 金額	平成22年 金額	平成21年 金額
0	全国	299.6	295.7	297.7	296.8	296.2	294.5
8	茨城県					298.0	
11	埼玉県		297.2			296.2	
12	千葉県		297.4		299.0	297.4	294.9
13	東京都	377.4	364.6	365.2	372.9	364.8	366.2
14	神奈川県	336.0	325.0	329.0	329.8	324.9	318.3
23	愛知県	312.5	312.0	311.4	308.9	312.5	307.6
24	三重県					296.7	
26	京都府	301.5	298.1	305.1	308.3	297.2	294.7
27	大阪府	321.9	315.4	305.9	315.6	316.9	319.8
28	兵庫県		297.5	298.1	299.5		
29	奈良県				298.3		
都府県の数		5	8	6	8	9	6
東京都の割合		15.6	15.6	18.2	16.1	16.5	17.0
全国平均以上の都府県の割合		36.9	49.2	43.3	44.2	48.8	41.2

(注) 1) 付属統計表 表-32より作成。
 2) 東京都の割合とは全国の全労働者数に占める東京都の労働者数の割合をいう。
 3) 全国平均以上の都府県の割合とは全国の全労働者数に占める都府県の労働者数の割合をいう。
 4) ここで、労働者数とは厚生労働省「賃構調査」における推計労働者数をいう。

表－34 都道府県別にみた人口１人あたり県民所得（平成20年度～24年度）

(単位：千円)

都道府県	平成20年度 1人あたりの県民所得	順位	平成21年度 1人あたりの県民所得	順位	平成22年度 1人あたりの県民所得	順位	平成23年度 1人あたりの県民所得	順位	平成24年度 1人あたりの県民所得	順位
北海道	2,434	33	2,434	29	2,476	33	2,470	32	2,473	34
青森県	2,248	41	2,260	38	2,333	40	2,353	42	2,422	38
岩手県	2,271	40	2,246	41	2,309	41	2,370	39	2,547	31
宮城県	2,417	34	2,423	30	2,455	35	2,480	30	2,685	27
秋田県	2,222	43	2,217	44	2,302	43	2,348	43	2,450	36
山形県	2,362	36	2,259	39	2,393	37	2,440	33	2,490	32
福島県	2,622	27	2,505	28	2,554	29	2,357	41	2,606	30
茨城県	2,962	9	2,841	10	3,005	6	3,084	7	3,137	4
栃木県	2,890	12	2,851	9	2,993	7	2,994	8	3,008	7
群馬県	2,759	17	2,711	17	2,851	15	2,884	13	2,901	14
埼玉県	2,822	15	2,757	14	2,807	17	2,812	19	2,806	19
千葉県	2,947	10	2,868	7	2,882	14	2,881	14	2,844	18
東京都	4,786	1	4,398	1	4,383	1	4,441	1	4,423	1
神奈川県	3,055	6	2,890	6	2,935	9	2,972	9	2,928	13
新潟県	2,650	25	2,573	24	2,667	23	2,713	24	2,708	24
富山県	3,028	7	2,803	12	3,021	5	3,112	5	3,077	6
石川県	2,854	14	2,689	20	2,740	21	2,761	21	2,849	16
福井県	2,753	18	2,696	19	2,838	16	2,845	17	2,802	20
山梨県	2,684	24	2,535	26	2,796	18	2,875	15	2,845	17
長野県	2,644	26	2,531	27	2,603	28	2,646	28	2,630	29
岐阜県	2,689	23	2,577	22	2,653	24	2,672	26	2,687	26
静岡県	3,278	2	2,976	4	3,149	3	3,199	3	3,195	3
愛知県	3,151	3	3,061	2	3,073	4	3,220	2	3,437	2
三重県	2,871	13	2,725	15	2,918	10	2,786	20	2,932	12
滋賀県	3,076	4	3,054	3	3,221	2	3,158	4	3,116	5
京都府	2,919	11	2,834	11	2,910	11	2,949	11	2,949	9
大阪府	3,075	5	2,898	5	2,906	12	2,959	10	2,939	10
兵庫県	2,699	22	2,561	25	2,621	26	2,589	29	2,637	28
奈良県	2,609	28	2,421	31	2,514	31	2,432	34	2,393	41
和歌山県	2,515	31	2,395	32	2,624	25	2,690	25	2,738	22
鳥取県	2,298	38	2,251	40	2,234	44	2,231	45	2,249	46
島根県	2,198	45	2,237	42	2,303	42	2,380	38	2,363	43
岡山県	2,733	19	2,576	23	2,613	27	2,730	23	2,705	25
広島県	3,025	8	2,868	8	2,936	8	3,088	6	3,004	8
山口県	2,815	16	2,768	13	2,889	13	2,912	12	2,935	11
徳島県	2,578	29	2,594	21	2,755	20	2,747	22	2,727	23
香川県	2,719	20	2,714	16	2,713	22	2,848	16	2,863	15
愛媛県	2,372	35	2,381	33	2,518	30	2,660	27	2,470	35
高知県	2,200	44	2,137	46	2,207	46	2,220	46	2,252	45
福岡県	2,716	21	2,711	18	2,776	19	2,817	18	2,795	21
佐賀県	2,551	30	2,375	34	2,471	34	2,428	35	2,419	39
長崎県	2,246	42	2,282	37	2,341	39	2,365	40	2,400	40
熊本県	2,277	39	2,231	43	2,346	38	2,417	36	2,442	37
大分県	2,495	32	2,337	35	2,486	32	2,473	31	2,489	33
宮崎県	2,123	46	2,167	45	2,228	45	2,256	44	2,281	44
鹿児島県	2,302	37	2,292	36	2,401	36	2,408	37	2,387	42
沖縄県	1,990	47	2,017	47	2,037	47	2,026	47	2,035	47

（資料）内閣府「県民経済計算年報」

表－35(1)　学歴別にみた初任給の推移（男性）

(単位：千円)

年次	熊本県		全国	
	大卒	高卒	大卒	高卒
昭和60年	131.1	104.4	139.7	112.1
61	134.4	106.2	144.5	115.4
62	138.4	107.8	148.2	118.1
63	135.2	110.7	153.1	120.3
平成元年	148.7	114.7	160.9	125.6
2	155.1	123.3	169.9	133.0
3	162.2	129.6	179.4	140.8
4	168.6	139.4	186.9	146.6
5	175.0	142.3	190.3	150.6
6	175.9	143.5	192.4	153.8
7	175.1	147.3	194.2	154.0
8	176.5	147.0	193.2	154.5
9	182.0	145.8	193.9	156.0
10	179.8	143.1	195.5	156.5
11	181.2	146.5	196.6	157.6
12	183.3	147.8	196.9	157.1
13	182.2	144.0	198.3	158.1
14	188.2	139.8	198.5	157.5
15	181.8	146.5	201.3	157.5
16	181.7	147.8	198.3	156.1
17	174.0	152.4	196.7	155.7
18	189.6	146.4	199.8	157.6
19	186.9	149.8	198.8	158.8
20	187.3	151.4	201.3	160.0
21	186.3	150.0	201.4	160.8
22	179.6	146.0	200.3	160.7
23	182.4	140.6	205.0	159.4
24	195.1	148.2	201.8	160.1
25	187.1	152.4	200.2	158.9
26	188.7	152.5	202.9	161.3
27	197.0	158.3	204.5	163.4

（資料）厚生労働省「賃金構造基本統計調査」（企業規模10人以上）
（注）初任給はベースアップ後の確定数値であり，所定内給与（基本給，職種手当，精皆勤手当，通勤手当，家族手当）から通勤手当を除いたものである。

表－35(2)　学歴別にみた初任給の推移（女性）

(単位：千円)

年次	熊本県		全国		
	大卒	高卒	大卒	高専・短大卒	高卒
昭和60年	103.2	96.1	133.5	116.7	106.0
61	105.3	98.0	138.4	120.5	108.5
62	111.6	99.1	142.7	122.7	110.1
63	115.1	101.2	149.0	125.8	113.8
平成元年	123.2	103.4	155.6	131.7	118.3
2	122.5	113.0	162.9	138.1	126.0
3	130.7	120.9	172.3	146.5	133.2
4	139.0	125.0	180.1	152.4	139.5
5	143.4	130.9	181.9	155.6	142.4
6	145.4	133.2	184.5	157.7	145.5
7	148.5	132.9	184.0	158.7	144.7
8	151.1	138.3	183.6	158.7	146.1
9	157.0	137.0	186.2	161.0	147.3
10	152.4	136.0	186.3	161.8	147.9
11	163.1	136.9	188.7	162.2	148.3
12	184.8	140.7	187.4	163.6	147.6
13	178.2	138.9	183.6	163.8	148.7
14	170.9	139.0	188.8	164.3	148.8
15	170.9	134.9	192.5	162.5	147.0
16	172.9	137.3	189.5	164.2	147.2
17	173.8	143.0	189.0	164.2	148.0
18	169.8	133.7	190.8	166.8	149.4
19	176.5	139.8	191.4	166.9	150.8
20	170.5	142.0	194.6	168.6	154.3
21	182.1	136.1	194.9	171.7	153.0
22	175.8	148.1	193.5	168.2	153.2
23	168.2	130.8	197.9	170.5	151.8
24	183.9	143.7	196.5	168.4	153.6
25	169.2	147.9	195.1	171.2	151.3
26	180.1	140.0	197.2	172.8	154.2
27	190.3	144.9	198.8	174.6	156.2

（資料）厚生労働省「賃金構造基本統計調査」（企業規模10人以上）
（注）1）初任給はベースアップ後の確定数値であり、所定内給与（基本給、職種手当、精皆勤手当、通勤手当、家族手当）から通勤手当を除いたものである。
　　　2）熊本県の大卒女性の初任給は昭和60年から平成11年までは高専・短大卒の初任給である。

表－36　熊本県最低賃金と全国加重平均の推移

年度	熊本県		全国加重平均と県最低賃金の関係				東京都と県最低賃金との関係		
	時間額(円)	引上率(%)	全国加重平均		熊本県の対全国格差指数	加重平均との開差(円)	東京都の時間額(円)	熊本県の対東京格差指数	東京都との開差(円)
			時間額(円)	引上率(%)					
平成14	606	0.17	663	0.00	91.40	57	708	85.59	102
15	606	0.00	664	0.15	91.27	58	708	85.59	102
16	607	0.17	665	0.15	91.28	58	710	85.49	103
17	609	0.33	668	0.45	91.17	59	714	85.29	105
18	612	0.49	673	0.75	90.94	61	719	85.12	107
19	620	1.31	687	2.08	90.25	67	739	83.90	119
20	628	1.29	703	2.33	89.33	75	766	81.98	138
21	630	0.32	713	1.42	88.36	83	791	79.65	161
22	643	2.06	730	2.38	88.08	87	821	78.32	178
23	647	0.62	737	0.96	87.79	90	837	77.30	190
24	653	0.93	749	1.63	87.18	96	850	76.82	197
25	664	1.68	764	2.00	86.91	100	869	76.41	205
26	677	1.96	780	2.09	86.80	103	888	76.24	211
27	694	2.51	798	2.31	86.97	104	907	76.52	213
28	715	3.03	823	3.13	86.88	108	932	76.72	217

（資料）熊本労働局賃金室調べ
（注）1）熊本県の対全国格差指数は全国加重平均を100とする熊本県の格差指数である。
　　　2）熊本県の対東京格差指数は東京都の最低賃金を100とする熊本県の格差指数である。

表−37 Dランク目安額と県最賃引き上げ額の関係

(単位：円)

年度	Dランク目安引上額 (A)	県最賃の引上額 (B)	引上幅 (C)＝(B)−(A)	熊本県最低賃金
平成14	—(*)	1	1	606
15	0	0	0	606
16	—(*)	1	1	607
17	2	2	0	609
18	2	3	1	612
19	6〜7(**)	8	1.5	620
20	7	8	1	628
21	—(*)	2	2	630
22	10	13	3	643
23	1	4	3	647
24	4	6	2	653
25	10	11	1	664
26	13	13	0	677
27	16	17	1	694
28	21	21	0	715

(資料) 熊本労働局賃金室調べ
(注) 1) (*)印の年度は目安0円とした。
    2) (**)印の年度は目安6.5円とした。

表-38 ランク別影響率と未満率の推移

(単位:円,%)

年度	全国加重平均(時間額)	ランク別影響率					ランク別未満率				
		Aランク	Bランク	Cランク	Dランク	計	Aランク	Bランク	Cランク	Dランク	計
平成14	663	1.7	2.1	1.6	2.7	1.9	1.7	2.0	1.6	2.6	1.9
15	664	1.5	1.4	1.6	2.0	1.6	1.5	1.4	1.6	2.0	1.6
16	665	1.4	1.1	1.8	2.2	1.5	1.3	1.1	1.7	2.0	1.5
17	668	1.0	1.3	2.2	2.4	1.6	0.8	1.1	1.9	2.1	1.4
18	673	1.2	1.3	1.7	2.5	1.5	1.0	1.0	1.3	2.1	1.2
19	687	1.8	1.9	2.6	3.1	2.2	0.7	1.2	1.3	1.4	1.1
20	703	1.9	2.8	3.2	3.7	2.7	0.6	1.3	1.6	1.8	1.2
21	713	3.1	1.9	3.1	2.4	2.7	1.1	1.4	2.3	2.0	1.6
22	730	4.4	3.2	4.3	4.6	4.1	1.6	1.7	1.4	1.5	1.6
23	737	4.0	2.9	3.1	3.4	3.4	1.5	1.7	1.8	2.0	1.7
24	749	5.7	3.1	5.2	5.0	4.9	2.5	1.4	2.2	2.0	2.1
25	764	10.7	5.4	5.5	6.0	7.4	2.1	1.5	2.0	1.8	1.9
26	780	9.3	5.2	6.6	6.2	7.3	2.5	1.6	1.8	1.8	2.0
27	798	12.8	6.0	6.9	7.4	9.0	2.1	1.4	2.2	1.9	1.9

(資料) 厚生労働省「最低賃金に関する基礎調査」
(注) 各ランクの未満率,影響率については加重平均である。

表−39 春季賃上げの妥結状況（熊本県・全国）

(単位：円，％)

年次	熊本県				全国	
	妥結額	賃上げ率	うち従業員300人未満		妥結額	賃上げ率
			妥結額	賃上げ率		
平成元年	8,819	4.73	7,853	4.52	12,747	5.17
2	10,812	5.61	10,041	5.47	15,026	5.94
3	11,067	5.53	10,296	5.41	14,911	5.65
4	10,569	5.04	9,842	5.02	13,662	4.95
5	8,733	3.98	8,396	3.97	11,077	3.89
6	6,745	3.03	6,250	3.01	9,118	3.13
7	6,268	2.75	5,882	2.77	8,376	2.83
8	6,171	2.68	5,594	2.66	8,712	2.86
9	6,390	2.70	5,774	2.68	8,927	2.90
10	5,588	2.33	4,921	2.25	8,323	2.66
11	4,413	1.82	3,892	1.74	7,005	2.21
12	3,751	1.56	3,467	1.55	6,499	2.06
13	3,725	1.52	3,344	1.45	6,328	2.01
14	3,183	1.29	2,583	1.14	5,265	1.66
15	3,119	1.28	2,531	1.16	5,233	1.63
16	3,158	1.31	2,661	1.20	5,348	1.67
17	3,325	1.37	2,843	1.22	5,422	1.71
18	3,566	1.46	3,196	1.36	5,661	1.79
19	3,684	1.51	3,471	1.48	5,890	1.87
20	3,836	1.57	3,706	1.60	6,149	1.99
21	3,224	1.29	2,719	1.16	5,630	1.83
22	3,534	1.44	3,137	1.40	5,516	1.82
23	3,592	1.49	3,136	1.36	5,555	1.83
24	2,638	1.14	1,934	0.91	5,400	1.78
25	2,584	1.17	2,026	1.00	5,478	1.80
26	3,225	1.29	2,736	1.18	6,711	2.19
27	3,599	1.43	2,913	1.28	7,367	2.38

(資料) 厚生労働省・熊本県労働雇用課「春季賃上げ要求・妥結状況」
(注) 1) 調査対象企業は労働組合のある企業である。
2) 妥結額（定期昇給分を含む）は1企業あたりの額である。
3) 賃上げ率（％）＝妥結額／妥結前平均賃金×100％である。
4) 全国の主要企業とは，原則として，資本金10億円以上かつ従業員1000人以上の労働組合がある企業をいう。

表－40　夏季一時金と年末一時金の妥結状況（熊本県・全国）

(単位：円，％)

年次	夏季一時金				年末一時金			
	熊本県		全国		熊本県		全国	
	妥結額	伸び率	妥結額	伸び率	妥結額	伸び率	妥結額	伸び率
平成元年	407,687	6.9	645,864	8.1	466,105	3.5	720,540	8.5
2	435,100	6.7	697,946	8.0	497,507	6.7	765,542	6.8
3	457,102	5.1	736,444	5.5	530,545	6.6	794,011	3.6
4	477,957	4.6	759,721	2.7	545,829	2.9	796,447	0.2
5	472,764	－1.1	751,793	－0.9	540,852	－0.9	786,656	－0.3
6	481,399	1.8	749,982	－1.1	555,657	0.6	796,035	0.1
7	494,774	0.1	750,221	0.4	557,886	0.7	798,848	1.9
8	503,392	2.1	773,481	3.3	560,033	1.9	819,667	2.8
9	512,916	2.1	798,340	2.9	575,279	2.2	848,575	2.8
10	504,402	－1.2	810,685	1.11	564,989	－3.3	833,801	－1.83
11	484,669	－5.8	768,230	－5.65	530,608	－4.4	801,235	－4.40
12	470,050	－0.7	758,804	－0.54	510,810	－2.1	799,232	0.76
13	475,605	－0.6	783,113	2.86	501,547	－3.5	812,934	1.76
14	473,240	－4.0	749,803	－4.30	485,303	－6.8	755,551	－5.88
15	466,840	－4.0	781,930	3.00	475,252	－3.4	771,540	1.97
16	468,405	0.0	810,052	3.53	487,541	2.1	811,082	3.87
17	476,765	2.6	839,313	4.03	488,392	4.6	840,516	5.39
18	482,203	1.8	841,817	2.94	500,215	2.4	841,854	2.53
19	488,856	0.6	843,779	2.27	506,874	－0.5	845,119	1.47
20	479,814	0.4	842,270	－0.29	502,114	－2.4	831,813	－0.63
21	458,419	－9.8	710,844	－14.33	474,851	－10.5	726,933	－12.64
22	451,587	－0.3	711,890	0.01	487,634	1.2	733,935	0.68
23	449,515	2.3	747,187	4.70	482,660	1.4	761,294	3.64
24	429,577	－2.8	726,345	－2.33	448,103	－3.1	739,295	－2.26
25	418,369	－1.1	746,334	1.85	465,534	3.9	761,364	1.81
26	457,699	4.4	800,653	6.97	493,044	5.9	800,638	6.02
27	456,791	－0.2	832,292	4.59	494,994	0.4	830,434	3.08

（資料）厚生労働省・熊本県労働雇用課「夏季一時金要求・妥結状況」，「年末一時金要求・妥結状況」
（注）1）妥結額は一企業あたりの額。
　　　2）伸び率（％）は対前年伸び率。
　　　3）対前年伸び率（％）は全調査企業のうち前年と比較できる同一企業についてのみ集計して，伸び率を算出したものであり，前年の妥結額の伸び率とは一致しない。
　　　4）平成15年までの全国主要企業の集計対象は，原則として，東証または大証1部上場企業のうち，資本金20億円以上かつ従業員数1000人以上の労働組合がある企業です。平成16年以降の集計対象は，原則として，資本金10億円以上かつ従業員1000人以上の労働組合がある企業です。

表-41　月例賃金の引き上げ状況の推移（全国）

(単位：社, 円, %)

年次	集計企業数	昇給 金額	昇給 率	ベースアップ 金額	ベースアップ 率	月例賃金引上げ 金額	月例賃金引上げ 率
平成14年	209	5,722 [99.97]	1.89	2 [0.03]	0.00	5,724 [100.0]	1.89
15	160	6,206 [98.3]	2.19	108 [1.7]	0.04	6,314 [100.0]	2.23
16	178	5,898 [98.5]	1.87	92 [1.5]	0.03	5,990 [100.0]	1.90
17	153	6,105 [94.3]	1.94	370 [5.7]	0.10	6,475 [100.0]	2.04
18	192	5,881 [94.9]	1.91	313 [5.1]	0.14	6,194 [100.0]	2.05
19	156	5,663 [94.5]	1.76	330 [5.5]	0.10	5,993 [100.0]	1.86
20	164	6,263 [94.0]	1.96	399 [6.0]	0.13	6,662 [100.0]	2.09
21	190	5,635 [98.2]	1.82	101 [1.8]	0.03	5,736 [100.0]	1.85
22	190	5,726 [98.2]	1.87	106 [1.8]	0.03	5,832 [100.0]	1.90
23	190	6,070 [99.5]	2.00	28 [0.5]	0.01	6,098 [100.0]	2.01
24	193	5,984 [98.8]	1.96	74 [1.2]	0.02	6,058 [100.0]	1.98
25	200	5,682 [95.8]	1.88	250 [4.2]	0.08	5,932 [100.0]	1.96
26	224	6,059 [86.6]	1.96	935 [13.4]	0.30	6,994 [100.0]	2.26
27	210	6,001 [81.7]	1.95	1,340 [18.3]	0.44	7,341 [100.0]	2.39

(資料)　日本経済団体連合会「昇給・ベースアップ実施状況調査結果」
(注)　1)　昇給とベースアップの区別ある企業を対象に集計。
　　　2)　[　　]内は月例賃金引き上げに対する昇給およびベースアップの割合（%）。
　　　3)　率は各年における集計企業の所定内賃金をもとに算出。
　　　4)　平成14年のベースアップ率は0.00143％である。

表-42 賃上げ率・昇給率・ベースアップ率の推移（全国）

(単位：％)

年次	賃上げ率	昇給率	ベースアップ率
平成2年	6.2	2.5	3.7
3	5.8	2.2	3.6
4	5.3	2.3	3.0
5	4.1	2.2	1.9
6	3.3	2.1	1.2
7	3.0	2.2	0.8
8	2.9	2.1	0.8
9	2.9	2.1	0.8
10	2.7	2.0	0.7
11	2.4	2.1	0.3
12	2.0	1.9	0.1
13	2.1	1.9	0.2
14	1.89	1.89	0.00143
15	2.23	2.19	0.04
16	1.90	1.87	0.03
17	2.04	1.94	0.10
18	2.05	1.91	0.14
19	1.86	1.76	0.10
20	2.09	1.96	0.13
21	1.85	1.82	0.03
22	1.90	1.87	0.03
23	2.01	2.00	0.01
24	1.98	1.96	0.02
25	1.96	1.88	0.08
26	2.26	1.96	0.30
27	2.39	1.95	0.44

（資料）日本経済団体連合会「昇給・ベースアップ実施状況調査結果」
（注）昇給とベースアップの区別のある企業を対象。

表-43 年間労働時間の推移（熊本県・全国）

(単位：時間，日)

年次	熊本県				全国			
	総実労働時間	所定内労働時間	所定外労働時間	出勤日数	総実労働時間	所定内労働時間	所定外労働時間	出勤日数
平成元年	2,156	2,011	145	268	2,088	1,898	190	257
2	2,117	1,976	141	265	2,052	1,866	186	252
3	2,099	1,940	159	260	2,016	1,841	175	248
4	2,069	1,927	142	258	1,972	1,823	149	246
5	1,978	1,858	120	250	1,913	1,780	133	240
6	1,985	1,864	121	250	1,904	1,772	132	239
7	1,976	1,856	120	250	1,909	1,772	137	240
8	1,985	1,838	147	248	1,919	1,774	145	240
9	1,961	1,805	156	246	1,900	1,750	150	238
10	1,940	1,800	140	246	1,879	1,742	137	238
11	1,849	1,722	127	244	1,842	1,709	133	235
12	1,865	1,733	132	245	1,859	1,720	139	236
13	1,834	1,716	118	242	1,848	1,714	134	236
14	1,872	1,748	124	245	1,837	1,700	137	235
15	1,873	1,747	126	244	1,846	1,700	146	235
16	1,901	1,776	125	244	1,840	1,691	149	235
17	1,882	1,759	123	242	1,829	1,680	149	233
18	1,891	1,770	121	242	1,842	1,687	155	233
19	1,886	1,753	133	242	1,850	1,690	160	233
20	1,868	1,741	127	240	1,836	1,681	154	232
21	1,831	1,721	110	238	1,768	1,637	131	226
22	1,865	1,729	136	239	1,798	1,654	144	228
23	1,867	1,732	136	239	1,788	1,645	143	228
24	1,864	1,732	132	236	1,808	1,662	146	230
25	1,864	1,722	142	236	1,792	1,643	149	227
26	1,860	1,715	145	236	1,788	1,634	154	227
27	1,826	1,696	130	233	1,784	1,630	154	226

(資料) 厚生労働省「毎月勤労統計調査」(事業所規模30人以上，パートタイム労働者を含む。)

表－44 労調と毎勤の労働時間の推移（全国）

(単位：時間)

年次	平均週間就業時間（労調）			月間総実労働時間（毎勤）		
	男女計	男性	女性	男女計	男性	女性
平成9年	42.6	46.6	36.6	157.6	168.0	141.1
10	42.5	46.5	36.3	155.9	166.4	139.2
11	42.5	46.7	36.1	153.3	165.0	135.9
12	43.1	47.6	36.4	154.4	166.5	136.4
13	42.4	46.9	35.7	153.0	165.3	135.0
14	42.3	46.9	35.5	152.1	165.0	133.2
15	42.2	46.8	35.4	152.3	165.4	133.0
16	42.3	47.0	35.5	151.3	165.5	131.8
17	42.0	46.7	35.2	150.2	164.5	130.9
18	41.9	46.6	35.4	150.9	165.3	131.2
19	41.3	45.9	34.8	150.7	165.5	130.5
20	40.9	45.5	34.5	149.3	163.9	129.5
21	40.4	44.8	34.3	144.4	158.5	126.2
22	40.5	45.1	34.3	146.2	161.4	126.9
23	40.3	45.0	33.4	145.6	160.9	126.5
24	40.3	45.0	34.0	147.1	162.6	127.5
25	39.7	44.4	33.4	145.5	161.2	125.9
26	39.3	44.1	33.0	145.1	161.2	125.3
27	39.3	44.0	33.1	144.5	160.7	124.8

（資料）総務省「労働力調査」，厚生労働省「毎月勤労統計調査」
（注）1）平成23年は岩手県，宮城県，福島県を除く全国結果。
　　 2）「労調」の平均週間就業時間は非農林業雇用者の数値。
　　 3）「毎勤」の月間総実労働時間は事業所規模5人以上の調査産業計の数値。

表－45 不払残業時間の推計（全国）

(単位：時間)

年次	年間就業時間（労調）			年間総実労働時間（毎勤）			不払残業時間		
	男女計 A	男性 B	女性 C	男女計 D	男性 E	女性 F	男女計 A－D	男性 B－E	女性 C－F
平成9年	2,221	2,430	1,908	1,891	2,016	1,693	330	414	213
10	2,216	2,425	1,893	1,871	1,997	1,670	345	428	223
11	2,216	2,435	1,882	1,840	1,980	1,631	376	455	251
12	2,247	2,482	1,898	1,853	1,998	1,637	394	484	201
13	2,211	2,446	1,862	1,836	1,984	1,620	375	462	242
14	2,206	2,446	1,851	1,825	1,980	1,598	381	466	253
15	2,200	2,440	1,846	1,828	1,985	1,596	372	455	250
16	2,206	2,451	1,851	1,816	1,986	1,582	390	465	269
17	2,190	2,435	1,835	1,802	1,974	1,571	388	461	264
18	2,185	2,430	1,846	1,811	1,984	1,574	374	446	272
19	2,154	2,393	1,815	1,808	1,986	1,566	346	407	249
20	2,133	2,373	1,799	1,792	1,967	1,554	341	406	245
21	2,107	2,336	1,789	1,733	1,902	1,514	374	434	275
22	2,112	2,352	1,789	1,754	1,937	1,523	358	415	266
23	2,101	2,346	1,742	1,747	1,931	1,518	354	415	224
24	2,101	2,346	1,773	1,765	1,951	1,530	336	395	243
25	2,070	2,315	1,742	1,746	1,934	1,511	324	381	231
26	2,049	2,300	1,721	1,741	1,934	1,504	308	366	217
27	2,049	2,294	1,726	1,734	1,928	1,498	315	366	228

(資料) 総務省「労働力調査」，厚生労働省「毎月勤労統計調査」
(注) 1) 表－44をもとに年間就業時間，年間総実労働時間を計算。
　　 2) 「労調」の平均週間就業時間を52.143（＝365日/7日（1週間））倍すると，年間の数値となる。
　　 3) 「毎勤」の月間総実労働時間に12か月を乗じると，年間の数値となる。

表-46(1) 賃金不払残業に係る是正支払の状況（熊本県・全国）

[熊本県]

年度	100万円以上の割増賃金の是正支払状況			割増賃金の是正支払状況		
	事業場数（場）	対象労働者数（人）	是正支払額（千円）	事業場数（場）	対象労働者数（人）	是正支払額（千円）
平成18	36	2,624	171,876	210	4,182	204,845
19	41	1,943	159,731	176	2,982	185,558
20	31	1,571	154,924	207	3,050	192,501
21	27	1,598	127,365	174	3,241	157,127
22	46	4,436	502,144	261	6,571	539,594
23	46	3,302	314,655	246	5,019	347,323
24	51	6,636	911,990	275	8,934	960,827
25	34	1,707	105,034	235	3,562	144,827
26	50	3,986	417,293	263	6,017	464,596

[全国]

年度	100万円以上の割増賃金の是正支払状況			1000万円以上の割増賃金の是正支払状況		
	企業数（社）	対象労働者数（人）	是正支払額（万円）	企業数（社）	対象労働者数（人）	是正支払額（万円）
平成15	1,184	194,653	2,387,466	236	147,660	2,102,737
16	1,437	169,111	2,261,314	298	108,752	1,886,060
17	1,524	167,958	2,329,500	293	106,790	1,961,494
18	1,679	182,561	2,271,485	317	120,123	1,815,200
19	1,728	179,543	2,724,261	275	103,836	2,124,016
20	1,553	180,730	1,961,351	240	126,172	1,584,914
21	1,221	111,889	1,160,298	162	55,361	851,174
22	1,386	115,231	1,232,358	200	57,885	885,305
23	1,312	117,002	1,459,957	117	44,319	830,223
24	1,277	102,379	1,045,693	178	54,812	722,259
25	1,417	114,880	1,234,198	201	60,049	873,142
26	1,329	203,507	1,424,576	196	156,740	1,097,010

（資料）熊本県は熊本労働局調べ、全国は厚生労働省労働基準局「賃金不払残業に係る是正支払の状況」

（注）同調査は全国の労働基準監督署（および熊本県下6つの労働基準監督署）が当該年度の4月から翌年の3月までの間に、定期監督および申告にもとづく監督等を行い、その是正を指導した結果、不払になっていた割増賃金の支払を行った事案の状況を取りまとめたものである。

211

表－46(2) 賃金不払残業に係る是正支払の状況
（1事業場平均額・1企業平均額・1労働者平均額）

[熊本県]

年度	100万円以上の割増賃金の是正支払状況					割増賃金の是正支払状況				
	事業場数 (場)	対象労働者数 (人)	是正支払額 (万円)	1事業場平均額 (万円)	1労働者平均額 (万円)	事業場数 (場)	対象労働者数 (人)	是正支払額 (万円)	1事業場平均額 (万円)	1労働者平均額 (万円)
平成18	36	2,624	17,188	477	6.6	210	4,182	20,485	98	4.9
19	41	1,943	15,973	390	8.2	176	2,982	18,556	105	6.2
20	31	1,571	15,492	500	9.9	207	3,050	19,250	93	6.3
21	27	1,598	12,737	472	8.0	174	3,241	15,713	90	4.8
22	46	4,436	50,214	1,092	11.3	261	6,571	53,959	207	8.2
23	46	3,302	31,466	684	9.5	246	5,019	34,732	141	6.9
24	51	6,636	91,199	1,788	13.7	275	8,934	96,083	349	10.8
25	34	1,707	10,503	309	6.2	235	3,562	14,483	62	4.1
26	50	3,986	41,729	835	10.5	263	6,017	46,460	177	7.7
計	362	27,803	286,501	791	10.3	2,047	43,558	319,721	156	7.3

[全国]

年度	100万円以上の割増賃金の是正支払状況					1000万円以上の割増賃金の是正支払状況				
	企業数 (社)	対象労働者数 (人)	是正支払額 (万円)	1企業平均額 (万円)	1労働者平均額 (万円)	企業数 (社)	対象労働者数 (人)	是正支払額 (万円)	1企業平均額 (万円)	1労働者平均額 (万円)
平成15	1,184	194,653	2,387,466	2,016	12	236	147,660	2,102,737	8,910	14
16	1,437	169,111	2,261,314	1,574	13	298	108,752	1,886,060	6,329	17
17	1,524	167,958	2,329,500	1,529	14	293	106,790	1,961,494	6,695	18
18	1,679	182,561	2,271,485	1,353	12	317	120,123	1,815,200	5,726	15
19	1,728	179,543	2,724,261	1,577	15	275	103,836	2,124,016	7,724	20
20	1,553	180,730	1,961,351	1,263	11	240	126,172	1,584,914	6,604	13
21	1,221	111,889	1,160,298	950	10	162	55,361	851,174	5,254	15
22	1,376	115,231	1,232,358	889	11	200	57,885	885,305	4,427	15
23	1,312	117,002	1,459,957	1,140	12	117	44,329	830,223	7,096	19
24	1,277	102,379	1,045,693	819	10	178	54,812	722,259	4,058	13
25	1,417	114,880	1,234,198	871	11	201	60,049	873,142	4,344	15
26	1,329	203,507	1,424,576	1,072	7	196	156,740	1,097,010	5,597	7
計	17,037	1,839,444	21,492,457	1,262	12	2,713	1,142,499	16,733,534	6,168	15

（資料）熊本労働局調べ，厚生労働省労働基準局「賃金不払残業に係る是正支払の状況」
（注）全国の企業数，対象労働者数および是正支払額の計は平成15年度から26年度の計，また1企業平均額と1労働者平均額はこの12年間の平均額である。熊本県については平成18年から26年度の9年間の平均額である。

索　引

あ行

アベノミクス ………… 117, 118, 121, 123
いざなみ景気………………………… 38
失われた10年………………… 39, 143
一般労働者…………………………… 65
一般労働者－パートタイム労働者別
　　にみた賃金格差……………………… 65
欧州債務危機………………………… 38
OJT …………………………………… 33

か行

改正最低賃金法（平成20年）… 111, 112
価格としての賃金……………………… 7
夏季一時金………………………… 126
確定給付企業年金制度……………… 23
確定拠出年金制度…………………… 23
九州における熊本県の賃金………… 98
企業年金……………………………… 23
企業内賃金構造……………………… 53
企業間賃金構造……………………… 53
企業規模間・産業間賃金格差……… 83
企業規模別にみた賃金格差………… 83
企業規模別・年齢階級別にみた
　　賃金格差……………………… 85
業者間協定方式………………… 106, 110
基本給 ………………………… 8, 9, 11, 12
熊本県の最低賃金…………… 109, 117
現金給与 ……………………………… 9, 27
現金給与総額 …… 28, 29, 37, 57, 69, 143
現金給与以外の労働費用………… 27, 29

厚生年金基金制度…………………… 23
雇用戦略対話（平成21年）………… 113
雇用関係の先取特権………………… 4

さ行

最低賃金制度 ………… 3, 106, 109, 146
最低賃金法（昭和34年）………… 3, 110
最低賃金法の改正（昭和43年）… 110, 111
最低賃金の年次推進計画（昭和46年）
　　……………………………………… 111
最低賃金決定の仕組み…………… 117
サービス残業…………………… 132, 138
三六（サブロク）協定 ………… 2, 6, 130
差別仮説…………………………… 103
サブプライム・ローン問題
　　………………………… 38, 39, 115, 122
3大都市圏 …………………… 96, 98, 100
産業別・年齢階級別にみた賃金格差
　　……………………………………… 90
時間外労働の限度に関する基準
　　（限度基準）……………………… 6, 131
社員格付制度……………………… 33
就職氷河期………………………… 107
仕事給 ……………………………… 9, 11
春季賃上げ…………………… 121, 123
春闘………………………………… 121
春季生活闘争（連合）……………… 122
春季労使交渉（経団連）…………… 122
初任給の学歴別・男女別位相性…… 106
消費税……………………………… 39

消費者物価指数 ……………… 44, 47, 51
市場決定型 ……………………… 105
市場分断仮説 …………………… 102
常用労働者 …………………… 65, 69
職能資格制度 ………… 13, 31, 32, 33
職務記述書 ……………………… 34
職務分類制度（職務等級制度）…… 33
職務遂行能力 ………………… 31, 34
職種別にみた賃金格差 …………… 69
職種群からみた職種の特徴 ……… 74
所得としての賃金 ………………… 7
所定内給与
　……… 9, 27, 29, 54, 63, 83, 85, 88, 90, 91
所定外給与 …………………… 9, 27, 29
昇給率 …………………………… 124
諸手当 ……………… 8, 19, 21, 27, 29
審議会方式（第16条方式）… 106, 110, 111
実質賃金 ……………………… 44, 46
実質賃金指数 ………… 44, 46, 48, 51
人事制度 ……………………… 31, 32
人事院勧告型 …………………… 105
人事院勧告制度 ………………… 105
人的資本仮説 …………………… 101
時間給 ………………………… 12, 13
生活保護との整合性 …………… 111
正規雇用者 …………………… 61, 62, 63
成果主義 ………………………… 31
世界同時不況 ……………… 38, 39, 123
制度型（審議会型） ……………… 105
生産性格差の原因 ……………… 41

生産力としての賃金 ……………… 8
正社員・非正社員別にみた賃金格差
　………………………………… 61, 63
生鮮食品を除く総合指数（コア指数）… 51
成長力底上げ戦略（平成19年）…… 113
制度・慣行仮説 ………………… 102
政府の取り組み ………………… 112
セーフティネットとしての
　地域別最低賃金 …………… 111, 112
全国加重平均 ………………… 115, 119
全国平均の賃金 ……………… 96, 97
総合給 ……………………………… 9, 11
属人給 ……………………………… 9, 11

た行

退職金制度 …………………… 22, 23
退職金制度の法的規定 …………… 23
退職金の算定方式 ………………… 24
退職一時金制度 …………………… 25
退職年金制度 …………………… 26
多様な働き方 …………………… 61
単一型体系 ……………………… 9, 11
短時間労働者 …………………… 65
男女間賃金格差 ……………… 57, 58, 59
団体交渉型 ……………………… 105
中央最低賃金審議会 … 110, 111, 117, 119
中小企業退職金共済制度 ……… 22, 23
地方圏 ………………………… 98, 100
地方最低賃金審議会
　………………… 106, 111, 117, 119, 121

賃上げ率	122, 123, 124, 125, 129	同一労働同一賃金	138, 139, 140
賃金格差	41, 42, 53	同一価値労働同一賃金	141
賃金格差の発生要因	101	倒産法上の保護規定	4
賃金カーブ	16, 17, 54, 56	特定退職金共済制度	22
賃金支払別にみた男女間賃金格差	59	特別条項付き三六協定	6, 131, 132
賃金決定の制度的機構	105	特別給与	9, 27, 28, 60
賃金構造	53	特化係数	43
賃金の階層性	65, 66, 67	都道府県からみた熊本県の賃金	96
賃金の概念	1		
賃金の最高－最低倍率	55	**な行**	
賃金支払の五原則	2	夏冬型	128, 129
賃金の4つの機能	6, 7, 8	日給制	10, 12, 13
賃金指数	44	日本再興戦略（平成25年）	114, 121
賃金支払確保法（賃確法）	3	ニッポン一億総活躍プラン	139, 140, 141
賃金制度	8, 12, 13	年齢階級別にみた賃金格差	54
賃金体系	8, 11	年間総実労働時間	129, 130
賃金形態（賃金支払形態）	10, 12, 13	年功制度	33
賃金構成	8	年功主義	31
賃金の分類	9	年功賃金制	31
賃金不払残業	129, 132, 134, 141	年末一時金	126, 127, 128
賃金の対全国格差とその原因	40	年齢・勤続年数が上昇する職種構造	71
賃金表	13, 14		
定額賃金制（時間賃金制）	10, 13	年俸制	10, 31, 81
定期昇給制度	14, 16, 17, 18, 19	能力主義	31
定期昇給（定昇）	14, 15, 18		
定期給与（きまって支給する給与)	9, 27, 28, 29, 79, 80	**は行**	
Dランクの目安額	118, 120	パートタイム労働者	61, 62, 65, 66, 68
出来高賃金制	10, 13	バブル景気	38
同一労働同一賃金推進法	138	バブル経済	38, 125

バブル経済の崩壊
　………… 25, 38, 39, 45, 58, 107, 122, 125
働き方改革………………………… 140, 141
非正規雇用者………………………… 61
東日本大震災 ……………… 38, 118, 121
費用（コスト）としての賃金 ……… 8
標準労働者…………………………… 69
福利厚生費 ………………………… 8, 27
不払残業時間……………………… 133, 134
冬夏型……………………………… 128, 129
平均勤続年数と賃金との散布図…… 75
平均年齢と賃金との散布図………… 75
併存型体系………………………… 9, 10, 11
ベースアップ（ベア）…… 14, 15, 16, 129
ベア率 ……………………… 123, 124, 125, 129
平成不況（第1次、第2次、第3次）
　………………………… 38, 39, 115, 122
補償賃金仮説……………………… 101
法定福利費………………………… 27, 29
法定外福利費……………………… 27, 29
法定労働時間 ……………… 2, 129, 130, 131
法定割増賃金率の引き上げ………… 132

　　　ま行
民事法上の保護規定………………… 4
名目賃金 ………………… 44, 45, 48, 49
名目賃金指数 …………………… 44, 48, 51
目安制度の導入（昭和53年度）… 111, 146
目標管理制度（MBO）……………… 32
持家の帰属家賃を除く総合指数… 44, 51

　　　や行
役割等級制度……………………… 34
役職（職階）からみた賃金格差…… 78
47都道府県の平均賃金 …………… 97
47都道府県における賃金の加重平均
　………………………………… 98, 100
47都道府県における労働者
　すべての平均賃金……… 97, 98

　　　ら行
リーマン・ショック
　……………… 38, 39, 107, 123, 125, 127, 128
労働基準法 ………… 1, 2, 6, 130, 131, 132
労働基準法の改正（平成20年）… 131, 132
労働生産性の格差………………… 40, 41
労働生産性の企業規模別格差……… 89
労働法制にみる保護規定…………… 2
労働費用（人件費）……………… 28, 29, 31
労働政策研究・研修機（JILPT）
　労働統計データ検索システム… 37, 47
労働協約方式（第11条方式）……… 110
労使のイニシアティブによる
　産業別最低賃金………… 111, 112, 147

　　　わ行
割増賃金の是正支払状況……… 134, 135
ワークライフバランス
　（仕事と生活の調和）……………… 131

著者略歴

荒井　勝彦（あらい・かつひこ）
1943 年　　　　　大阪府に生まれる
1967 年　　　　　大阪府立大学経済学部卒業
1969 年　　　　　大阪大学大学院修士課程修了
1969－1996 年　　熊本大学法文学部・同法文学部に在職
1996－2014 年　　熊本学園大学経済学部教授
現在　　　　　　熊本学園大学経済学部特任教授
専攻　　　　　　労働経済学・理論経済学
主な著書　　　　『熊本県の賃金』（共著，熊本県労働基準協会）
　　　　　　　　『変容する熊本の労働』（単著，梓出版社）
　　　　　　　　『現代の労働経済学』（単著，有信堂）
　　　　　　　　『労働経済の理論』（共著，有信堂）
　　　　　　　　『マクロ経済学』（共著，勁草書房）
　　　　　　　　『ベンチャー支援制度』（共著，文眞堂）
　　　　　　　　『基本経済政策』（共著，有斐閣）
　　　　　　　　『高齢化・国際化と地域開発』（共著，中央経済社）

熊本県の賃金──再訪（Revisited）

2017年2月10日　第1版第1刷発行

著　　者　　荒　井　勝　彦
発　　行　　熊本創元社出版
　　　　　　〒860-0079　熊本市西区上熊本2丁目12番22号
　　　　　　TEL 096 (364) 0891 ㈹

発　　売　　創流出版株式会社
【販売委託】　武久出版株式会社
　　　　　　〒169-0075
　　　　　　東京都新宿区高田馬場3丁目13-1 ノークビル5F
　　　　　　TEL 03 (5937) 1843
　　　　　　http://www.bukyu.net

※落丁・乱丁はお取り換え致します。
ISBN978-4-9909343-0-9　C3036

定価はカバーに表示してあります